U0448458

解释学译丛

诠释学的定位和判断

〔美〕鲁道夫·A.马克瑞尔 著

李建盛 译

商务印书馆
创于1897 The Commercial Press

Rudolf A. Makkreel

ORIENTATION AND JUDGMENT IN HERMENEUTICS

Licensed by The University of Chicago Press, Chicago, Illinois, U. S. A.

© 2015 The University of Chicago Press. All rights reserved.

本书根据芝加哥大学出版社 2015 年版译出

解释学译丛序

洪 汉 鼎

千禧年之际,我曾有出版两套丛书的计划,一套是介绍当前国际上关于解释学(或诠释学)研究的优秀著作,另一套是我国国人有关解释学解释的论著。后一套丛书曾以"诠释学与人文社会科学"名称由上海译文出版社自2001年出版,现已出版了8本。前一套丛书由于翻译和版权诸问题,直至今日才得以由商务印书馆问世。

解释学作为一门西方显学,晚在20世纪80年代后才被引入中国,然而其生命力之旺盛,却在短时间内得到长足的发展。它本来是一门关于理解和解释的学科,因而在我国固有浓厚基础的经典诠释传统中找到了进一步发展的力量,以致西方解释学与中国经典解释传统的结合在我国形成一个学术浪潮。许多中国哲学史研究者希望借西方解释学的方法来开展对中国思想史的新研究,而许多西方解释学研究者则想借中国经典诠释的漫长传统和经验而得以发展解释学基本理论。但是在这种相互补充的学术进展中也出现了问题:西方解释学概念是否就是指中国经典解释中的解释?显然西方解释学在其早期,即施莱尔马赫及其以前时期,乃是一种如何理解和解释的方法论的技艺学,但当解释学发展到海德格尔和伽达默尔时期,西方解释学已从早期的方法论转向本体论,按照伽达默尔的观点，解释学应是一种哲学，而不只是方法，这样一种观点与我国经学所强调的经典诠释方法，是否完全合符若节，似乎还是一个有待探讨的问题，甚至有人还提出中国解释学这一提法是否合理的问题。

这里我想再次引用伽达默尔关于解释学作为哲学，是一门实践哲学的观点。伽达默尔在1971年所写的"答《诠释学和意识形态批判》"一文中曾明确回答了何谓实践哲学和何谓哲学解释学这两个概念，他说实践哲学这一概念尽管是从亚里士多德的Phronesis[实践智慧]概念而来，但它与亚里士多德的实践智慧还是有区别的，因为后者乃是研讨经常变化不定对象的具体操作知识，反之，实践哲学却应是理论性的反思哲学，"因为它所教导的并不是去解释和决定某种具体实践情境的实际操作知识，而是促成关于人的行为及其'政治'此在形式的'一般'知识"(《真理与方法》，第2卷，德文版，第253页)。在伽达默尔看来，实践哲学应具有理论和实践这两种品性。作为理论，它就不仅仅是一门实践的操作知识，而更应是一种理论科学；但作为实践，这门理论应有具体的经验条件形式。伽达默尔写道："实践哲学并不像语法学或修辞学作为一种技艺学那样是对人类社会实践的规则知识，毋宁说它是对此类知识的反思，从而最终是'一般的'和'理论的'知识。另一方面，学说和讲话在这里处于一种特有的条件之中，因为所有道德哲学的知识以及相应的所有一般国家学说，均与特殊的学习者的经验条件相联系。亚里士多德完全承认，只有当学生已成熟得足以把一般的话语以独立的责任感运用到他们生活经验的具体环境之中，则这种关于每个人最独特的具体实践的'一般话语'才是正当的。因此，实践的科学虽然也许是一种'一般的'知识，但这种知识

与其说是制造的知识,倒不如说是一种批判。"(同上书,第253—254页)

正是在这样一种作为理论和实践双重任务的实践哲学的意义上,伽达默尔谈到了哲学解释学,他说:

> 这就似乎与哲学诠释学相近了。只要人们还把诠释学定义成理解的艺术,并把诸如讲话艺术和写作艺术等这类艺术的运用理解成与能力有关的行为,则这类学科性的知识就能作为有意识的规则运用并可以叫作技艺学。施莱尔马赫和他的后继者就是这样把诠释学理解成"技艺学"。但这却并不是"哲学的"诠释学。哲学诠释学不会把一种能力提升为规则意识。这种"提升"总是一种非常矛盾的过程,因为规则意识也相反会重又"提升"为"自动的"能力。哲学诠释学则正相反,它是对这种能力以及作为这种能力基础的知识作的反思。因此,它并不是用于克服特定的理解困难,有如在阅读文本和与别人谈话时所发生的那样,它所从事的工作,正如哈贝马斯所称,乃是一种"批判的反思知识"。(同上书,第254页)

在1978年所写的《作为理论和实践双重任务的解释学》中,伽达默尔再次谈到解释学这种理论品性和实践品性。正如悲剧诗人和音乐家如果只是学会他那门艺术的一般规则和进行方式,而无法用它们写出作品来,就不能算是诗人或音乐家,同样,如果某位医生只掌握医学的知识和治疗规则,但不知道在何时何地应用它们,那么他就不能算是医生。因为"真正的知识,除了那种是知识的东西以及最终把一切可知或'整体的本质'所包括在内的东西之外,还要认识 kairos[良机],也就是说,要知道必须在何时讲话以及如何讲话"(同上书,第307页)。谁是真正的讲话能手,谁就会把他要说服人家相信的东西当作善和正确的东西加以认识并对之加以坚持。但这种善的知识和讲话艺术的能力指的都并非普遍的"善"的知识,而是人们此时此地必须用来说服别人相信的知识,以及我们如何行动和面对谁我们这样做的知识。在此伽达默尔谈到,如果我们从近代解释学进展的概观出发回溯到亚里士多德的实践哲学和技术理论传统,那么我们就会面临一个问题,即柏拉图和亚里士多德已感受到的技术知识概念与包容了人类最终目标在内的实践-政治知识概念之间的冲突在现代科学和科学理论的地基上将会产生多大的成果。伽达默尔继续说:"就解释学而言,它面临的任务就是要把那种与现代理论科学概念及其实践-技术运用相适应的理论与实践脱节的状态与这样一种走着从实践到其理论意义相反道路的知识思想相对照。"(同上书,第 314 页)

为了深入理解西方哲学解释学这一作为实践哲学的新观念,我从西方诸多解释学研究的资料中选择了这些书,希望通过本丛书的出版有助于我国解释学的新研究。

目 录

前言 ·· 1
导论 ·· 3

第一部分　诠释学情境

第一章　哲学诠释学:从狄尔泰和海德格尔的角度重新
　　　　审视传统 ·· 17
　　传统哲学与诠释学的相互关系 ·· 18
　　狄尔泰的诠释学在多大程度上与人文科学的认识
　　　目标有关 ·· 24
　　从概念性认识到反思性知识 ··· 27
　　海德格尔的本体论诠释学 ·· 30
　　对历史性时间的本体—本体论理解 ··· 36

第二章　辩证法、对话与交流 ·· 43
　　感觉、审美体验和艺术经验 ··· 44
　　黑格尔论解释和辩证法 ··· 54
　　伽达默尔论解释和辩证法 ·· 61

第二部分　解释语境、判断与批判

第三章　反思性定位与诠释学的范围 ·· 71
　　罗伊斯:认识交流与公共视野 ·· 71

反思性判断与定位 …………………………………… 76
　　康德的超验性主题 …………………………………… 78
　　反思性拓扑学和判断语境 …………………………… 82
　　哲学与界线的反思性规定 …………………………… 89
　　反思性定位的模糊性 ………………………………… 96
　　世俗性定位 …………………………………………… 101

第四章　获得知识的诠释学：判断性同意的作用 ………… 105
　　从概念性分类到判断性表达 ………………………… 105
　　作为认知意义与知道真理的解释 …………………… 109
　　康德论意见、信念和知道 …………………………… 113
　　初步判断与反思性判断的暂时性 …………………… 119

第五章　审美共识与评价性同意 ……………………………… 128
　　康德的审美共识层次 ………………………………… 129
　　反思性图式化和语境性重构 ………………………… 134
　　典范与效仿 …………………………………………… 139
　　类型化和意义的直观呈现 …………………………… 142

第六章　有效性、合法性和历史属性 ………………………… 149
　　知识与合法性 ………………………………………… 149
　　诠释学与评判 ………………………………………… 158
　　归因的归属模式和属性模式 ………………………… 164
　　解释的合法性 ………………………………………… 167
　　真实解释与主体间合法性 …………………………… 172
　　实用的特征化 ………………………………………… 177
　　良知与真实的解释 …………………………………… 182

第七章　反思性和诊断性批判 ………………………………… 188
　　作为构成性和范畴性的批判 ………………………… 188
　　作为调节性和解放性的批判 ………………………… 194

以反思性和判断为中心的批判 …………………… 206
　　从反思到自反性 …………………………………… 211
　　回应性诠释学与转变性批判 ……………………… 214
　　批判诠释学的完整性 ……………………………… 218

第三部分　应用与适应

第八章　谱系学、叙事史与诠释学传播 ……………… 225
　　尼采对历史解释客观性的挑战 …………………… 226
　　历史的叙事方法 …………………………………… 228
　　不可通约的语境与普遍主义历史的可能性 ……… 232
　　界定历史解释中的因果诉求 ……………………… 237
　　原因与影响 ………………………………………… 239
　　意图论说明与诠释学的语境化 …………………… 242
　　规范性判断还是常规化谱系 ……………………… 246
　　诠释学与历史性传播 ……………………………… 249

第九章　艺术语境化：从原始语境到媒介语境 ……… 254
　　迈耶论表现性符号及其意向性语境 ……………… 256
　　康德与表达无法表达的东西 ……………………… 259
　　狄尔泰论生命的表现及其解释性语境 …………… 262
　　海德格尔"艺术作品本源"中的大地—世界冲突 … 266
　　艺术作品的媒介语境 ……………………………… 271
　　庸常之物在当代艺术中的媒介呈现 ……………… 277
　　过渡性的理解方式 ………………………………… 282

参考文献 …………………………………………………… 288
索引 ………………………………………………………… 299

前　　言

本书是对哲学与诠释学关系长期感兴趣的产物。它推动了我对康德、狄尔泰等人的探索，阐述了一个反思性的解释框架。在重新评估诠释学的传统之后，我提出了一种能够使诠释学向前发展并应对我们当代全球形势的多元文化复杂性的定位方法。

诠释学将被重新构想为对理解的适当语境条件的一种批判性探究。为此，反思性判断和诊断性判断是必不可少的，它不仅有助于辨别有待理解的任何现象的差异化特征，而且有助于把我们定位于构成其解释的各种语境。诠释学批判的任务之一就是在可能影响解释的相关语境中确定优先次序。此外，我们还需要考虑如何能够重新设置定位性语境，以应对数字技术和其他当代发展正在改变传播媒介的方式。整个方案将在导言中得到更全面的描述。

这里阐述的一些立场在我以前的几篇文章都预见到了，它们是"康德、狄尔泰与历史判断的批判观念"（发表于 *Dilthey-Jahrbuch für Philosophie und Geschichte der Geisteswissenschaften* X (1996)：61-79）；"反思、反思性判断和审美范例"（发表于 *Aesthetics and Cognition in Kant's Critical Philosophy*, ed. Rebecca Kukla (Cambridge University Press, 2006), 223-244）；"判断和定位在诠释学中的作用"（发表于 *Philosophy & Social Criticism*

34, No. 1‐2(2008):29‐50)。"生命—知识、概念认识和对历史的理解"是一篇被大量转载的文章(*Dilthey und die hermeneutische Wende in der Philosophie*, ed. Gudrun Kühne-Bertram and Frithjof Rodi(Vandenhoeck & Ruprecht, 2008), 97‐107)。我感谢本书的编辑和出版者允许我重新发表这些文章。

和往常一样,我感谢我的妻子弗朗西丝·谷川在编辑我的书稿时的耐心和毅力。凭借她富有洞察力的评论和探究性的问题,她一直是对我最有帮助的评论家。

我还要感谢我的同事、研究生和朋友们多年来对我工作的鼓励、激励和兴趣。其中包括卡尔·阿梅利克斯、大卫·卡尔、阿莱桑德罗·费拉拉、托马斯·弗林、曼弗雷德·弗兰克、克里斯汀·格斯达尔、让·格朗丹、塞巴斯蒂安·罗夫特、詹妮弗·门施、埃里克·纳尔逊、劳伦斯·帕斯特纳克、弗里斯乔夫·罗迪、马可·斯加比、辛迪·威利特和埃里克·威尔逊。最后,我感谢芝加哥大学出版社的大卫·布伦特的支持和普里娅·纳尔逊的帮助。

导　论

　　作为对解释的反思的诠释学有着悠久的历史,它可以追溯到古代和中世纪,其目的是让神圣的文本能够为人类所理解。现代哲学的兴起使人们对应该如何解读圣经产生了更多批判性的期待,这通常是基于道德上的期待,在19世纪,神学家弗里德里希·施莱尔马赫在宗教诠释学本身中发起了一场变革,他认为,对圣书的研究仍然只是一种言论的汇集,直到它与对世俗书籍的理解有了适当的关联为止。在把圣经注释和人文文献学的成果结合在一起的过程中,19世纪的诠释学被扩展到了把人类生命的任何表现或表达,都解释为一种有助于历史和文化现象理解的有意义的文本,人们普遍认为,威廉·狄尔泰通过发展与人文科学目标有关的方法论来实现这种诠释学的目的。

　　当下的智慧是,这种方法论上的诠释学,即人文科学的诠释学方法,现在可以被马丁·海德格尔和汉斯-格奥尔格·伽达默尔开创的更广泛的哲学诠释学所取代。一般认为,方法论诠释学所关注的是理解的认识论条件,而哲学诠释学则把它自身定义为本体论的,它把存在关系置于认识的形式关系之上。通过探讨我们日常存在方式中隐含的存在的本体论前理解,海德格尔把诠释学与他重新回到我们哲学起源的筹划联系起来。伽达默尔拓展了这一本体论的方法,以便在仍然持续的欧洲人文主义传统中确定理解的前结构。他认为,针对我们自己做出的判断,我们必须充分发挥我们从这一丰富传统中继承下来的偏见,只有在个人判断成为一种共同的传统融合视域方式的一部分时,它才会是富有成效的。

本书的基本目标之一,就是为诠释学提供一种更加差异化的和多学科的方法,以适应一种不断变化的世界的复杂性。考虑到这一点,我将提出一种定位性和反思性的解释方法,而判断在这种解释方法中将发挥一种重要的作用。当一种共同的传统不再提供可以指导解释的总体框架时,我们就必须学会通过考察其他参照点的场域(field)对自己进行重新定位。当没有不言而喻的语境决定文本的意义时,对文本的解释就变成了定位性的。因此,必须运用反思和判断来协调特殊的语境和更一般的语境。

在研究一种反思性的诠释学时,我将探讨一些被忽视的超验思想资源,阐发这些思想资源可以为当代解释理论做出的贡献。伊曼努尔·康德对偏见和初步判断的讨论,以及他对决定性—反思性判断的区分,将有助于澄清理解和解释的本质。除了关注人类判断的认识意义赋予功能之外,我们还将考察它在把已经被同化为经验的东西与我们通过理解致力于占有的东西联系起来之时所具有的评价作用。尽管偏见和初步判断在确定最初界定的有待理解的内容方面可能很重要,但是,也必须应用见多识广的判断来充分考虑其他适当的语境。因此,诠释学将被更广泛地重新构想为一种批判性的筹划,能够对各种不同的语境进行考察,而这些语境就集中在所要解释的内容上。通过适当区分相关的语境,并在其中确定优先次序,判断就能够在关键时刻做出贡献。

即使仅仅是对一个文本的释义,也需要就它应该被语境化的范围有多大做出决定。我们可以把解释人类生活所涉及的定位和判断的交集扩展到一个熟悉的过程,当专业知识被用来诊断一种情境时,这个过程就会发生。通常,直接涉及的那些人对历史事件所做的第一手描述会与同时代人所报道的情况进行比较,然后,根据自那时以来人们所了解的背景情况进行诊断。不同学科的认识研究也有助于把所要理解的内容重新语境化。这种挑战就是恰当地确定和协调这些多层次的资源。

从诠释学的角度看,判断的诊断任务将是理清楚来自于不同语境的各种观点和话语,无论这些观点和话语本质上是拓扑学上的还是学科性的。鉴于不同的交叉方法的复杂性,重要的是要补充适用于理论认识的规范性验证条件,考察基于来源的合法程序,以获得历史理解的反思性知识。这种定义什么样的诠释学会有助于批判性探究的方法,不仅仅包括自然科学和人文科学的认识论,它也要求从理论和实践的规范性评估中获得知识。因此,我们将探讨学科性探究的认识因素与完成诠释学筹划的评价性反思性知识之间的关系。

第一部分"诠释学情境"挑战了普遍的假设,即哲学诠释学开始于海德格尔的本体论方法,它提出了几个早期诠释学理论的哲学前提。

第一章重点论述诠释学历史中一些经常被忽视的方面,以揭示诠释学与哲学之间相互交织的各种方式。本章的主要焦点是,描述狄尔泰和海德格尔把哲学思考引入诠释学的独特方式。我们也将承认一些趋同的观点,并重新评估一些经常被提到的差异。人们几乎没有注意到,狄尔泰认为人文科学的认识论探究只是为对历史生命进行更重要的哲学反思铺平了道路。同样地,人们通常忽视了海德格尔有时也确实认识到,有必要根据对事实性历史发展的本体论解释来检验我们对存在和时间的本体论理解。

第二章结合黑格尔对诠释学和辩证法的看法考察伽达默尔的诠释学。黑格尔和伽达默尔提出的历史方法，对于丰富普遍诠释学的思想起到了建设性的作用。但是，他们的辩证的概念调和理论和对话的语言共同体并没有充分解决当代生活的多元文化的多样性问题。我们需要考虑更具有针对性的判断诊断模式，以便能够解决人类多样性以及基于现有的不同族裔和民族认同的破裂问题。

第二部分"解释语境、判断与批判"，将通过探索一种定位性诠释学所需要的概念工具以寻求诊断性方法。这会引导我们把反思性判断和解释性理论与实践中相互交叉的不同意义语境联系起来。在随后的几章中，对判断的更一般性分析将证明它如何有助于使解释有效化和合法化的任务。随着我们对一种反思性诠释学批判观念的阐述，解释的规范性问题将成为一个重要的主题。

第三章将表明需要对不同的语境进行思考，不仅是为了解决调解区域性（regional）差异和语言性差异的问题，而且也是为了帮助我们理解所有人类生活中相互交织的不同力量和影响。首先，研究约希亚·罗伊斯的观点，它认为我们不能完全理解我们自己的想法，除非我们也能够用我们自己的思想以外的"通用语汇"来表达它们。把人们的语言媒介转化为另一种语言，以及把他人的语言翻译成自己的语言的能力，具有拓展理解视域的语用功能。但是，人们不应该抱有会产生明确对等关系的任何幻想，也不应该幻想能够实现罗伊斯所期待的趋同理想。由于每一种区域性语境都有一种独特的通用语汇或观念性交流媒介，所以，在翻译和转换过程中总会失去一些东西。此外，诠释学的任务不能局限于连接现有的语言和思维的标准媒介。在处理范围更广的、只有部分趋同可能的各种语境时,我们的定位性方法需要灵活性和想象力。

我们将通过阐述四个参照范围即场域(field)、领域(domain)、属地(territory)和栖居地(habitat))进一步认识世界的中介复杂性,根据康德《判断力批判》导论,它们在范围上是有区别的。这些参照范围都将被描述为给解释提供反思性图式的判断性语境。我们可以把场域和领域指定为主要的理论语境。可以说,康德对外部经验的认识判断确定了逻辑上可能存在的对象场域,以便在其中确立由自然规律决定的在科学上具有意义的对象领域。但是,要对我们自己的生活经验的意义进行反思,就需要用康德所说的其他两个参考范围来补充场域和领域的抽象理论语境。我把这两个范围看作是更为具体的语境:我们碰巧居住的地方性的栖居地,其中的意义是以熟悉性为基础的,而世俗性的属地,其中的事物能够被更广泛地理解为具有人类意义的东西。

在康德的例子中,这些额外的栖居地和属地语境都被用来定位审美判断。同样的现象,其客观必要性可以根据自然领域的普遍规律来解释,也可以根据主观的、审美的反应来进行有效的评估。如果根据人类更广阔的属地判断我们自己栖居地中令人愉悦的事物,那么,在趣味问题上的主体间的一致是可能的。从美学上讲,我们可以把康德的共同感的属地定位在一个科学的普遍视域和一个有着所有偶然限度的地方性栖居地之间的某个位置。审美判断的任务——以及更普遍的反思性判断——就是把由地方性的、世俗的环境所强加的意义的限度重新语境化,并把它们转化为我们从内部提供的意义的界限,从而阐明人类世界的秩序。宽泛地说，诠释学需要在这些语境以及其他相关的语境中做出判决。解释的目的是在不允许这些语境融合的情况下，评估不同领域如何在有待理解的内容中相互交叉。

为了提出一种更加适合解释任务的一般判断理论，第四章重新审视《纯粹理性批判》中的意义与真理之间的认识关系。对康德来说，知道（knowing）是一种坚持某物为真（Fürwahrhalten）的方式。在知道（Wissen）中，主体通过肯定所指物也被判断为真而超越了认识（Erkennen）。从诠释学意义上讲，重要的是能够区分客观上作为认识具有意义的东西与主观上也必须同意才能算是知识的东西。认识判断是期待性的，并且筹划有效的意义要求，因此，它们的真理性必须通过重新追溯其合法来源，并通过共同一致肯定的个人判断性同意得到检验。

康德在他的《逻辑学讲义》中也考察了判断性同意的性质，他在那里对偏见和判断之间的相互作用进行了详尽论述。海德格尔和伽达默尔声称，判断本身具有还原性地确定我们对事物的理解的有害作用，对此，我们可以审视一下康德如何区分决定性、反思性及其鲜为人所知的初步判断。康德表明，一个初步判断如何能够悬置一种偏见，并且把它转化为一种发挥作用的假设，而这种假设在本质上是开放性的。只有决定性的判断类型才会呈现出切断事物本质的危险。当反思性判断确实设定了界限时，正如第三章所指出的，它就不是被一劳永逸地确定的事物界限，而是把它们定位为可以被理解的在其中发挥作用的参数。

第五章探讨当我们从理论判断（Urteil）转向涉及趣味问题的评价判断（Beurteilung）时可能达成的共识层面。康德承认，我们的文化遗产提供了似乎值得模仿的具有良好趣味的有益典范。然而，随着我们变得成熟起来，模仿必须被效仿所取代。我们必须寻找效仿的典范，而不是依靠例子来模仿。效仿包括在不丧失自律性的情况下使用先例，并提供一种在诠释学上理解历史影响的方法。它允许我们能够在决定性地受制于过去与通过过去反思性地定位和引导之间做出区分。

在把我们的注意力转向更广泛地解释历史变化和影响的问题时，我将进一步扩展我之前的探索，即狄尔泰关于说明—理解的区分如何与康德的决定性—反思性判断区分相平行。[1] 决定性判断是指经验的具体性通过已经被接受的普遍性来说明的判断，无论这些普遍性是概念、规则还是规律。相比之下，反思性判断是我们从某一特定情境出发，寻求一种更普遍、更容易获得的特征化，以便扩大我们的理解。通常没有现成的可以依赖的话语领域，因此，我们进行比较研究，并且可能求助于常识做出我们的最初辨别。不管我们在寻找新的特征描述模式时所定位的视域怎样，它们往往都是不确定的，并且产生了一种初步的理解。然而，如果得出结论说，反思性判断只是走向决定性概念形成的一步，那将是一个错误。它的作用与其说是验证我们对经验的认识决定，不如说它有助于对经验做出一种更为全面的解释。

第六章论述获得历史解释的反思性合法化问题。在区分概念认识的学科条件和历史理解所指向的更具有包容性的反思性知识的基础上，我们进一步考察评价在解释中的作用。我们将运用狄尔泰《历史理性批判》的书稿，把历史世界看作一种通过社会文化制度的约束边界对我们所具有的规范性控制。这种给解释确定合

---

[1] 参见 Rudolf Makkreel, *Dilthey*, *Philosopher of the Human Studies* (Princeton, NJ: Princeton University Press, 1975, 1992), 23 – 24, 218 – 262。

法性来源的内在方式,将会与于尔根·哈贝马斯对绝对道义准则的诉求背道而驰。因为历史解释的准则是关于属地权力结构的,而不是严格的立法领域,所以,最好把狄尔泰的筹划重新思考为一种"历史判断的批判"。

我们已经指出了一种在趣味问题上归因于一致的反思性判断的美学模式。然而,这种判断只是以一种形式上的归属模式表达主体间的一致。历史判断涉及我称为一种更强烈的或归因的属性模式,它以从过去吸收的内容为基础。通过阐述一种从康德《道德形而上学》改造而来的规范性判决模式,我们将探索一套思考属性归因的选择。它们不仅包括:(1)在体制性的共同语境中已经提供的预先给定的法律选择中做出初步选择的法律判决(dijucation);(2)做出决定性法庭判决的裁决(adjudication);而且包括(3)在评估超出法律范围的情境时所需要进行的更加开放的反思性判断(judication)。在对历史主体进行属性归因时,我们不仅必须考虑到调节人类任务执行的约束性规范条件,而且必须考虑到构成有待克服的经验障碍的限制性语境因素。在这里,重要的是,要考虑到一个行动可以被归因的程度,然后探讨可以期待的历史属性的不同层面的合法性。在评估法律主张时,康德确立了一种从单边合法性和双边合法性发展到最终的全面合法性的等级结构。由于历史解释涉及跨越多个语境的行为,因此,一种决定性的全方位正当理由的理想可能是不可能的,并且应该为一种反思性的多边合法性留出空间。

在第七章,我通过区分批判的三种形式,即构成性批判、调节性批判和反思性批判探讨批判性诠释学的主题。以康德和狄尔泰为例,从构成性或初步批判的基本模式入手,我们继续探讨哈贝马斯和保罗·利科提出的批判的解放思想。由于他们把诠释学与未被扭曲的交流目标联系起来,因此,我认为哈贝马斯—利科的批判思想是调节性的,因为普通的理解所需要的概念已经超出了它们的正常范围,并且被用来筹划理想的限度。调节性的观念通过提出假设的客观要求而具有扩展性,而反思和反思性判断也有具体说明其主观相关性的反作用。因此,我将提出一种反思性的批判,它把一般的认识条件和理性目的与解释者和被解释者所特有的情境语境的具体内容联系起来。我们的诠释学需要一种以判断为中心的批判,这种批判是反思性地定位于调节性的理想,而不受它们的决定性指导。我们不会把理想看作是对某个抽象领域的立法,而是把它们看作是解释人类经验属地的自我规定性的准则。

第三部分"应用与适应",把第二部分阐述的定位诠释学与当代文化发展联系起来。第八章探讨我们对历史的反思性诠释学方法与20世纪下半叶发挥如此重要作用的一些叙事和谱系学历史概念的比较。以尼采和狄尔泰独特的生命哲学为出发点,我发现了两种叙事理论的基础。前者强调谱系学的不连续性,后者强调生成性的连续性。一种诠释学的批判应该能够接受这两种理论。它可以承认不连续的语境,而无须假设它们本身是不可通约的,它可以寻找超越局部共性的连续性,而不仅仅是叙事性的连续性。

历史的谱系学、叙事学和诠释学方法的共同之处在于,它们都提出了关于决定性因果说明在理解历史变化中所具有的作用的问题。但是,尽管谱系学和叙事学方法感兴趣的主要是寻找说明的替代类型,但是,我们的反思性诠释学方法也愿意考虑在何种程度上因果说明仍然是可能的,但条件是任何类型的说明都必须以某种理解为框架。

我们最初对历史世界的认识,源自我们本身就是人类生活的参与者这样一个事实。我们能够理解历史,至少在一定程度上,是因为我们的存在本身就已经属于历史了。但是,这一在本体论上定位的真理,最直接地通过我们在其中发现我们自身的区域性语境而向我们显现出来。在一个多元的和完全不同语境的世界中,考虑到认识学科的贡献是重要的,只要它们还没有得到最后的答案。对于海德格尔来说,把这些贡献轻描淡写为单纯的衍生物,就会在有待理解的东西上招致没有获得重点和清晰性的危险。另一方面,如果要进一步深化对人类事务的认识澄清和说明,就必须认识到它们的语境性界限。为了评估哪些调节性语境是最相关的,哪些调节性语境应该拥有优先权,反思总是必要的。

第九章探讨各种各样——传统的和当代的——使艺术解释语境化的方式。对一件艺术作品的理解,包括对其意义内容如何与提供其表现媒介的物质内容相联系的特殊鉴赏。为此,历史理解的一般反思性语境必须根据我所说的"媒介语境"的东西得到进一步的说明。一种艺术语境是中介性的,不仅仅在于它关注一种物质媒介,而且要探索其交流的潜能。这种理解的中介框架,也可以用来理解新技术和数字资源如何正在改变信息被传输和意义被交流的方式。媒介语境往往提供了一种过渡的理解模式,它不仅注重信息内容,而且也注重意义分析。

在整本书中,我都试图用一种诠释学上有用的、更加注重语境的方式来重新界定不同理解层次之间的传统区分。常识上所固有的对生命—知识的基本理解,是以有限的地方性遗产和世俗性环境为基础的。在这里,理解在本质上首先是同化的理解。其次,科学探究所产生的更高的理解诉诸一套普遍的学科性语境,每一种语境都有其确定性的界限。这将被证明涉及习得概念上的中介认识。最后,狄尔泰所指的个人再体验的东西将会被一种批判性评估所取代,这种评估可以负责任地占有先前被同化和获得的知识,以便产生一种更为全面的反思性知识。诠释学的同化维度、习得维度和占有维度将以不同方式进行阐述,从而表明诠释学不仅仅是一种方法论的解释理论。诠释学必须在不借助于传统的系统哲学的思辨假设的前提下,为发展一种全面的世俗性定位提供基础。对诠释学来说,一种反思性判断的诊断性使用将是至关重要的,因为它评估解释,并探讨它们对世俗性的可理解性和人类自我理解的贡献是否能够充分地得到相互强化。

第一部分 诠释学情境

第一章 哲学诠释学:从狄尔泰和海德格尔的角度重新审视传统

根据一种被广为人们接受的观点,诠释学有两种类型:1)施莱尔马赫和狄尔泰编纂的"释义"解释理论,2)海德格尔和伽达默尔首先阐述的"哲学"诠释学。释义诠释学的主要特征是语文学上的,它所关注的是从方法论上重构文本的意义。相反,哲学诠释学是本体论上的,它认为方法是揭示真理的一种障碍。据说,施莱尔马赫—狄尔泰学派过于关注作者的意图,并试图理解它们所提出的认识论问题,而哲学诠释学则认为理解是以其本体论预设来构想的。

本章将表明,狄尔泰对诠释学的贡献并不局限于语文学解释理论的重构、方法论兴趣。他在认真关注语文学问题的同时,也采取了一种能够发展成为反思性诠释学的哲学方法,不仅探讨了认识论的规范性条件,而且探讨了历史理解和解释的规范性条件。事实上,在狄尔泰那里发挥作用的认识和知识是有区别的,它揭示了认识论的纯粹认识视角所具有的局限性,并且也有助于后面章节对解释过程进行更全面、多层次的分析。因此,对狄尔泰诠释学这一更为全面的看法,将被用来补充海德格尔诠释学的本体论基础。在不否认狄尔泰和海德格尔之间存在着重要差异的情况下,我将探讨他们在诠释学的哲学方法问题上的一些趋同点,以及它们对当代批判诠释学需要解决的问题所产生的影响。

但是,在使狄尔泰和海德格尔彼此相遇之前,让我们对一些早期的诠释学发展做一个简要的历史回顾,初步表明诠释学和哲学一直都能够以多种方法进行合作,而且可以还继续这样做。

传统哲学与诠释学的相互关系

在1860年的获奖论文"施莱尔马赫的诠释学体系与早期新教诠释学的关系"中,狄尔泰描绘了一个诠释学的历史,其中神学的限制被哲学和历史思考所取代。这篇早期论文表明,即使在处理解释圣经文本的技术问题上,哲学观念也常常被证明是有效的和具有影响的。马提亚斯·弗拉西厄斯为路德教会读者提出了解释圣经的一个秘诀,他取得成功的原因之一是,他可以依赖菲利普·梅兰希通在亚里士多德的修辞学经典中引入的某些变化。① 同样地,狄尔泰认为,在约翰·马丁·克拉顿尼乌斯的普遍诠释学中,"沃尔夫学派的踪迹随处……可见"。②

康德得到了相当大的关注,据说他应该"在诠释学的历史上占有划时代的地位"。狄尔泰认为,康德的《单纯理性范围内的宗教》为解释作为一个整体的圣经提供了一种连贯一致的方法,"其重要

---

① Wilhelm Dilthey,"Schleiermacher's Hermeneutical System in Relation to Earlier Protestant Hermeneutics"(1860),in *Hermeneutics and the Study of History*,*Selected Works*(以下简称 *SW*),vol.4,ed. Rudolf A. Makkreel and Frithjof Rodi(Princeton,NJ:Princeton University Press,1996),37–39。

② "Schleiermacher's Hermeneutical System,"*SW* 4,59.

性与语文学对个人著作的理解同等重要。"③正如"事实、教义和信仰条款只有当它们体现道德—宗教观念时才有意义",因此,圣经被解释为"一种普遍存在的精神的表达"。④ 因此,康德的著作在圣经的概念中标志着一个"决定性的转折点"。⑤

狄尔泰承认,康德并不是第一个把基督教的价值定位在道德因素上的启蒙运动思想家。然而,当其他人,比如 J. S. 塞姆勒,把抛弃超道德的圣经主张解释为当代思维方式的产物时,康德试图通过解释关于基督、天堂和地狱等信仰,把它们纳入到一个紧密结合的叙述中,以此体现精神中所固有的道德观念。"他说明了圣经的全部教义内容",狄尔泰写道,"一部分是以外在于权力和人的形式来表现道德原则,另一部分是从基本道德观念的统一性中衍生出来的类比的图式论。"⑥

我们可以补充康德根据他的哲学立场所阐述的有关圣经诠释学的看法,他认为,探讨超感觉的基础在于实践理性及其道德假设,而不是理论理性。圣经中对超人力量的表现被认为是一种激发我们的道德反思的富有想象力的图式,而不是让我们能够直观到某种更高的实在。这种类比的图式性产生了一种象征性的关系,它可以从美学的角度来说明我们的道德观念的重要性。狄尔泰集中关注的是这种在美学意义上被激发出来的道德象征主义,因为它与随后 19 世纪"圣经的神话学方法"⑦有关。我将在第三章和第四章对康德的理论哲学给予同样的关注,更广泛地考虑它

---

③ "Schleiermacher's Hermeneutical System,"*SW* 4,91.
④ "Schleiermacher's Hermeneutical System,"*SW* 4,91.
⑤ "Schleiermacher's Hermeneutical System,"*SW* 4,91.
⑥ "Schleiermacher's Hermeneutical System,"*SW* 4,93(重点号由作者标明)。
⑦ "Schleiermacher's Hermeneutical System,"*SW* 4,93 – 94.

对诠释学所具有的重要性。

在谈到由弗里德里希·阿斯特和弗里德里希·施莱尔马赫提出的浪漫主义诠释学时,狄尔泰在将特殊诠释学(例如,圣经诠释学)扩展为普遍解释学的过程中,使他们从唯心主义哲学中借用的东西大放异彩,阿斯特根据一种基于谢林哲学的思辨模式构想了诠释学过程。因此,解释通过以下三个阶段进行:1)一种单纯期待的意义统一性;2)一种把具体性相互联系起来的多元性;最后3)一种把统一性和多元性融合在一起的总体性。阿斯特所运用的康德三大量值范畴的理论哲学模式是富有启发的,但是,狄尔泰批评它仍然过于形式化和抽象。⑧ 比较而言,施莱尔马赫的诠释学有一个相当大的进步,因为它的理论基础由于如下两点而变得丰富了:1)把所有的意识内容与语言联系起来;2)从行为和实践以及思想的角度构想人类的创造性。狄尔泰认为,施莱尔马赫的诠释学原则把语言的普遍性与个人奋斗的创造性联系在一起。

施莱尔马赫区分了两种主要的解释方式:语法解释和心理解释。语法解释是分析性的,并在一部作品中阐明那些"相同"或与其他作品共享的元素。心理解释试图在一个文本中辨别什么是"独特的"或"个人的"元素,而且,这种解释是移情的解释。⑨ 狄尔泰不遗余力地表明,施莱尔马赫遵循费希特的实践哲学的辩证方法,力图综合性地重构一部作品的作者个性。但是,施莱尔马赫也通过把个性与语言的共同领域联系起来,为个人奋斗的独创性提供内容。如果要捕获一部作品的创造性天才,就必须使解释的心理模式与语法模式相互配合。

---

⑧ 参见"Schleiermacher's Hermeneutical System," SW 4, 97–99。
⑨ 参见"Schleiermacher's Hermeneutical System," SW 4, 146。

施莱尔马赫在实践哲学中定位诠释学的做法,为阐明解释原则开辟了一个重要的哲学话语领域。例如,狄尔泰赞许地写道,对人类语言和交流的理解究竟怎样在伦理行为和实践的世界中找到更合适的视野。反观其后的发展,我们可以说,施莱尔马赫的持久成就,集中体现在他认识到了人类产品的个性与人类筹划的普遍性是密不可分的,无论是从语言共同体还是从伦理共同体的角度来理解,都是如此。个人用来表达他们的所想、所感和所为的词语,之所以能够做到这一点,仅仅因为这些词语已经大体上阐述(darstellen)了人类的筹划。有趣的是,我们须注意到,在他的伦理学中,施莱尔马赫把阐述行为(darstellendes Handeln)说成是一种行为,这暗示了哈贝马斯的交往行为。⑩ 有如理性一样,人类的精神在我们所有人身上都被认为是一样的,而不是表现出一些独特的个人的、解说性的行为。⑪ 正如可以认为康德把象征中直接表达的内容与它间接阐述的有关我们的普遍道德目的理性观念联系起来一样⑫,因此,我们在施莱尔马赫的诠释学中也发现了一种关注,即用最具有普遍性的可能术语来阐述一种具体的伦理共同体的意义。每一种需要解释的人类表达都有更大的意义,这构成了一个挑战。

就像在他之前的康德和在他之后的狄尔泰一样,施莱尔马赫并不局限于就像作者理解他们自己一样来理解他们。他的诠释学

---

⑩ 更多关于哈贝马斯及其与诠释学的关系,见第六章和第七章。

⑪ 参见 Friedrich Schleiermacher, *Die christliche Sitte nach den Grundsätzen der evangelischen Kirche im Zusammenhange dargestellt* (Berlin: G. Reimer, 1843), 510。

⑫ 参见 Rudolf A. Makkreel, *Imagination and Interpretation in Kant: The Hermeneutical Import of the "Critique of Judgment"* (Chicago: University of Chicago Press, 1990), 125。

格言是比作者理解他们自己更好地理解作者。然而,在这三位思想家中,这一格言都有着某种不同的意义。对康德来说,这涉及对作者所使用的语言的概念性澄清。对施莱尔马赫来说,这是一种植根于浪漫主义假设的心理学澄清,即艺术家的作品来源于一种必须有意识地做出的无意识的、开创性的决定。在他的早期论文中,狄尔泰关注的是施莱尔马赫的这样一个看法,即一种潜在的开创性决定把一种封闭的说明图式强加给解释。为了让外部影响对艺术作品保持开放的可能性,心理解释就必须得到语境化。对于狄尔泰来说,如果解释者能够获得一定的距离,尤其是历史距离,他们就有机会比创作者更好地理解一件艺术作品。通过把作品与其社会历史语境联系起来,就有可能对其复杂性和总体意义获得一种更好的理解。

尽管他在施莱尔马赫的诠释学中发现了许多值得钦佩的地方,但是,狄尔泰对历史理解的关切却标志着他们之间有一个重大差异。唯心主义对施莱尔马赫的影响鼓励了一种非历史的概念主义,使他用"相同的"和"独特的"等概念的辩证法来阐述对作者创造性行为的重构。对狄尔泰来说,任何试图通过这些抽象概念之间的关系来描述历史结果的尝试,都必将被证明是不能令人满意的。更恰当的诠释学,应该建立在一种主要关注判断功能的哲学基础之上。这将涉及一种方法,在这种方法中,概念不仅是相互关联的,而且与历史生命的实际具体性有关。只有这样一种以判断为导向的哲学才能提供对历史变化的理解。[13] 这是狄尔泰提出的首要的暗示之一,即诠释学不应被局限于释义的技术,而应成为历

---

[13] 参见"Schleiermacher's Hermeneutical System," *SW* 4, 133。

史理解的筹划和一般人文科学筹划的组成部分。

在一篇很晚的题为"诠释学的兴起"(1900)的论文中,狄尔泰回顾了希腊人的释义和修辞学理论,以期找到一种有助于批判历史理解的哲学诠释学。他表明了亚历山大学派与珀加蒙文献学学派之间的冲突怎样为以后的解释争论奠定基础。为了在他们的大图书馆中识别虚假的作品,排除不真实的段落,亚历山大学派在语文学和历史研究的基础上发展了一门文本考证和批评的艺术。相反,珀加蒙文献学则求助于一种思辨思维,采用寓意解释的斯多葛主义原则来解决所继承的宗教文本与哲学世界观之间的矛盾。⑭

狄尔泰利用这种语文学批评和思辨思维的对比来区分两种一般的诠释学方法,一种是源自亚里士多德的《修辞学和诗学》奠定的语言学考虑,另一种来自柏拉图哲学和斯多葛主义哲学的精神关怀。亚里士多德对诠释学的贡献在于,他能够通过对叙事结构和语言手法的分析来组织我们对文本的理解。亚里士多德关于语言隐喻使用的方法,就是把它看作通过移情对字面用法的一种修饰。尽管狄尔泰本人坚持詹巴蒂斯塔·维柯的诗意比字面意义更原始的观点,但是,他发现亚里士多德的隐喻方法很吸引人,因为它表现出"不相似中的相似性"。⑮ 亚里士多德允许我们看到字面意义和比喻意义之间的连续性,而柏拉图和斯多葛派的方法则往往把它们区分为感性的和精神的东西。他们的寓意解释可以巧妙地通过求助于更高的精神感官来克服文本中的异常和矛盾,但是,

---

⑭ 参见 Dilthey, "The Rise of Hermeneutics," in *Hermeneutics and the Study of History*, *SW* 4, 240。

⑮ Aristotle, *Poetics*, 1459a (Princeton, NJ: Princeton University Press, 1985), 235.

它们并没有以促进历史理解的方式来解决这些问题。在狄尔泰看来，对于历史的哲学解释来说，亚里士多德式的语言学—语法方法更接近于所必需的批判性理解。

狄尔泰的诠释学在多大程度上与人文科学的认识目标有关

狄尔泰把他最初的任务描述为对历史理性批判的表达，他审视了使历史认识成为可能的条件，同时也把这种认识与我们对自然的认识区分开来。在"诠释学的兴起"中，他指出诠释学的主要目的是

> 在浪漫主义的反复无常和怀疑论主体性的冲击下，维护历史解释的普遍有效性，并为这种有效性提供理论依据，从而在此基础上建立历史认识的可靠性。从认识论、逻辑学和人文科学方法论的角度看，解释理论成为了哲学与历史科学之间的重要纽带，成为了人文科学基础的重要组成部分。⑯

在这里，诠释学转向了哲学，因为它可以为人文科学提供认识论和方法论上的指导，但是，这一联系只是为哲学反思和解释之间更全面的关系奠定了基础，我们会在适当的时候看到这一点。人文科学最初的方法论任务，是为了获得与其具体语境有关的对历

---

⑯ "The Rise of Hermeneutics," SW 4, 250. 重点号文字更正了 1996 年的版本。

史事件和人类活动的意义的理解。其次,如果有的话,它们才会寻求那种自然科学的解释性质,在这种解释中,过程服从于一般的因果规律。尽管狄尔泰在理解和说明之间做了一种方法论上的区分,但是,他反对任何形而上学式的分裂,因为历史被辩护为自由和独特性的王国,但不是反对把自然作为普遍决定的领域。德国历史主义者认为,历史和自然之间存在着这样一种尖锐的对立,他们发展了语文学的方法来解释历史上的独特现象。然而,对历史的批判方法必须更进一步,在历史独特性的解释与普遍性的认识之间保持平衡。这意味着,必须把历史理解与在其他人文科学中发挥作用的理解方式联系起来,其中的一些科学是系统性的,它们力求阐明社会、政治、经济或文化生活中的普遍结构。人文科学不仅仅是威廉·文德尔班意义上的具体问题,它还必须关注普遍有效性问题或客观性问题。

狄尔泰试图为人文科学保留认识论的客观性,这是不可能通过遵循兰克的告诫来实现的,即历史学家应该在他们的研究中抹去自己。历史学家不应该提出一种所谓的中立叙述,而必须审视那些不仅驱动他们的人类主体,而且审视那些驱动他们自己的探究的兴趣和需求。狄尔泰写道,历史学家对客观实在的渴望不能满足于"仅仅通过静观或直觉,而且只有通过分析"[17]。他所想到的是各种不同的人文科学的分析。在探索对整个历史的全面一般化之前,我们必须把重点放在人文科学已经分析过的特殊关系系统上。每一个这样的系统,无论是社会、经济还是文化系统,都可以勾勒出某些共同的旨趣和特定语境中的人类行动模式。一些

---

[17] Dilthey, *Introduction to the Human Sciences*, SW 1, ed. Rudolf A. Makkreel and Frithjof Rodi(Princeton,NJ:Princeton University Press,1989),143.

人文科学，比如社会学和经济学，都可能在它们感兴趣的领域内达到行为和发展的一致性。这意味着，历史客观性的科学理想将必须通过不同人文科学具体阐述的一般化和结构关系才能被反映出来。

然而，当我们寻求对一个历史事件或运动的全面而真实的描述时，这并不是简单地综合所有人文科学的学科成果的问题。任何一个历史事件都不会被用以分析历史世界的各种概念系统所穷尽，在我们评估它们在现实生活中的相互关系时，也不应该对所有这些系统给予同等的权重。对一个历史事件进行全面的理解，要求认识到它的事实上的独特性，并对它具有的更普遍的意义做出评价。

狄尔泰也拒绝任何基于传统形而上学综合的全面历史真理的主张。我们没有一个最终的、一体化的黑格尔历史哲学的形而上学体系，相反，我们有各种各样的世界观，它们是对生命的全面解释，囊括了一个人对世界的看法、评价和反应方式。所有这些都表现在伟大的文学、宗教和哲学之中。正如哲学体系所做的概念性阐述那样，有三种反复出现的世界观：自然主义、自由的唯心主义和客观的唯心主义。每一种哲学类型的世界观都表现出对现实和生活的普遍性反思——自然主义强调的是对我们的认识能力特别感兴趣的世界的那些方面（伊壁鸠鲁、休谟）；自由的唯心主义根据我们的意志目的和道德良善对世界做出判断（柏拉图、康德）；客观的唯心主义追求的是一种对我们的审美和评价能力有吸引力的整体秩序感（斯多葛派、谢林）。狄尔泰认为，这三种类型是无法调和的，它们将继续相互挑战，争夺至高无上的地位。

根据狄尔泰的世界观理论，人们普遍认为他走向了一种概念相对主义。然而，应该更恰当地认为，他把自己的视角从对概念认识的认识论分析扩展到了一种整体的知识，这种知识不仅从智力上评估世界，而且以我们的整体存在为基础来评估世界。

从概念性认识到反思性知识

在狄尔泰看来，概念性认识和知识之间的区分通常是可行的。这一点往往被人们忽视，因为狄尔泰从来没有充分界定过"认识"与"知识"这两个术语的含义。然而，他确实在一个早期作品和一个后期作品中对这两个术语做了简要的区分。因为狄尔泰在这两个作品中对它们进行了某种差异性的对比，因此，需要对认识和知识之间的关系做出一种更连贯和全面的描述。

1880年左右，在《人文科学导论》第四卷的布雷列劳草稿中，狄尔泰把知识（Wissen）描述为对事物的感知性真理吸纳（wahrnehmen）[18]，而感知性真理吸纳是伴随对它们的"存在和确定（Gegenwärtig-und-Gewißseins）"[19]的事实性感觉而发生的。相比之下，概念性认识（Erkenntnis）被称为"表现性的（vorstellend）"[20]，并把我们已经知道的事物转化为"摆在我前面（vor-mich-gestellt）"[21]的对象。认识提供了一种对世界的距离，并似乎

---

[18] 参见 *Introduction to the Human Sciences*, SW 1, 280; *Gesammelte Schriften*（以下简称 GS）, (Göttingen: Vandenhoeck & Ruprecht, 26 vols., 1904 - 2006), XIX, 91。

[19] *Introduction to the Human Sciences*, SW 1, 250; GS XIX, 62 - 63.

[20] *Introduction to the Human Sciences*, SW 1, 281; GS XIX, 92.

[21] *Introduction to the Human Sciences*, SW 1, 254; GS XIX, 67.

允许一个重新认识的时刻(er-kennen)。这表明,直接呈现的知识与间接表现的知识之间存在着一种显著的区别。我们可以通过把这种直接给定的知识称为"生命—知识"来扩展这一点。生命—知识以我们成长过程中的生命体验为基础,即通过感性的吸纳和共同传承而被视为真实的东西。概念性认识与此不同,它不仅仅接受世界,而且推论性地表现世界。概念性认识筹划世界的可理解性,并且按理论的形式对它们进行分类。

在1904年一项关于"人文科学中的历史世界的形成"的后期研究中,狄尔泰要求更多的知识。现在,知识实际上包括对现实的概念性认识,并对其进行评估。虽然概念性认识的作用在《人文科学导论》之后仍然没有发生变化,但是,与概念性认识相比,知识变得更为全面了,并且涉及价值观的定位、目的的确定和规则的制定。[22] 狄尔泰指出,假如人文科学要想完成理解历史生命的任务,作为对概念性认识分析的认识论就必须进入"哲学的自我反思"。[23] 自我反思,包括对自我与生命之关系的研究,后来又被扩大到包括人性和一般的生活以及所谓的"人类学反思"。认识论把理论与实践分离开来,而人类学的反思则力图理解理论与实践在生活中是怎样相互交叉的。哲学若是要阐明人类生存的所有方面,就必须通过运用人类学的反思来补充认识论,使之成为一种更加全面的"知识理论(Theorie Des Wissens)"。[24]

---

[22] Dilthey,"Studies Toward the Foundation of the Human Sciences," in *The Formation of the Historical World in the Human Sciences*, SW 3, ed. Rudolf A. Makkreel and Frithjof Rodi(Princeton, NJ: Princeton University Press, 2002), 25.

[23] "Studies Toward the Foundation," SW 3, 27.

[24] "Studies Toward the Foundation," SW 3, 24.

第一章　哲学诠释学：从狄尔泰和海德格尔的角度重新审视传统　29

　　我将把人类学反思的哲学结果称之为"反思性知识"。由此，我们就有可能再一次拓展狄尔泰的观点，并在概念性认识之前的最初的生命—知识与之后的更为深思熟虑和全面的反思性知识之间做出区分。因此，诠释学的总体任务将把这两种知识模式与人文科学可能产生的干预性认识分析联系起来。我们所指定的生命知识是在生活经验中积累起来的，无论是个体感知到的经验，还是普遍继承的经验。人文科学的任务就是收集此种已经存在于普通生活中的直接生命—知识，并探讨在何种程度上可以用概念性认识的术语把它表现出来。

　　然而，所有使现实在认识上变得可理解的科学努力，都具有把我们的理解分散到不同学科的一般系统中的效果。尤其是人文科学使我们对社会历史世界的最初理解产生了怀疑，并试图用认识的客观可靠性（Sicherheit）取代生命—知识的主观确定性（Gewiβseins）㉕。然而，对人类历史世界的充分理解或解释，要求我们转向反思性知识。在人类学反思的基础上，它是一种更具包容性的知识，能够把概念认识放在语境中并对它进行评价。在反思性知识中，往往有一个为事物开启整体视角的"直觉"时刻。对于狄尔泰来说，这就是世界观所提供的东西，也是历史解释的目标。

　　因此，一种基于狄尔泰的人类理解方法是以普通的生命—知识为基础的，从概念性认识的角度对生命—知识进行认识分析，并通过反思性知识对它做出评价。尽管认识论主要在概念性认识的层面上发挥作用，但是，它也需要发展一种更广泛的解释理论以对

　　㉕ Dilthey, "The Delimitation of the Human Sciences," in *The Formation of the Historical World*, SW 3, 325.

反思性知识的观念进行公正的解释。可以说,正是在一点上,狄尔泰已经为一种独特的哲学诠释学指明了道路。我们将从第四章开始对这一路径做进一步的探讨。就目前而言,我们可以得出这样的结论:诠释学作为一般的理解理论,必须对所有这三个层面给予适当的理解。生命—知识植根于普通经验的直接性,它为诠释学提供了一个重要的背景,因为它进一步阐明了概念性认识和反思性知识对理解人类历史世界所做出的特别贡献。生命—知识作为这个更大星座的一部分,可以说就像海德格尔的日常生活前理解一样发挥作用。

海德格尔的本体论诠释学

1925年,海德格尔在卡塞尔发表了10场题为"威廉·狄尔泰的研究计划和关于历史世界观的当前斗争"的演讲。在这里,海德格尔关心的并不是狄尔泰的世界观类型学,也并不是他对我们的形而上学解释的局限性的思考。相反,他跟进狄尔泰对生活的事实性认识,并期待着狄尔泰开启一种历史世界观,把历史性定位为我们的事实性存在的源泉。海德格尔声称,狄尔泰最终的兴趣在于"历史存在(Geschichtlichen Sein)"[26]而不是历史方法论。他写道:"狄尔泰的真正问题是关于历史感的。""这与他自己理解生命自身的倾向是同时进行的,而不是建立在其他现实的基础上⋯⋯狄

---

[26] Martin Heidegger,"Wilhelm Diltheys Forschungsarbeit und der gegenwärtige Kampf um eine historische Weltanschauung," ed. Frithjof Rodi, *Dilthey-Jahrbuch* 8 (1993):157.

第一章 哲学诠释学：从狄尔泰和海德格尔的角度重新审视传统

尔泰已经证明并强调了生命的基本特征就是它的历史的存在。"㉗然而，在海德格尔看来，狄尔泰没有对"存在历史性"意味着什么，即它在时间上的根源性提出更深层的问题。

由于狄尔泰的许多著作在1925年都仍未出版，海德格尔并不知道，事实上，狄尔泰在他对生命和历史的反思中已经探索了时间的本质。但更令人感兴趣的是，海德格尔提出，历史世界观并不是对科学遗留下来的谜题的反思性反应（狄尔泰的世界观），而是作为奠定我们的存在本身的一种基本的本体论立场。海德格尔的理解取代了狄尔泰的作为我们认识人类生命的框架的反思性生命视域，他的理解筹划了此在的未来非存在（nonexistence）。人类的终有一死就是根据一种本体论行为来预期的，而不是作为一种本体事件来等待或者期待。这种被期待的未来，在我们无法控制的存在意义上是超验的。在海德格尔的理解中，筹划的弧线不只是朝外的，它也向此在本身弯曲。存在主义的未来（Zukunft）蕴藏着一种"此在的到来[Kunft]，在这个过程中，此在以其自身最具有潜力的存在，趋向它自身（auf sich zu-kommt）"。㉘

这种时间性的力量把此在带回到它自身，也就是说，带回到自我指涉的或自反性的自我，这种力量在已经存在的方式上甚至更为明显。我们的过去从来没有被简单地超越过，而是表明了一种"情境性，在这种情境性中，此在被它自己攻击为它仍然存在并且已经存在的实体"㉙。最具有衍生性的时间性方式，即当下，它自

㉗ "Wilhelm Diltheys Forschungsarbeit,"173.
㉘ Martin Heidegger, *Being and Time*, trans. J. Macquarrie and E. Robinson (New York: Harper & Row, 1962), 373; *Sein und Zeit* (Tübingen: Max Niemeyer Verlag, 1979), 325.
㉙ *Being and Time*, 376; *Sein und Zeit*, 328.

相矛盾地既是最接近于此在的方式,也在其中最容易脱离自身的方式。无论是自然科学还是人文科学,都通过理论科学呈现在手头的对象,都可以被赋予一种本体的意义。但是,我们能够理解,只有当我们回忆起当下就是曾经面对过的未来的时候,为什么所有这些认识结果对我们来说才是事关重要的。我们对未来毁灭的真实性面对,就是对如此这般的存在的真正的生存论反应,这种生存论反应必须把我们的理论或本体兴趣限定在对象上。也就是说,假如事物的本体意义要在本体论上成为富有意义的,那么,就有必要返回去把认识主体与此在对其存在的意义和其非存在的意义的生存论提问联系起来。

两年后,海德格尔在《存在与时间》中,把他的"此在的存在论—时间性分析"描述为一种对狄尔泰的生命历史分析的"占有"和"激进化"。㉚ 的确,我们可以看到,海德格尔对狄尔泰力图阐明的历史理解条件进行了更为深入的探讨。因此,在海德格尔那里,狄尔泰的诠释学循环成为了一种本体论的循环。对他们两人而言,解释必然是循环性的,因为它已经预设了某种理解。在海德格尔那里,它是一种揭示在世存在的本体论前理解,而对狄尔泰来说,预设的理解植根于整个生命的意义,正如我们将会看到的那样,这种生命意义是在客观精神中被历史地给予的。

狄尔泰着眼于历史生命的认识和知识的诠释学哲学方法,与海德格尔寻求的时间性和人类存在的本体论揭示的哲学诠释学,似乎很容易互相补充。然而,海德格尔对狄尔泰的人文科学所寻求的本体认识的态度,在《存在与时间》中有时变得如此的不屑,任

㉚ 参见 *Being and Time*,449,455。

第一章　哲学诠释学：从狄尔泰和海德格尔的角度重新审视传统　33

何积极的联系都似乎显得无关紧要。㉛ 他认为，从普通经验的本体论角度来看，时间性失去了其诠释学之弧，并被夷平为一种纯粹的线性现在序列。因此，本体论理解就变成了对"它们"的粗俗理解。由于海德格尔更加坚持强调区分本体存在物与本体论存在的重要性，因此，他有可能遗忘他自己的主张，即存在从其存在物的内在性中获得其意义。

在《存在与时间》中，当对存在的真正理解与人类通过其情绪（Stimmungen）所拥有的对世界的协调相一致时，理智的作用就被最小化。他们通过情绪的生存论协调提供了一种在知识话语之外的本体论强理解。但在1922年论述亚里士多德的一个较早的片段中，海德格尔将真实理解定义为一种扩展理性或理智的模式。他并没有把生存论与理智理解对立起来，而是用一种不那么贬抑的观点来看待理智。

正如狄尔泰的诠释学遗产与亚里士多德—亚历山大传统有关一样，海德格尔1922年试图通过对亚里士多德的理性（nous）的现象学解释来界定他自己的诠释学情境。他开始着手"与亚里士多德有关的现象学解释（诠释学情境的迹象）"㉜片段，把一种中立的理智或理性感当作一种纯粹的吸纳（reines Ver-nehmen），它只是预先给出了事物的外观。㉝ 这已经表明，"吸纳"也是狄尔泰

㉛　当让-吕克·南希谈到仅仅是"预期意义"的传统诠释学与"创造意义本身的预期或'宣告'结构之间的对立"时，这种对所谓的本体和认识论的诠释学方法的拒绝，仍然在他那里得到了回应。参见其"Sharing Voices,"in *Transforming the Hermeneutic Context: From Nietzsche to Nancy*, ed. Gayle Ormiston and Alan Schrift(Albany: SUNY Press,1990),223。

㉜　约翰·凡·布伦译, Martin Heidegger, *Supplements*, Albany:SUNY Press, 2002,111–145。以下所有参考文献均使用我本人翻译的原文。

㉝　参见 Heidegger,"Phänomenologische Interpretationen zur Aristoteles(Anzeige der hermeneutischen Situation),"ed. Hans-Ulrich Lessing, *Dilthey-Jahrbuch* 6(1989):250。

感性知识(wahrnehmendes Wissen)的根源。海德格尔认为,亚里士多德通过三种理解方式来阐述理性㉞:(1)通过智慧(sophia),海德格尔认为这是真实的或富有洞见的理解(eigentlich-sehendes Verstehen)㉟;(2)通过实践智慧(phronesis),他把这等同于内省(Umsicht)㊱;(3)通过认识或确定性的观察性理解(hinsehend-bestimmendes Verstehen)。㊲ 就这三种阐释理性的方式而言,智慧和实践智慧都被认为优于认识,因为它们与最初的吸纳过程更具有亲和力,这是理性的特征。sophia 通常被翻译为智慧,对海德格尔来说,它涉及对事物的原型的本体论理解,即对从哪里来(das von-wo-aus)的洞察。㊳ 实践智慧是本体上的内省,它认识到有些事情可能并不是这样的。它使事物的性质保持开放,并考虑到它们从哪里来与到哪里去(das Worauf des Umgang)有关。㊴ 实践智慧把理性解释为一种准备把事物推向某种目的的内省评估方式。但是,当实践智慧变得过于专注具体的目的时,它就会看不到生命的丰富性。在这里,智慧或真正的理解都可以再次介入,它提醒我们,对改变事物的准备是生命本身的流动性的一部分。这种流动性在智慧的时间性中找到了共鸣。伽达默尔已经表明实践智慧对海德格尔所具有的重要性,但是,至少,在这里很清楚,智慧更加重要。㊵

海德格尔拒绝努力去决定生命是什么,无论是理论上的从哪

㉞ 技艺(Techne)也与理性有关,但不是作为一种观看或洞察的方式。
㉟ 参见"Phänomenologische Interpretationen,"255。
㊱ 参见"Phänomenologische Interpretationen,"255。
㊲ 参见"Phänomenologische Interpretationen,"254。
㊳ 参见"Phänomenologische Interpretationen,"258。
㊴ 参见"Phänomenologische Interpretationen,"259。
㊵ 参见"Phänomenologische Interpretationen,"264。

里来,还是实践上的到哪里去都是如此。真正的理解和解释必须有助于使事物保持开放的可能性。海德格尔最不满意的认识,就是阐释理性的第三种模式。这里的目的是从观察判断的角度来确定对生命的理解,这些观察判断有助于以命题的方式定义和确定生命。由于这种做法,解释性的"作为(as)"及其所有广泛的暗示性,都被简化成了一个更狭窄和固定的命题性的"是(is)"。这种认识所涉及的理解与康德的知性有关的理解相似,这是奠定科学的决定性认识判断的理智能力。海德格尔批评认识所关注的仅仅是认识正确性的衍生意义上的真理(Wahrheit)。另一方面,智慧提供了一种保持和保护(Verwahren)生命的丰富性和流动性的不确定性理解,在这一点上,海德格尔的智慧与狄尔泰的理解(Verstehen)似乎非常相似。有趣的是,狄尔泰也把真实的事物(wahr)与一些更基本的、有能力保存的事物(bewahren)联系起来。[41]

尽管海德格尔构想的智慧与狄尔泰构想的理解之间有着密切的关系,但是,仍然存在着重要的差异。海德格尔侧重于智慧的真实性理解与认识论的认识理解之间的差异,因为他认为,后者的内容是一种与经验来源失去了联系的最终结果。狄尔泰也认识到了认识论的局限性,但他并不认为这是一条死胡同。他是在一种发展的连续性中确定认识论的恰当地位。全面的理解或解释包括概念性认知,它是我们所区分的植根于生活经验的生命—知识与更成熟的反思性知识之间的中介。

---

[41] 参见 *Introduction to the Human Sciences*, SW 1, 269n。

对历史性时间的本体—本体论理解

虽然《存在与时间》为我们生存论条件的心境中所固有的本体论前理解提供了一种重要的分析,但是,它并不足以从此在的在世存在角度本体论地分析我们的日常生活的情境性。我们的生命中表现出来的本体结果,以及它们所揭示的一般人类实践,对于历史的理解来说具有更为直接的重要性。狄尔泰最后一篇关于诠释学的文章,1910 年的"对他人及其生命表现的理解"提出了一种更富有成效的方法。

通过把历史理解定位于客观精神,狄尔泰能够利用一种被海德格尔忽视了的本体资源。狄尔泰借用了黑格尔的"客观精神"这个表达,但是,去掉了黑格尔唯心主义所假定的思辨普遍性。相反,狄尔泰以更具有经验性的和可验证的共同性重新构想这一观念。[42] 客观精神指定了传承的共同性的表现方式,我们在此基础上参与到社会历史情境之中,从而找到我们在其中的位置,相互交流并进行互动。客观精神的观念被用来证明,在我们甚至还没有获得历史认识之前,我们就已经是历史性的存在。[43]

作为培育我们每一个人的共同性的表现方式,客观精神为我们所经历的一切赋予了全方位的公共意义。这些意义反映了在特

---

[42] 参见 *The Formation of the Historical World*,SW 3,172-173。
[43] 我们可以在胡塞尔所说的"沉淀"和萨特所谓的"实践—惰性"中找到对客观精神的进一步解释。并且当德里达质疑在场的东西的首要地位时,他是在援引来自于继承的过去的踪迹和幽灵,这些踪迹和幽灵一直影响着我们。从诠释学上讲,"客观精神"就是指作为活生生的传承的历史。

定的传统和社会中共同持有的态度、实践和价值观,我在其中事实性地发现了我自己。即便是在我们村庄广场上植树的方式,以及在我父母家中布置家居的方式,也可以理解为我成长过程中所吸取的共同模式的一部分。㊹ 这样的意义定义了一种"我们",而不是海德格尔式的"他们"。

我们不应该假定,这只是简单地从认识论上重新界定了黑格尔形而上学的客观精神的观念;要是这样认为,就等于忽略了前面讨论过的认识—知识的区分。客观精神并不提供概念性的认识,它仅仅体现了作为一种共同遗产传递给我们的生命—知识的模式。只有当人文科学把对普通生命的知识转化为对学科话语的概念性认识时,对意识的认识论或批判条件才会变得具有相关性。用狄尔泰论文的语言来表达,这意味着从植根于客观精神的"基本理解"到"更高理解"的过渡。这一过渡使得从共同性向普遍性的转变成为可能。

客观精神的共同意义并不是严格意义上的认识意义,也不是它们明确表达出来的意义。因此,在理解和解释能够达到科学所针对的普遍认识的可理解性之前,我们就沉浸在一种更为有限的共性的知识之中。这种基本的理解指导着我们的日常生存,这是一种共识意义上的事实性来源,并且可以说,它是要为诠释学提供一种本体背景。但是,我们一旦发现有些事件偏离了人们认为理所当然的共性的正常状态,与生命—知识(Gewiβsein des Wissens)相关的存在—确定性以及基本理解的自明性(Selbstversändlichkeit)就会瓦解。因此,通过应用具有更高理解的认识模式以改变我们的参照模

㊹ 参见"The Understanding of Other Persons and Their Manifestations of Life," SW 3,229。

式是必要的,从而更仔细地研究特定的情境。这就是常识被学科意识的普遍性要求所取代的地方。我们可以把客观精神的不确定性语境分析为更具有确定性的系统的人文科学语境,从而有助于聚焦历史的理解。生命中那些不能用这种方式加以界定的方面,反过来也会得到人类学的反思。

如上所述,狄尔泰在经验上重新思考的客观精神概念,是在为他的诠释学本体方法服务这个基础上提出来的。但是,讨论本体方法的相关性,当然并不意味着排除对本体论的任何参照,反之亦然。仔细考察一下,我们已经表明,狄尔泰和海德格尔之间的分歧并不是像人们通常所认为的那么清晰明白。他们对时间性和历史这一关键问题的处理恰好是另外一种情形。

在《存在与时间》第77节对时间性的众所周知的描述中,海德格尔把他的本体论分析与约克·冯·瓦滕堡的本体分析相结合,他认为,这一本体的分析切断了我们与历史的实质和力量的联系。这一节的基础性假设是,这种本体分析以静态的可见模式固定了历史的生命力。因此,他重申,我们对历史的时间性的理解必须来自一种本体论的(ontological)方法,而不是本体的(ontical)方法。然而,在下面的章节中,海德格尔实际上承认,他对时间性的本体论分析必然与时间的本体概念有关。在《存在与时间》第78节中,他通过增加一个对历史理解来说必要的"世界—时间"的"本体—时间性"⑤分析,揭示他自己对时间性的本体论分析的不完全性。对时间性的本体论分析产生了对生存论忧虑的狂喜结构,而世界—时间则表现出对我们的内省关注来说具有重要意义的可确定

---

⑤ 参见 *Being and Time*,456-457。

性结构。时间性和世界—时间,都各自以它自己的方式揭示一种超验之弧,因此,在对时间的普通或庸常的理解中,这种超验之弧被抹平为一个仅仅是"呈现在手头"的"现在"线性序列。

海德格尔对世界—时间的本体—时间性分析体现了他做出的努力,即在本体论时间性的激进超越与庸俗常识的本体时间—序列的内在性之间寻找一个中间地带。这个世界—时间确实是本体—本体论的。世界—时间的可确定性并不是指呈现在手头之物,而是指应到手头之物的可确定性。尽管这个可以确定的世界—时间的中间结构使我们更接近于历史,但是,它仍然不足以理解人类历史。可以肯定的是,内省关注(Besorgen)的应到手头之物,确实给世界—时间增添了一个实践元素,但是,海德格尔归结于应到手头之物的装备结构(Zeughaftigkeit)却并不足以理解我们对历史的参与。它太专注于"为了(in order to)"。⑯

恰当地解释社会政治文化史中所涉及的人类实践,真正需要的是一种本体—本体论的分析,它不仅是对时间的分析,而且是对生命本身的分析。我们需要一种哲学诠释学,它不仅定位于我们的生存论情境,而且要为我们的历史背景提供一种本体—本体论的意识。把客观精神的共性和共识提供的东西鄙视为一个政治出发点是不明智的。如果我们过于本体论地把我们自己置于历史之中,那么,给我们留下的东西,就只能是海德格尔接受模式的被动性,即接受事物并参与(Teilnahme)到存在作为一种命运(Geschick)的揭示之中。⑰ 另一方面,内省关注的装备性贡献过于有限,并且例行公事,使我们无法公正地体现我们积极参与(Teilne-

---

⑯ 参见 *Being and Time*,97。
⑰ 参见 *Sein und Zeit*,168。

hmung)历史事件的能力。⑱

可以证明,狄尔泰对生命的反思也朝着本体与本体论交叠的方向发展。对生命体验的人类学反思导致狄尔泰对时间的描述方式超越了海德格尔所说的体现一系列当下的本体时间,其中的每一个时间都仅仅是(is)而已。对于狄尔泰来说,时间不只是被体验为当下的给予,而是把它与过去和未来联系起来的连续体。他并没有把时间想象成一条康德式的持续向下的线性过程(Ablauf),而是把它描述为一个"不断前进(Fortrücken)"⑲的过程,在生命体验的"持续过程(Fortgezogenwerden)"⑳中显露自己。关于时间与过去的关系,狄尔泰写道:

> 即便是时间进程中最小的一部分也会涉及时间的流逝。当下从来都不是是;我们当下所体验到的东西,总是包含着对刚刚呈现的东西的记忆。除了别的东西之外,过去作为一种力量在当下持续有效,即过去对它所意味的东西,使人们记住的事物具有一种独特的在场特征,从而使它融入当下。㉑

这种对作为一种中介"在场"的时间的本体体验的反思性评价表

---

⑱ 更多关于 partaking(Teilnahme)与 participation(Teilnehmung)之间的对比,请参见 Rudolf Makkreel, "From Authentic Interpretation to Authentic Disclosure: Bridging the Gap between Kant and Heidegger," in Heidegger, *German Idealism & Neo-Kantianism*, ed. Tom Rockmore(New York: Humanity Books, 2000), 63–83。

⑲ Dilthey, "Fragments for a Poetics," in *Poetry and Experience*, SW 5, eds. Rudolf A. Makkreel and Frithjof Rodi(Princeton, NJ: Princeton University Press, 1985), 225.

⑳ *The Formation of the Historical World*, SW 3, 161.

㉑ Dilthey, "Plan for the Continuation of the Formation," in *The Formation of the Historical World*, SW 3, 216.

明,它也具有一种本体论的意义。

在狄尔泰的表述中,时间性(Zeitlichkeit)的原初状态是显而易见的:"时间性作为其首先的范畴性决定就包含在生命之中,并且……对于其他人来说也是根本性的"。㊼ 虽然他没有使用"本体的"和"本体论的"语言,但是,我们可以看到,时间不仅仅是一个归纳衍生的本体概念。它是一个以意义、价值和目的等范畴为前提的范畴,它与人文科学特别相关。因此,人文科学中的每一个概念都被赋予了一种更具体的时间性参照:意义主要与过去联系在一起,而价值则与现在联系在一起,目的与未来联系在一起。尽管狄尔泰的意义范畴所具有的功能是,回顾性地构建历史的时间关系以便获得一种相对稳定的联系方式,但是,他的另一个生命范畴,即生产力(Kraft)则以一种更加动态和开放的方式,把现在与未来联系在一起。

我们通过重新审视我们已经看到的狄尔泰和海德格尔分析之间的一些相似之处,可以看出他们是如何共同地为历史理解做出贡献的。这两种解释都显示了一种从含蓄的理解到更明确的解释的清晰运动。在狄尔泰的情形中,这是一个持续而渐进的过程,但对海德格尔来说,也存在一个对一直被遮蔽(verborgen)的东西进行去蔽的破坏性时刻。㊽ 然而,从一个更大的角度来看,狄尔泰和海德格尔都是开始于一个已经被人们认为是理所当然的基础。

我们从狄尔泰那里获得的生命—知识和海德格尔对本体—时间性的内省关注,都提供了一种对日常生活的理解。我们也可以把生命—知识与另一种不那么任性和更加开放的内省方式,即

㊼ "Plan for the Continuation of the Formation," SW 3, 214.

㊽ 参见 *Sein und Zeit*, 33。

实践智慧联系起来。通过诉诸某种共享的东西,生命—知识和对实践智慧的内省评估都共同为历史理解提供了一个初步的背景。生命—知识体现了客观精神的传承共同性;而实践智慧则涉及常识的运用。在寻求从共同性到普遍性的过程中,狄尔泰的概念性认识和海德格尔的认识也有相似之处。但是,正是反思性知识和与智慧相关的真实性理解的结合,才最能揭示人类理解的全部范围。哲学反思所获得的任何世界观都是通过自我反思的工作来获得其整体的一致性。尽管狄尔泰努力辨别反复出现的世界观类型,但是,每一种世界观最终都是个人对富有生命特征的反应的表现。它利用了通常被人们认为是真实性理解的"个性化拥有"。

因此,我们从渗透于共性之中的对生命—知识的基本理解开始,并通过对人文科学的更高理解在认识上把它普遍化,但是,我们只能通过反思我们作为个体在这个世界上的特殊位置才能获得对历史理解所需要的整体解释。反思性认识的个体化洞见,不仅是一种对存在的认识,而且还揭示了一个人的存在方式。

当把人类的理解广泛地构想为对我们的本体论条件的自反性的或自我参照的反应,以及对我们的本体情境进行反思时,它就能够为一种扩展的哲学诠释学提供过渡,从而开启对各种可能的解释模式的反思性批判。在我们考虑一种批判性诠释学的主题时,自反性和反思性之间的关系将会得到进一步的关注。这些考虑也将表明,这种知识所涉及的问题,不仅仅是认识论问题,而且也体现了诠释学的问题。围绕批判性诠释学的规范性问题,最终将引导我们去解决有关解释的有效性和合法性问题。

第二章 辩证法、对话与交流

许多当代文献都把交流和语言的主题放在了诠释学的核心位置。我们已经看到，施莱尔马赫是这一趋势的先驱人物，但是，施莱尔马赫和狄尔泰的贡献有时并没有得到充分的考虑，因为人们认为他们关注的是个人表达和作者意图。这一说法因为伽达默尔而得到了最广泛的认同，伽达默尔认为，只有当语言超越了一元论的表达并且变成对话性的表达之时，语言在诠释学上才是揭示性的。为了使我们向更普遍的真理开放，必须让语言在对话的艺术中展开自身。

在伽达默尔关于传统的诠释学中，语言的主题化和对一般真理的探索，大体上是遵循海德格尔的本体论和黑格尔的辩证法中介而形成的。伽达默尔从本体论上扩展了对语言理解的观念，他认为，我们在存在中的地位将通过与悠久的人文主义传统的对话而显露自身，这种传统可以追溯到希腊人和罗马人。真理的获得涉及一个对话性中介的过程，它体现了伽达默尔对黑格尔的辩证理性理论的诠释学历史顺应。

伽达默尔阐明他的历史诠释学的最有效和最有影响的方法之一，就是通过他对艺术的解释。因此，我们将首先转向他对艺术的讨论，因为艺术是构成《真理与方法》的一个重要组成部分，也是他批评从康德到狄尔泰的现代美学和诠释学的手段。

感觉、审美体验和艺术经验

伽达默尔在考察《判断力批判》时指出,康德在认识论和美学方面发起了一场阻碍共同真理实现的主观主义运动。在这里,他追随黑格尔对康德的攻击,认为康德主要是从感情的角度来构思美学,而忽视了在艺术中发现的真理。康德未能公正地对待审美经验的认识论和本体论维度,据说,这必须为把其重要性降低到只是一种愉快的精神状态负责。伽达默尔把狄尔泰的《生命体验与诗》看作是康德美学主体化的高潮,他拒绝把审美体验(生命体验)的概念局限于私人意识。这些批评强调了许多关于康德和狄尔泰美学的共同假设,而这些假设往往忽视了他们的立场的复杂性。

黑格尔早期反对感觉(feeling)在康德美学中的作用,体现了他对一种感觉不允许我们超越自我的关注。"一种感觉",按照黑格尔的说法,"总是同时是自我的享受。即使当我们在处理一件外部的事务时,感觉也会把它带回到我们自己身上,并引导我们去关注我们是如何充满了感觉的(unsere Erfüllung von der Sache)⋯⋯他,生活在某一主题事件中的人,无论是科学上的还是实践上的人,都会忘记自己在其中的存在,只要感觉是对他自己的一种提醒,他就不会有任何感觉。"[1]

可以肯定的是,感情记录了我们是如何受事物影响的,从而让我们想起了我们自己,但是,它们并不需要让我们自我陶醉。感情

---

[1] Georg Wilhelm Friedrich Hegel, *Vorlesungen über die Philosophie der Religion*, *Werke* (Frankfurt am Rhein: Suhrkamp Verlag, 1978)15:134.

(feelings,Gefühle)与情感(emotions,Rührungen)的不同,就在于前者能够超越我们的身体状态。黑格尔所描述的对内容的主观性同化指的只是一种感觉。还有很多其他的类型——包括缺乏引导我们超越自我的某种感觉。用最一般的术语来说,感情是指我们与世界的联系方式,所以,它们可以在我们对事物做出判断方面发挥作用。因此,在我们发展一种既是反思性又是批判性的诠释学的努力中,感觉是不能被忽视的。

就康德和狄尔泰而言,他们不仅讨论了主观的感情,而且讨论审美愉悦和道德尊重等主体间感情。康德认为,审美愉快与其他愉快的区别便在于它是无利害的。当我们从审美的角度进行判断时,我们对个人的感官满足不感兴趣。心灵的审美状态产生了一种人类特有的愉快,其中包含着一种感觉到的官能和谐。此外,正如我在其他地方所主张的那样,可以认为美感是一种广阔的生命感,它让我们摆脱自我,引导我们走向人类共同体。② 审美判断的普遍性假设了一种基本的主体间感觉,即一种共同感(sensus communis),它被定义为"不是私人的,而是共同的(Gemeinschaftliches)感觉"。③

狄尔泰力图通过把美感与我们丰富的生命体验更紧密地联系起来从而强化美感的相关性。在1887年的《诗学》中,他分析了六个情感领域,从感性情感到那些源自认识联系的情感,到投射意志

---

② 参见 Makkreel, *Imagination and Interpretation in Kant*, 150-160。另参见第五章及后面。

③ Immanuel Kant, *Critique of the Power of Judgment*, trans. and ed. Paul Guyer and Eric Matthews(Cambridge:Cambridge University Press,2000),123(译文有修改)。另参见 *Kant's gesammelte Schriften, herausgegeben von der Preussischen Akademie der Wissenschaften zu Berlin*(以下简称 *Ak*), 29 vols.(Berlin:Walter de Gruyter, 1902-1997),5:239。

性和理想化内容的其他情感领域。④ 狄尔泰对康德美学的保留态度，反映出他对自己的更具体、更经验主义的方法有更大的兴趣。不同于康德把美感看作纯粹形式上的，狄尔泰坚持认为，不能把有关形式的美感从内容中抽象出来。从审美角度辨别出来的任何艺术形式层面，都必须与我们从对世界的生命体验中汲取的作品的客观内容融为一体。在为他 1907—1908 年修订的《诗学》所做的说明中，狄尔泰对意义关系的考虑取代了对美感的参照。⑤ 在这两个版本的《诗学》中，仍然保持了一个不变的主题，那就是艺术增强我们理解生命的能力。所有的生命体验，无论是审美的还是其他的体验，都被放在了客观精神的共同领域中，根据这种共同性，狄尔泰重新构想了康德的无利害观念。

康德的无利害性适用于审美观赏者的印象，而狄尔泰则更进一步，把无利害的态度拓展到了对艺术家生命体验的表达。他写道："无利害性……不仅是审美印象的性质，而且也是创造性艺术家的生命体验。康德就这样被纠正了。"⑥诗人和艺术家的真正的创造力，就在于他们有能力把我们对世界的普通感兴趣的反应转变为一种无利害的总体态度，通过这种态度揭示对生命本身的兴趣。

狄尔泰用以分类各种表达方式的一般术语是"生命表现"，每一种表达首先都是一个更普遍的生命—语境的表现；生命体验的表达并不是内在精神状态的外化，因为它是共享的意义方式的表达。使艺术家在超越个人的过程中变得特别成功的东西，是艺术

---

④ 参见 *Poetry and Experience*，SW 5,77-86 对这些情感领域的更详细的分析。
⑤ 参见 *Poetry and Experience*，SW 5,230-231。
⑥ 参见 *Poetry and Experience*，SW 5,227。

家通过他们创造的表现方式的惯例来体验世界。因为作曲家们已经在音色上体验了世界,诗人在语言上体验了世界,所以,他们并不只是把一些私人的心理状态转化为一些公共的相等物,而是转化为生命本身的某种真理性的东西。这一点,在他后期的诠释学论文"对他人的理解及其生命的表现"中表达得最为生动,在这篇文章里,狄尔泰在谈到一件脱离了创作者的伟大艺术作品的永恒真理性时,认为这个伟大的艺术作品远离了它的创作者:

> 在认识实际利益的斗争中有某种可怕的东西,即每一种表达都可以欺骗,并且其解释可以随着我们立场的改变而改变。但是,当一部伟大作品中的精神内容从创作者身上解放出来时,无论它是诗人、艺术家还是作家,我们都进入了一个欺骗终结的领域。没有任何一部真正伟大的艺术作品……想提出一种歪曲其作者的精神内容;实际上,它不想说任何关于作者的事情。它本身就是真理性的——牢固的、可见的和持久的——正是这一点使得人们有系统地、可靠地理解这些作品成为了可能。因此,在知与行的界限之间出现了一个生命本身在观察、反思和理论难以接近的深度上揭示它自身的领域。⑦

因此,一首伟大的诗歌就站立在我们面前,它不仅表达有关作者生命体验的真理,而且它本身也是真理性的。

在这篇后期诠释学论文中,狄尔泰最明确地把自己与康德美

---

⑦ *The Formation of the Historical World*, SW 3, 227-228.

学的主体化拉开了距离。然而,他涉及的知与行之间的"领域",在某种程度上却印证了伽达默尔的看法,即审美体验(Erlebnis)包含了一种审美区分的模式。在伽达默尔看来,审美区分的危险便在于它使一个特殊的领域与现实其他领域脱离开来。审美区分并没有把艺术作品嵌入到它受委托创作的制度环境中,而是假定了"自由艺术家在没有委托的情况下创作艺术作品"⑧。"用公共道德标准衡量"的传统作品被"一种自由灵感的创造"所取代了⑨,据说,这种创作发生在想象性的意识领域。因此,伽达默尔写道:"通过'审美区分',作品就失去了它[在]世界上的地位……相反地,它属于审美意识。"⑩

然而,读过几篇狄尔泰的文论,我们就会认识到,他把他的诗人放在他们的历史语境中是多么的彻底。在提到歌德对政府服务和他对植物生命以及色彩理论的科学研究时,狄尔泰写道:"这些活动不只是在他没有创作诗歌的长时期里耗费了他的时间;对他来说,这些活动是不可或缺的,因为他要完成他的诗歌使命,就必须与生活和世界打交道。"⑪歌德的使命是在"启蒙运动伟大成就"的基础上,把"诗意想象从对生命一无所知的抽象思维和'良好趣味'"中解放出来。⑫

即使狄尔泰确实把审美区分为一个特殊的领域,也不会真正地将审美与现实或整个世界隔离开来。虽然日常生活中的一些普

---

⑧ Hans-Georg Gadamer, *Truth and Method*, 2nd revised ed. (New York: Crossroad, 1992), 87; *Wahrheit und Methode*, 2nd ed. (Tübingen: J. C. B. Mohr, 1965), 83.

⑨ Gadamer, *Truth and Method*, 87; *Wahrheit und Methode*, 83.

⑩ *Truth and Method*, 87; *Wahrheit und Methode*, 83.

⑪ "Goethe and the Poetic Imagination," *SW* 5, 236.

⑫ *Truth and Method*, 276; *Wahrheit und Methode*, 261.

通兴趣可能在伟大的艺术中被搁置了,但是,其效果并不是要逃避它们,而是要更深刻地描绘我们的生命处境。因此,我们看到,他把审美说成是"一个生命本身在观察、反思和理论难以接近的深度上揭示它自身的领域"。狄尔泰所说的创造性艺术家的无利害性,只不过是揭示生命本身的典型兴趣的一种方式。

然而,在伽达默尔看来,狄尔泰对生命体验(Erlebnis)的关注,在原则上并不足以"为历史现实架起一座桥梁"。[13] 他提出他自己的经验(Erfahrung)理论作为一种选择,这种选择与家庭、社会和国家"预先决定的影响"[14]相一致。经验艺术的范式是演员和观众参与戏剧的公开表演。伽达默尔通过跟踪作品从作者到表演者再到观众的传递,指出艺术作品的意义是公共的,并随着时间的推移而发挥它自己的作用。

就像狄尔泰将审美印象和情感的基础转移到审美体验的客观表达一样,伽达默尔把我们的注意力转向了艺术作品对其观众的艺术经验产生影响的方式。伽达默尔的艺术理论是一种关于作品在创作之后的被表现、被展示或被阅读的效果或生产性历史(Wirkungsgeschichte)的理论。理解一部作品的任务,并不是像作者进行创作时那样对作品进行重新体验,甚至不是把它重构为当时可能的理解作品的理想观众。这种做法把作品放在其自身独特的视野中,并且把它与我们当下的情境区分开来。

除了理解一部作品的意义,并解释它的原始语境如何能够阐明此种意义之外,伽达默尔的诠释学还涉及第三个任务,即把作品应用到我们当下的情境之中,从而发现它对我们所言说的真理。

---

[13] *Truth and Method*, 276; *Wahrheit und Methode*, 261.
[14] *Truth and Method*, 305; *Wahrheit und Methode*, 288.

通过把过去与现在联系起来,这种应用便使历史解释具有了一种当下的相关性。过去的视域并不是在其"真实的"原创性中被恢复的,不是因为它是某个需要得到更好的理解的特殊领域,而是由于其相关性被应用于当下。因此,伽达默尔用我们总是在进行不同的理解这样的回答,否定他所认为的施莱尔马赫和狄尔泰所主张的做出更好的理解的理想。联系到我们当下的情境,通过应用进行不同理解的这种要求是有意义的,并且,正是在这种特定的语境中,比作者本人理解自己更好地理解一个作者的这种尝试,可以被认为是"要求其他人也服从我们自己的标准"⑮。然而,对狄尔泰来说,更好的理解的筹划显然是针对某种具有更高普遍性的东西,在伽达默尔谈到他的视域融合的理想时,他本人也要求这样的普遍性。

伽达默尔的诠释学所追求的视域融合形成了"一种单一的历史视域"⑯,它必将把未来时代以及我们的后代纳入解释的任务之中。它把人类创造物放在一种"接受的历史"中,在这种历史中,没有任何个体解释者可以成为主导者。历史的这种接受是一个开放的视域,而存在于这个视域中的作品将成为一个移动的目标。因此,真正的理解"关系到提升到一种更高的普遍性,它不仅克服我们自身的特殊性,而且也克服他人的特殊性"。⑰

虽然这种应用的实践允许一部作品"在每一个时刻、每一种具体情况下都以一种新的和不同的方式被理解"⑱,但是,它在视域融合理论中的地位,却使它很难界定任何一种新的理解实际上有

---

⑮ *Truth and Method*, 305; *Wahrheit und Methode*, 288.
⑯ *Truth and Method*, 304; *Wahrheit und Methode*, 288.
⑰ *Truth and Method*, 305; *Wahrheit und Methode*, 288.
⑱ *Truth and Method*, 309; *Wahrheit und Methode*, 308.

着怎样的不同。伽达默尔希望从应用中获得"当代性(Gleichzeitigkeit)"⑲的目标,让参与者参与到"一个事件"⑳之中,而这一事件正是作品正在持续的历史的一部分。理解和应用之间的联系产生了对作品的一种当代经验,但是,它似乎很少关心通过把理解和解释联系起来而可能产生的批判性参与。

按照伽达默尔的看法,当理解允许一部作品随着时间的推移而保持相关性,并且作为一部"经典"继续保持它的生命力时,理解就会成为同时代的。相比之下,施莱尔马赫和狄尔泰对一部作品进行的更具有批判性解释的探索,被认为是在为一部属于某个过去时代的"古典"作品的古典语文学研究的理想服务。按照伽达默尔的说法,他们的审美体验所追求的是一种人为地重构原作的"同时性(Simultaneität)"㉑。

伽达默尔探讨的当代性具有把艺术作品置于其传统的真实时间的效果——这是一个向前发展的时间。这种被归因于施莱尔马赫和狄尔泰的审美区分的同时性,所体现的是让我们回到过去的时间,以便重新激活一部作品被构思的创造性时刻。而事实上,我们看到,狄尔泰认为摆在我们面前的一部伟大作品,并不是指向作者过去的生命体验的一些真理,而是指作品本身的真理性,并且是经久不衰的。

把狄尔泰的方法描述为"坚持几个审美体验的对象……同时在意识上漠视平等的有效性(Gleich-Gültigkeit)"㉒是具有误导性

---

⑲ *Truth and Method*,127;*Wahrheit und Methode*,121.
⑳ *Truth and Method*,309;*Wahrheit und Methode*,308.
㉑ *Truth and Method*,127;*Wahrheit und Methode*,121.
㉒ *Truth and Method*,127;*Wahrheit und Methode*,121.

的。审美无利害性不是一种中立的冷漠模式,也不是对空洞无物的形式主义或招致怨恨的相对主义的一个处方。实际上,对"冷漠的同时性"的指责更适用于大都市博物馆的现代经验,也更适用于安德烈·马尔罗所谓的"想象的博物馆"、综合性的艺术书籍。在这里,绘画的原始语境被删除了,并且往往与其他非常不同的作品并排放置在一起。这些文化发展是当代体制和技术力量的产物。虽然康德和狄尔泰把审美体验与一般的经验区分开来,但是,他们从来没有提出一种为艺术而艺术的意识形态。而狄尔泰的更具有历史意义的美学是,它允许一件艺术作品把整个世界晶体化,并赋予它一种更高的意义。

理解并不一定要与作品相一致——无论从同时性还是从当代性角度来看都是如此。理解的目的是把握一个作品所具有的独特的东西。为此,解释带来了更加包罗万象的语境和相关变数。解释是在重建有待理解的东西中涉及洞察力和判断力的一个关系性过程——它不是一个简单的使视域变得融合的中介过程。存在一种我们每个人都可以参与到一个过程中的意义,由此,意义通过传统而得到发展,但是,也有一些必须考虑到的关键性限度,从而避免武断和盲目的解读。伽达默尔的黑格尔式中介模式有一个潜在的危险,那就是一切都可能消融为总体的普遍观点。然而,使一件艺术作品具有重要意义的东西,始终都存在一个与审美和历史交叉的、风格独特的有力的"事实核心"。㉓

黑格尔和伽达默尔都认为,艺术作品不仅仅是其作者的特定经验和态度的表达,这是正确的,因为它也揭示了具有更广泛相关

㉓ 参见"Style and the Conceptual Articulation of Historical Life"一章,Makkreel,*Dilthey*,*Philosopher of the Human Studies*,特别参见第398-413页。

性的共同真理。但他们面临的危险是,忽视了特殊的体验是怎样在艺术中得到表达的,更重要的是,这种表达的过程又如何能够给世界贡献一种独特的看法。因此,一部作品既可以表达一些有关作者生命和经验的具体内容,同时又能够表达一种普遍性的真理。当伽达默尔把这种中介的理想描述为把我们自身从偶然性中解放出来的一个过程时,我们就不能用他提出的方式把偶然和普遍完全分离开来。㉔ 并不是一部作品的每一个具体事实都能与它的普遍潜在性相一致,并剥夺它的偶然性。㉕

由于艺术中存在难以确切表达的特殊性和普遍性的趋同特征,康德和狄尔泰都拒绝把审美判断视为概念性的判断。通过指出艺术所具有的生动有趣的效果,他们可能过于强调审美的感觉成分。但是,正如我们所看到的那样,他们分辨出主体间的情感和私人的感情并不是一样的。虽然康德的审美判断并没有给我们的世界经验增添认识内容,但是,它们在形式上却是具有认识意义的,因为它们对我们的经验的系统化有着重要的意义。康德的象征主义理论甚至允许他主张,通过审美观念的表达,我们有时可以获得超越我们平时经验到的事物的"象征性认识"㉖。通过这种审美的象征化,我们的抽象理性观念便能够在审美观念上得到一种准直观的实现。

在《真理与方法》出版之后的几年里,伽达默尔对审美传统的贡献表达了更多的评价。在《真理与方法》出版 20 年后发表的论

㉔ 参见 Gadamer, *The Relevance of the Beautiful and Other Essays*, trans. Nicholas Walker, ed. Robert Bernasconi (Cambridge: Cambridge University Press, 1986), 44。

㉕ 在第三章,我们将探讨康德如何允许我们考虑偶然性。

㉖ *Critique of the Power of Judgment*, 59, 198; Ak 5: 353.

文"直观与生动"中,伽达默尔更深刻地认识到了康德的洞见,他在《判断力批判》中发现了理解那种使隐喻特征化的具体生动性(Anschaulichkeit)的基础。现在,伽达默尔写道:"就隐喻理论而言,康德第59节中的话在我看来似乎是最深刻的:归根结底,隐喻没有对任何内容进行比较,而是着手'把对直觉对象的反思转移到一个完全不同的概念上,而直觉也许永远无法与这个概念直接对应'(CJ,§59)。难道诗人的每一个词不都是这样吗?"㉗同样地,在"美的相关性"一文中,当他承认艺术作品"增强我们对生活的情感"㉘时,他对狄尔泰的抨击就变得和缓了。此外,他似乎也缓和了他关于直接把握艺术真理的主张,他写道:"我们了解到,无论我们与美的相遇多么出人意料,它都给了我们一个保证,那就是真理离我们并不远,并且难以接近我们,但是,在现实的无序中,我们却能遭遇到所有的不完美、罪恶、错误、极端和致命的困窘。"㉙这种认为美提供了真理的允诺的观点,并没有与前面表明的狄尔泰的真理性美学相抵触。

黑格尔论解释和辩证法

然而,伽达默尔对康德的审美象征主义观点所做的新评估,并没有减少他与黑格尔的更密切的任何亲缘性。康德对语言和象征的反思似乎是某种事后思考的东西,而黑格尔对语言的看法则更

㉗ *Relevance of the Beautiful*,169-170.
㉘ *Relevance of the Beautiful*,45.
㉙ *Relevance of the Beautiful*,15(译文有修改)。

深地植根于他的哲学之中。正如西奥多·基希尔克兹尔在关于黑格尔与诠释学的一篇富有启示的文章里所说的:"从[黑格尔的《精神现象学》]一开始就引入了的东西就是语言,它通过从感性—确定性到思想思维本身的自我透明性的整体经验以保持直接的中介。"㉚在认识到语言在塑造我们的经验和作为交流媒介方面的重要性方面,黑格尔确实是富有理解力的。黑格尔对共同体在教育中的作用深感兴趣,他对人类中介的所有方法——语言、工作和行为——都十分重视。

对康德来说,社交能力超验性地植根于一种感觉到得的共同感,对黑格尔而言,社交能力是建立在共同国家的公共精神的基础上。黑格尔怀疑感情不仅是艺术交流的基础,而且也怀疑感情是宗教交流的源泉。感情又被视为一种原始的意识模式而被摒弃,在黑格尔批判施莱尔马赫以感情为基础的宗教理论时,他谴责感情完全不足以认识上帝。要与上帝同在,人类就需要转向某种更客观的东西,即由艺术塑造的直观。在他关于宗教哲学的演讲中,他声称"对直接的直观来说……艺术的产生是因为绝对精神需要那种可以作为一个对象的神圣的、精神性的观念"。㉛完美地形成的直观既把自身呈现为直接的东西,又呈现为以神圣的秩序观念所中介的东西。因此,美就是允诺,不仅是真理的允诺,而且也是对神圣地激发真理的允诺

然而,对于究竟有多少神圣的真理可以在直观的图像(Bild)中表现出来却有一个限度。与上帝沟通的下一个阶段是通过表象

㉚ Theodore Kisiel, "Hegel and Hermeneutics," in Frederick Weiss, ed., *Beyond Epistemology* (The Hague: Martinus Nijhoff, 1974), 201.

㉛ *Vorlesungen über die Philosophie der Religion*, Werke, 16:135.

(vorstellung)实现的,它不仅包括可以直接成像的内容,而且包括能够间接地想象的内容。黑格尔把表象定义为一种已经被提升到普遍性或思想形式的形象。但是,作为内在的和直接的东西,表象仅仅具有一种抽象的普遍性,并且它需要语言表达出来:"表象是通过语词来交流的。"㉜对黑格尔来说,语言是一种必要的东西,尽管它并不完美,但它却是传达表象的手段。没有任何语词能够充分融合感性的(文字)和普遍的(意义)的东西。因此,用以体现宗教表象的词语并不是从字面上得到理解的(in eigentlichem Verstande zu nehmen)。例如,诸如"上帝之子"或"圣父"等短语仅仅是源于自然关系的一个图像,我们知道,这并不是在其直接性中所指的东西;我们知道,它的意义只涉及的一种近似的关系,而且,这种感性关系最多具有某些与上帝真正意指的关系相对应的东西。㉝

这种语言学上的用法体现了与传统意义上的宗教文本解释相一致的诠释学层面上的特征。黑格尔所定义的宗教解释的功能,就是要把圣经中是历史事实的东西与指向更具有普遍意义的东西区分开来。

纵观黑格尔的著作,他承认我们思想的自然和历史渊源。正如康德在《纯粹理性批判》中所认为的那样,他并没有从一种形式上的超验自我开始,而是转向了《判断力批判》在文化上设定的主体。黑格尔的主体从一开始就是从历史角度来定位的,这有助于说明他对伽达默尔和利科等诠释学思想家所具有的吸引力。因此,毫不奇怪,有人认为黑格尔有一个隐含的诠释学原则,而这个

㉜ *Vorlesungen über die Philosophie der Religion*,16:145.
㉝ 参见 *Vorlesungen über die Philosophie der Religion*,16:141ff。

原则基于这样的信念:"我们没有任何办法理解普遍性,除非我们处在碰巧发现我们自身的特定情境中。"㉞当然,这一信念在精神上是诠释学上的,但是,在谈到黑格尔解决他的哲学体系时,我们看到这个所谓的诠释学原则只不过是一个初步的假设。《精神现象学》令人信服地从我们每个人所处的感性—确定性、感知和欲望的具体情境开始,但是,我们很快就被转移到了力量和理解、怀疑论和不愉快意识的抽象之中。

保罗·雷丁赋予黑格尔一种更为明确的诠释学,并且把它的起源定位在我们"对生命的日常生活理解"㉟所具有的认识（Anerkennung）作用中,他指出,对于黑格尔来说,生命是一个系统,我们在这个系统中可以认识到相反的实践观点。这些是黑格尔早期思想的日常生活和实践方面,狄尔泰在他 1905 年的开创性出版物《青年黑格尔》中第一次领悟到了这一点。它把哲学家们的注意力引向了新发现的青年黑格尔的神学手稿,两年后由狄尔泰的学生赫尔曼·诺尔出版。这些之前未发表的著作揭示了黑格尔对生命和精神之密切关系的更充分的理解,狄尔泰对此表示了同情,并且促使他重新评估客观精神思想的有用性。然而,情况是,黑格尔哲学对我们理解精神史的方式所施加的辩证逻辑,却与黑格尔的生命诠释学出发点背道而驰。

当我们考虑黑格尔关于解释所涉及的内容的更为详细的观点时,诠释学与辩证法之间的这种张力关系的根源就变得明显了。在黑格尔关于宗教哲学的演讲中,这些观点得到了进一步的阐述,

---

㉞ Shaun Gallagher, "Hegel, Foucault, and Critical Hermeneutics," in *Hegel, History and Interpretation* (Albany, NY: SUNY Press, 1997), 161.

㉟ Paul Redding, *Hegel's Hermeneutics* (Ithaca, NY: Cornell University Press, 1996), 107.

并在诠释学作为一种解释理论的哲学地位上表现出相当大的矛盾性。要公正地对待哲学所要求的纯粹的精神中介,语言就被证明只是一种必须被取代的自然的交流方式。因此,正如我们将看到的,黑格尔讨论了两种解释模式:一种是适用于表达我们的主观表现的自然语言,另一种是适用于表达客观哲学的概念。宗教可能是通过主观表现的自然语言来满足对上帝的接近,但是,哲学的任务是通过客观概念直接地呈现上帝。从表现(Vorstellung)到呈现(Darstellung)的这一转变,是黑格尔努力用他自己的更具包容性的理性(Vernunft)哲学以取代早期现代哲学狭隘关注的理解(Verstand)的一部分。㊱ 只要我们表现性地理解这个世界,我们就有抽象的、零碎的和推论性的知识——我们可以称之为正当的信仰。只有通过从一个全面的角度把握(begreift)一切事物的理性,我们才能拥有真正的知识,包括对上帝的知识。因此,黑格尔使用了两个不同的解释术语:1)表现性理解的解释(Interpretation)模式;2)呈现性或理性理解的诠释(Auslegung)。

1)解释(Interpretation)是黑格尔在讨论肯定性或制度性的宗教,如何设法使上帝在既定的表现模式下能够为人类所理解的时候界定的。它包括使用书面圣经和教会教义来确定我们的信仰和信念,并在一个信条中对它们进行阐述。因此,黑格尔的解释概念集中在圣经文本的释义上。㊲ 解释可以是或者包括 a) 词语说明(Worterklärung),即用另一个更熟悉的词语来澄清一个不熟悉的词语,或者涉及 b) 意义说明(Sinnerklärung),即阐明词语的意义

㊱ 参见 *Vorlesungen über die Philosophie der Religion*,16:36,66。
㊲ 参见 *Vorlesungen über die Philosophie der Religion*,16:35。

或含义。㊳ 词语说明只是一个机械的替代过程，它实现有限的澄清。意义说明则需要求助于我们的表现性理解（Verstand）才能获得启迪（Aufklärung）。㊴ 作为一个对启蒙运动偏爱理解而不是理性的批评家，黑格尔主张把意义说明引入抽象解释，使《圣经》的内容适用于我们表现世界的固有方式。但是，这个世界的谓词不能填补上帝这个观念的概念性的无穷性，从而使它成为了一种抽象的无限性。这个适用的过程把理性简化成了武断而巧妙的推理。对上帝意义的解释性澄清，最终被认为是一种不合时宜的说明，它只对当下的情境有效。

2）诠释（Auslegung）是一种非常不同的解释，它需要一种从表现性理解和信仰的层面向更重要的概念性理解和知识层面的转变。黑格尔使这种转变与从肯定性宗教转向宗教哲学的转变相协调，宗教哲学可以用"理性知识"取代"推理的任意性"。㊵ 但这不是一个简单的向前发展，因为诠释也有其不足之处，黑格尔再一次强调了解释的局限性。在《逻辑学》中，诠释是一个过程，借助这个过程，绝对通过把自身展现（aus-legen）在实际存在的事物中来解释自身。㊶ 在英语翻译中，对绝对的这种诠释通常被称为"阐述"㊷。黑格尔认为，斯宾诺莎的体系就是这样一种对绝对的阐述：所有事物都被解释为一种无所不包的或者绝对的物质，即上帝的属性或模式。斯宾诺莎的非个人的神圣物质集合了一切事物，

㊳ 参见 *Vorlesungen über die Philosophie der Religion*, 16：36。
㊴ 参见 *Vorlesungen über die Philosophie der Religion*, 16：37。
㊵ 参见 *Vorlesungen über die Philosophie der Religion*, 16：39。
㊶ 参见 Hegel, *Wissenschaft der Logik*, Werke (Frankfurt am Rhein：Suhrkamp Verlag, 1976), 6：194－195。
㊷ 参见 Hegel, *Science of Logic*, trans. W. H. Johnston and L. G. Struthers (London：Allen and Unwin, 1961), 161。

但是,他既没有从一种主体的统一性来理解它,也没有按照黑格尔的精神来把握它。斯宾诺莎的世界是在数学上扩展了的自然的世界,在模式上仅限于反映现实中给定的东西。它没有公正地对待主体的可能性和精神展开的必然性。

因此,从本质上说,对上帝之观念的展现或阐述只是初步的,并且还没有提供对精神历史进行重新内化的记忆(Er-innerung)。已被外化的东西必须在思维中得到重新应用,才能产生理性的洞见(Einsicht)。[43] 解释不能理解必然性,而是对给定的肯定性事实或者对已经实现的那些理性可能性进行解释。纯粹的可能性和纯粹的必然性都超出了解释的范围。对黑格尔而言,诠释学,无论是一种解释的理论还是一种诠释的理论,甚或是两者的一种结合,都必定缺乏一种恰当的辩证法。这样看来,诠释学的学科充其量只能从外部来阐明事物,无论释义上的还是阐述上的阐明。只有辩证法才能提供充分理解现实所必需的内在差异。

黑格尔辩证法的贡献之一,就是它试图通过否定逻辑来构想历史精神的运动。但是,这里提出了一个问题,即实际的历史变化是否可以根据出现并随后被克服的矛盾得到充分的界定。从狄尔泰的观点来看,把历史上发生的众多张力关系简化为一种否定的辩证发展导致了一种泛逻辑主义的错觉。这无疑是黑格尔筹划的辩证调和往往会产生的总体印象。然而,如果更仔细地考虑,他的著作也能揭示对否定的应用所具有的启示方式。黑格尔总是把直接的否定看作抽象的和不充分的,它们必须让位给更多的中介和

---

[43] Hegel, *Enzyklopädie der philosophischen Wissenschaften im Grundrisse* (1827), in *Gesammelte Werke*, vol. 19, 1989 (Hamburg: Felix Meiner Verlag), §§ 465, 467: 342–344.

具体的否定模式。历史上有价值的否定模式并不是简单地取消它们的对立面,而是对它们进行改造和完善。在黑格尔和马克思的辩证历史中,人类工作的重要性恰恰在于,它有能力利用通常会瓦解或衰败的原始事件,并且把它转化为某种可以被整合和保存的东西。

对我们来说,黑格尔对理解人类世界所具有的重要性,是通过否定以前的阶段从而把对历史发展的抽象认识转变为更复杂的能力,以辨别历史变化是否涉及未被分化或已被分化的否定。辩证法不仅可以通过肯定性地揭示世界的外延,而且也可以通过强加内在的概念差异来探索精神的深度,辩证法理论可以是启发性的,即使它们缺乏富有诠释学特征的更大的敏感性。

伽达默尔论解释和辩证法

伽达默尔试图通过将语言而不是逻辑在诠释学中的作用主题化来保持黑格尔辩证法的综合范围。在讨论黑格尔的辩证法与伽达默尔的诠释学对话之间的一些相似之处时,基希尔写道,对于伽达默尔来说,"每一个词语都不只是一种固定的、给定的存在,而是反映出作为其暗示性的语言整体的未被说出的东西。"[44] 他把这比作黑格尔的思辨性句子,即"为了表达概念的综合统一体而流入一个句子的整个系统"。[45] 显然,伽达默尔同意黑格尔的这一观点,即语言的哲学意义不在于固定的断言或判断。因

---

[44] "Hegel and Hermeneutics," 207.
[45] "Hegel and Hermeneutics," 207.

此,伽达默尔写道,决定一个词语的意义的努力"迫使我们去思考它的对立面"。㊻

然而,从关于语言和思想的思考中得出的这些结论却是不同的。黑格尔的辩证法是一种"严肃的"终极逻辑,它试图证明这些意义上的转变反映了一个发展的过程,在这个过程中,每一个概念阶段都会取消和保留早期阶段的结果。在这个过程的最后,一切都将得到系统地把握。相比之下,伽达默尔的诠释学对话则涉及语言对话中更加"有趣"的运动,这种语言性的对话不是由一个隐含的答案引导的,而是通过使结果保持开放的问题所引导的。在狄尔泰和海德格尔的影响下,伽达默尔不能再分享黑格尔的乐观主义,即在某种程度上,一切都将被构想和言说出来。每一次思想的揭示都必须隔绝一些别的东西,每一种言说都会留下一些未被说出的东西。这种标志着诠释学在 20 世纪发展中的根本的有限性意识,要求伽达默尔把黑格尔筹划的一种绝对知识目的论的辩证真理理论转变为一种对话的理论,通过我们从传统继承下来的偏见找到它通向真理的基本途径。

伽达默尔的诠释学所关注的是,把偏见作为解释所通常依赖的一种前理解的源泉。在指责启蒙运动哲学家对偏见的价值视而不见的时候,伽达默尔把康德与一种过度的方法论诠释学的开端联系起来,这种方法论诠释学反对偏见,并最终导致狄尔泰试图把诠释学作为人文科学的方法。但是,在 18 世纪 70 年代早期的《逻辑学讲义》中,康德便指出,我们不应该拒绝每一种偏见。相反,我们应该"首先对它们进行检验,并充分研究它们是否有一些有待发

㊻ Gadamer, *Hegel's Dialectic: Five Hermeneutical Studies*, trans. D. C. Smith (New Haven, CT: Yale University Press, 1976), 23.

现的好东西。"㊼因此，这预示了伽达默尔众所周知的主张，即一种彻底的偏见本身就是一种偏见，㊽康德断言："当一个人拒绝一切因偏见而产生的东西时，人们实际上可以找到一种反对偏见的偏见。"㊾虽然康德绝不是偏见的拥护者，但是，他足够现实地认识到，在许多重要的方面我们是由偏见塑造的。他承认要克服所有的偏见几乎是不可能的，他把启蒙定义为一种"从迷信中解脱出来"的更为有限的筹划。迷信不仅是偏见，而且是严重的偏见。㊿有些偏见可能是真理的宝库，但是，在我们把对它们的盲目接受转变成一种领悟到了的接受之前，我们没有理由对它们采取行动。正如我们稍后将会看到的那样，康德考察了偏见如何能够转化为正确的判断。

伽达默尔认为，偏见是海德格尔意义上的前拥有(fore-having)历史模式，它把合法的偏见和不合法的偏见区分开来。合法的偏见植根于传统的权威，并且经得起时间的考验。虽然我们可能会同意应该有这些偏见的空间，让它们继续存在下去，拒绝把它们转化为更明确的判决，但是，这样做可能会对判断本身产生一种偏见。也许这是真的，正如伽达默尔所写到的，"个人的偏见，远远超过了他的判断，构成了他的存在的历史现实。"(51)然而，我们也不愿意说，历史学家的偏见远远超过了他们的判断而构成了历史知识。

㊼ Kant, *Lectures on Logic*, ed. J. Michael Young(Cambridge: Cambridge University Press, 1992), 133; *Ak*: 24: 169.

㊽ *Truth and Method*, 276.

㊾ *Lectures on Logic*, 133; *Ak* 24: 169.

㊿ 迷信被称为"所有偏见中最大的偏见"。参见 *Critique of the Power of Judgment*, 174; *Ak* 5: 294。

(51) *Truth and Method*, 276 - 77; *Wahrheit und Methode*, 261.

50 可以肯定的是，历史研究必须利用传统的偏见作为理解信念的资源，但是，认为偏见本身就可以是“富有成效的认识（Erkenntnis）”(52)，那是远远不够的。这种思维方式产生了一个完整的历史连续体，在这个连续体中，“一种活的传统和历史研究的效果必须构成一种效果（Wirkungseinheit）的统一体。”(53)

与海德格尔一样，人们似乎不愿意超越偏见而转向判断，更倾向于将前理解的暗示性转化为明确的理解。各种可以由人文科学来判断并交给每个人使用的方法论被拒绝之后，人们认为理解就是一种利用技巧或内在机智的敏锐（subtilitas）或天赋。对伽达默尔而言，方法把真理的深刻性庸俗化了。方法被认为是运用一些技巧或微积分来代替对历史生活的细微差别的洞察。但是，狄尔泰对人文科学方法的关注，不仅要指出自然科学说明模式的局限性，而且还要指出其合法性作用，并思考更能接受人类事务复杂性的独特程序。关于人文科学中的方法问题，实际上针对的是一个更为广泛的问题，即我们期望能够从这些研究模式中得到的知识类型。当狄尔泰确实讨论了诸如描述和比较之类的特殊方法时，他认为这些方法需要得到反思性地应用。

我们需要的是一种反思性进行的诠释学，并且愿意给予前判断和判断以应有的价值。坚持一种视域的融合就是为了避免混乱。必须有一个既能辨别判断又能获得偏见的智慧的地方。黑格尔从辩证法中期待的差异性选择需要伽达默尔所拒绝的反思。当伽达默尔写下“一个离开了与传统的活生生关系来反思自己的人

(52) *Truth and Method*, 279; *Wahrheit und Methode*, 263.

(53) *Truth and Method*, 282; *Wahrheit und Methode*, 267.

会破坏这个传统的真正意义”(54)时，就假定了只有在没有反思的情况下才能出现反思。在这里，伽达默尔似乎把反思与反射光的光学图像联系起来，反射光几乎无法捕捉到事物的表面。(55) 但是，还有其他类型的反思，它们更具探索性和思考性。事实上，反思应该 51
既能够参与传统，又能向其他的可能性开放。

*　*　*

伽达默尔对诠释学做出了重要的贡献，他对人类成就的效果历史的展开方式以及与传统对话的重要性提出了自己的看法。但是，他的方法没有给个体判断主体的主动性留下多少空间。我们首先在伽达默尔对康德—席勒的审美游戏概念与他自己的艺术游戏理论进行比较的方式中看到了这一点。康德和席勒强调了人类主体的自由，因为他们的想象力主动地与艺术作品所暗示的审美可能性进行游戏。然而，伽达默尔认为“游戏的重要性高于游戏者的意识”。(56) 在《真理与方法》中，他写道，艺术作品建立的游戏结构“把游戏者吸引到游戏自身中，从而使他从承担主动性的责任中解脱出来(die Aufgabe der Initiative)”。(57) 正如最近一位评论家所说的，在伽达默尔看来，“艺术的经验与宗教的经验相似，因为它提供了……一种运动，主体只能通过在这种运动中失去自身才能

---

(54) *Truth and Method*, 360; *Wahrheit und Methode*, 343.
(55) *Truth and Method*, 483; *Wahrheit und Methode*, 457.
(56) *Truth and Method*, 104; *Wahrheit und Methode*, 100.
(57) *Truth and Method*, 105; *Wahrheit und Methode*, 100.

参与其中。”(58)

乍一看，伽达默尔关于对话或交谈经验的描述，似乎允许一种更加积极的相互作用的参与。这是因为他认为，在真正的交谈中，任何一方都不应占有主导地位。但是，在探索语言的本质时，他却写道：“当语词形成时，没有反思(keine reflexion)，因为语词不是表达思想，而是表达意指的事物。”(59)因此，伽达默尔也通过应用他的艺术游戏的概念来结束他对语言和对话的讨论，这并不奇怪。这种对话把游戏者吸引到游戏身上，并按照它自己的方式游戏自身。据说我们便“开始了交谈”(60)，并期望与它的结果相一致。当我们从语言学上进行理解时，我们基本上又是被动的，就像在艺术的经验中一样。

52 伽达默尔的诠释学给我们留下了一个问题：对话交流的模式总的来说是否适合诠释学。对话或交谈是一种理想化的交流方式，在一个连续的传统中可能有意义，但遗憾的是，我们今天的世界比这更为复杂。这个世界涉及各种传统的交叉，对于这些传统，融合和同时发生的观念显得遥远而不适用。今天，我们比以往任何时候都面临着一种全球性的情境，在这种情境下，不同的遗产都处在这种似乎不可能进行对话的冲突之中。

一种恰当的诠释学也必须能够应对以我们的区域性和历史背景为标志的那些方面。它应该指向那些有可能进行交流的地区，同时也注意到那些使之成为问题的鸿沟。诠释学必须同时考虑使

(58) Kristin Gjesdal, “Between Enlightenment & Romanticism,” *Journal of the History of Philosophy* 46, no. 2(April 2008): 304.

(59) *Truth and Method*, 426; *Wahrheit und Methode*, 403.

(60) *Truth and Method*, 383; *Wahrheit und Methode*, 385.

共性成为可能的媒介以及那些把我们分离开来的障碍,无论是真实的还是想象的障碍。即便当我们互相倾听的时候,相互之间也可能会有说得过火而不能理解的地方。当一种共同的语言引发这种危机时,我们面对的是让—弗朗索瓦·利奥塔所说的"纷争(differend)"。他写道,"在这种纷争中,一些东西'要求'被放到尚不存在的说法之中。"[61]这是一种表明它自身不充分的语言状态——这种状态以"包含沉默的痛苦感"为标志。[62] 类似地,当法庭上对有争议的原告不能通过现有的判决规则来解决它们的纷争时,我们就会遇到一种法律上的纷争。这正是利奥塔愿意求助于康德反思性判断的关键所在。

在接下来的章节里,我们将探讨反思性判断,不仅是为了它的司法用途,而且为了它的诠释学意义。我们还将更广泛地考察康德的判断理论,作为一种批判诠释学的框架,它可以解决交往和实际交流的可能性和不可能性的问题。

---

[61]　Jean-Francois Lyotard, *The Differend: Phrases in Dispute*, trans. Georges Van Den Abbeele, *Theory and History of Literature*, vol. 46(Minneapolis: University of Minnesota Press,1988),13.

[62]　*The Differend*,13.

第二部分 解释语境、
判断与批判

第二部分由核心的五章构成,试图从定位性和反思性两个方面重新思考诠释学。在第三章里,解释将针对罗伊斯的认识交流理论和康德的反思性判断理论提出的一些独特的参照领域。然后,把这些领域阐述为解释的意义语境和反思性图式。第四章分析《纯粹理性批判》如何区分认识与知识。接着,用这种区分澄清意义—真理关系,并表明在验证理解和合法化解释中什么是至关重要的。对于判断在康德那里如何发展作用的更一般论述,也将考察它们与偏见的关系,以及审视后者如何能够作为初步的解释性判断发挥作用。

知识涉及判断性评价,在证明这一点如何得到了科学同意之后,我们将在第五章中考察为获得审美共识而进行的评价性努力。下一章将讨论根据哈贝马斯对历史解释必须考虑的一些规范性问题。这就要求我们从定义审美判断的归属归因(ascriptive imputation)转向属性归因(attributive imputation)的新模式。为了阐述这样一个模式,我将扩展康德必须探讨的司法合法性和真实性解释。最后,第七章论述反思性诠释学批判的观念,并与更传统的构成性和调节性批判模式进行对比。

第三章 反思性定位与诠释学的范围

现在,我们已经准备超越辩证调和与对话交流的模式,探求一种诠释学的诊断方法。很显然,辩证和对话的方法都倾向于把历史视为一个同质性的领域,要么把历史看作是普遍的人类精神,那么把历史看作是一个连续性的传统。相反,我们将考虑两种不同的解释思维方式:一种是约西亚·罗伊斯阐述的三重认识交流方法,另一种是伊曼努尔·康德提出的反思性定位方法。它们都将有助于为解释提供更恰如其分的描述,即承认我们对世界的看法有平凡而偶然的起源。每一种方法都能够用它自己的方式揭示理想和实际的考虑究竟如何适用于诠释学。我们的任务是要表明这些考虑是如何相互交叉的,因为我们提出了判断和诊断在解释中所具有的作用。

罗伊斯:认识交流与公共视野

罗伊斯对解释的看法很感兴趣,因为他试图从德国唯心主义那里获得一些洞见,并使之与那时美国正在发展的实用主义相联系。1913年,他发表了一系列演讲,其中有三个演讲侧重于解释。第一个演讲的主题是"感知、概念和解释",在这个演讲中,他引入了一种认识交流模式。根据这个模式,解释从本质上说是一种理论性的问题—解决(problem-solving)模式,它检验有待交流的观念的能力。他指出,从传统意义上讲,认识过程是根据我们想象和感知的能力来定义的。在考虑这两种能力之间发生的交流时,实用主义把概念视为必须在感知中找到它们的"现金价值"的本票。① 但是,即使这种更为世俗的、货币化地体现认识特征的方式,也假定了概念和感知是用一种私下货币交易的方式进行的,即笛卡儿的自我心理表征。

按照罗伊斯的观点,除非人们把思想的货币视为一种公共的货币,不然,真正的认识交流就无法开始。概念的信用价值必须可以转换为普遍公认的货币的现金价值。当一个人进入另一个使用不同货币的国家时,认识交流就需要变成解释性的。解释需要一个自我来超越他或她的本国货币,从而与使用外币的其他人进行交易。② 因此,可以说,解释把认识扩展到了作为一个跨国领域的世界。

认识成为一种社会交流的艺术,由此,这个自我试图去理解那些超越其所熟悉领域的事物。当罗伊斯建议,你必须"假设你的同伴是他唤起你头脑中的观念的解释者,而这并不是你自己的观念的解释者"时,罗伊斯在这个问题上又增加了一个费希特式的维度。③ 他者并不仅是我要解释的另一个对象,而是把我当作一个也能够解释的主体。在黑格尔的进一步影响下,罗伊斯认为解释

---

① Josiah Royce, "Perception, Conception, and Interpretation," in *The Problem of Christianity* (Chicago: University of Chicago Press, 1968), 280.
② 参见 "Perception, Conception, and Interpretation," 277-295。
③ Royce, "The Doctrine of Signs," in *The Problem of Christianity*, 361.

在于建立互惠的社会关系,由此,一个解释者向另一个解释者提出一个问题,并期待另一个解释者做出相应的回答。但是,无论是自我还是他者,无论第一还是第二个解释者,都不能在没有"第三者"或中介的情况下为这个问题提供一个回答。那么,能够作为这样一种中介的东西是什么呢?

在"解释的意志"的演讲中,罗伊斯试图找到这个问题的答案,他改用了查尔斯·皮尔斯关于"第三者"及其中介功能的观点。如果两个解释主体中的任一主体都对某个情境有一个独特的观念,那么,他们就需要通过"第三个观念"来对它们进行比较,这"第三个观念"将解释最初的两个概念彼此之间如何相似,又有什么不同。④ 根据罗伊斯的看法,这里所涉及的比较"不仅是概念性的,也不仅仅是感知上的",也不会产生一种黑格尔式的综合。它包含了一种超越概念和感性的解释,以寻求一种统一的富有远见的洞见。⑤ 解释性的洞察力涉及"来自前面考察的……第三种类型的知识,这是一种更大的意识统一体的实现。这是一个视野。"⑥ 构成这一更大的解释视野的东西是什么尚不清楚,但是,它使罗伊斯提出了第三个独立的主体。他不仅把解释者的愿望与"他承诺要解释的愿望"联系起来,而且还与第三个"他所要表达的解释的愿望"联系起来。⑦ 这第三个愿望,作为他倾听的另一个邻居,也使"一个解释共同体"⑧成为了可能。但是,在解释这个共同体时,罗伊斯便开始抛弃实用主义,并且回到了他的思辨唯心主义的源头。

---

④ 参见 Royce,"The Will to Interpret,"in *The Problem of Christianity*,299。
⑤ 参见"The Will to Interpret,"307。
⑥ "The Will to Interpret,"306。
⑦ "The Will to Interpret,"314。
⑧ "The Will to Interpret,"315。

他承认,他并不期望在他自己的生命中把一个视野的统一体看作是"任何事件"。"我必须根据我们所有人的理想观察者都认为是统一体的东西来界定我对你们的解释的真理。这个真理不能仅仅用实用主义的术语来定义。"⑨

在最后的分析中,罗伊斯的解释共同体不仅是一个世俗的研究共同体,而且也是一个宗教的共同体。他超越了实用主义,也是对科学探究规范的一种超越,并且使诠释学从高高在上的东西返回到了揭示的概念。然而,它没有求助一个原初的启示,而是筹划一个未来的启示。⑩ 尽管罗伊斯的解释意志植根于对科学共同体的认识的意志,但是,在科学共同体中,关于世界的每一个假设都是通过主体间得到检验的,同时也通过使解释者共同体构成了有待认识的事物,由此,关于"解释的世界"的演讲就变得更加深入了。感官世界被理想主义地重新定义为一个更具有包容性的精神世界,这是一个解释者和解释的复合体世界。

尽管有其结果的模糊性,但是,罗伊斯的演讲仍然有用,因为他认识到了与揭示相关的许多复杂性,并用更世俗的三元转换过程取代了对话的转译。他认为,有必要把思想转换为公共的货币,并共同解决认识交流产生的解释性问题。⑪ 尽管罗伊斯承认,在获得一种恰当的解释时必须跨越属地的边界,但是,他认为表达思想的不同媒介却是可以相互转化的,并且会产生一种共识,而这种共识的真理将由一个理想的解释者来加以证实。这是一个在21世纪的全球世界中无法有效做出解释的假设。我们的任务是思考

---

⑨ "The Will to Interpret,"317.
⑩ "The Will to Interpret,"319.
⑪ "The Will to Interpret,"339.

解释性的洞见，不仅仅是在概观性聚合方面，而且也在视角性分歧方面。诠释学必须考虑到每一种不同的语境，它们都需要针对语境的具体范围及其独特的媒介进行分析。媒介和信息媒介并非都可以像货币一样相互转换。这一点，在我们的最后章节中变得尤为明显，艺术的媒介语境将在这一章里得到研究。

罗伊斯关注的是对有限的国家思维货币的超越，并且使国际共同体成为解释的标准，这是出于对真理合法化的关注。然而，任何特定的解释都只能接近最终的结果，如果没有神圣观察者所提供的包罗万象的整体性，那么，我们就必须找到另一种解决真理问题的方法。我们再也不能依赖于朝向知识和真理的最终体系前进的持续和递增的进步模式。诠释学必须准备承认，不同观点可能永远都有无法调和的可能性。在了解民族、种族、宗教或任何其他特定文化观点的局限性时，我们不应该假定，我们对历史现象的理解必然会通过不断地扩大我们的参考范围而得到改善。

理解始终是语境性的理解，并且需要反思来辨别和具体说明能够被诉诸的各种语境。其中有一些语境会是区域性的，就像刚才所提到的那样。它们都是历史的产物。其他的语境将会通过学科努力使世界变得可以理解。我们在解释中得以开始的区域性语境就是我们称之为生命——知识的一个功能，这种功能是通过经验的积累得来的。在这里，我们发现了并不一定会得到扩大的局部共性。尽管每一门学科都只会触及复杂现实整体的某些方面，但是，我们最好还是希望通过对概念性认识的学科方法来接近普遍性的结果。

反思的任务将是协调认识和知识的各种语境。罗伊斯认为，解释所涉及的范围不断扩大的三位一体的公共过程，将被修改为这样一种建议,即把解释看作是一种反思性的三角化视角,无论它是区域性的还是学科性的视角。我们并没有假设会出现一种聚合性的最终共识,而是筹划各种不同视角的协调和相交。

对于历史世界的理解,既需要对共同性的理解,也需要有对不可还原的差异性的意识。这种理解所需要的解释,不能诉诸一种高高在上地照亮我们的罗伊斯式的视野。相反,它必须反思性地进行理解,并且通过来自这个世界内部的定位来理解。作为走向一种阐明基于反思性定位的诠释学的第一步,我将考虑在康德对反思性判断的研究中所能够找到的一些资源。

反思性判断与定位

如果将解释应用于比传统假设更具有流动性和多样性的世界,那么,康德的反思性判断概念就会比定义智力探究的标准的决定性判断更加有用。在《纯粹理性批判》中,康德主要关注数学自然科学对现象对象所能做出的决定性或说明性判断。这种判断涉及这样一个命题,即所有经验对象的行为都可以服从自然规律。在《判断力批判》中,康德发现了在审美或目的论上接近经验时做出反思性判断的空间。在审美判断中,我们考虑的不仅仅是感觉到的关于对象的信息内容,而还有它的感受性——它怎样对主体产生影响。在这里,我们在我们的经验原理中寻找一种感觉到的和谐。此外,对目的论和整体自然秩序的反思导致我们认识到,第一《批判》中的所有自然事件都有一个有效的因果构成性要求,并没有使我们更强烈地认为它们是机械运动力的唯一产物。在第三

《批判》中,康德认为,有可能把某些对象想象为它不仅受到来自外部的机械力的作用,而且表现出内在的目的性或来自内在的构成性力量。为此,他引入了一个目的论判断,这种判断可以具体规定它自己的目的性语境。因此,对审美和谐和目的论秩序的反思性判断,不仅通过诉诸理智,而且通过诉诸意志的感情和意志的目的性兴趣来区分它们本身。反思性判断超越了康德意义上的理解(Verstand)能力,进入了狄尔泰更广泛意义上的理解(Verstehen)过程,它利用了我们所有的能力。

反思性判断与决定性判断的对比如下:"如果给予了普遍性(规则、原则、法则)的判断,那么,包含在它下面的特殊性的判断……就是决定性的。然而,如果给予的只有特殊性,为此普遍性就是有待发现的,那么判断就只是反思性的(反思)。"⑫决定性判断运用现有的概念把特殊性包含在这些概念之下。因此,我们可以使用现成的概念,例如用"椅子"和"桌子"对房间里的客体进行分类。但是,在审美鉴赏上,我们考虑的是对象的各个方面,或者是它们与我们的关系,因为我们对此没有恰当的概念。因此,我们是反思性地判断现象。我们可以寻找相似的现象,从而通过比较来接近一个新的概念。在针对这样一种普遍性的问题上,我们的反思性判断没有清晰明确的事物等级或话语领域可以依赖。因此,尽管决定性判断是由现有的话语领域的规则指导的,但是,反思性判断却寻求它自己的规则来定位自身。康德说,只有反思性判断才能"给自己……一个超验性的原则"。⑬ 可以把反思性判断看作是自我

---

⑫ *Critique of the Power of Judgment*, 66 – 67; *Kant's gesammelte Schriften* (*Ak*)5:179.

⑬ *Critique of the Power of Judgment*, 67; *Ak* 5:180.

定位的，而不受外在的东西引导，或者必须来自外在的东西。它遵循的原则是在特殊性中辨别出一种目的性的组织，即使它们最初看起来只是在外表上被并置在一起时，也是如此。康德表明，如果我们能够把它的各个部分描述为互相调整以更好地服务于整体，那么，我们就可以反思性地认为一个自然对象是合目的性的。更机械一点来看，身体的每一部分都服从于支配身体的规律，但是，从目的论角度看，各部分在服从整体时它们都是相互协调的。

反思性判断超越了对世界的标准解读，并且在寻求新的普遍性方面是解释性的，这种普遍性可以比所能获得的现有的概念性协调更多的内容。对于诠释学的目的来说，我们不仅仅对自然的目的性方面感兴趣。因此，反思性判断的原则也将用来定位我们的社会历史世界的组织化结构。在这里，个体在共享的社会和文化整体中发生相互作用，这可以被判断为或多或少是具有目的性的。人类实践和文化的许多领域都有它们自己的规则或惯例，但是，并没有现成的规则把它们联系起来。理解历史就是要能够清楚地表达这些整体系统的联系以及相互交叉的方式，并协调与之相关的各种话语模式。

康德的超验性主题

在《纯粹理性批判》中，康德还没有讨论反思性判断及其能力，以具体说明各种世俗性语境的理解。但是，他确实把反思说成是我们相对于其主观来源的表现意识，并且把它们定位在产生表象的能力中。这种能力区分表象究竟是属于感性还是属于理解。这种主观性的区分一旦产生出来,我们就可以通过四个成对的反思性概念把各种表象联系起来:同一性和差异性、一致性和对立性、内在和外在以及物质和形式。⑭ 康德使用这些反思的概念,并不是像范畴和经验概念那样要赋予对象以决定性知识,而是只对一个表象可以是什么样的对象进行分类。因此,可以说反思是定位性的,因为当它对表象进行比较的时候,它也赋予了它们与感觉或理解相关的位置。反思的概念确立了康德所说的"超验性主题"⑮,它可以用来决定一个表象应该指向现象世界还是应该指向本体世界。

尽管诸如物质和形式这样的反思性概念在相互关联方面是比较性的,但它们也是对比性的,并且需要权衡各种选择。因此,按照不同的表象被定位在感觉还是在理解上,形式或物质的优先顺序就会有所不同。对于现象性的感官对象就要求形式先于物质,而对于智力对象的理解,则要求物质先于形式。既然感官的表象来自外部,并且外在地关联在一起,我们就不能按照康德的观点,对其对象的物质给出内在的决定性,除非通过我们理解它们的形式手段。相比之下,纯粹的理解所涉及的表象必须优先于内在的东西,因为它与"任何与之不同的东西……都没有任何关系"⑯。对于这种可以理解的理解对象,物质是可决定的,因而它也是由形式决定的。康德关于内在的内容最好通过纯粹理解的理智术语来定义的假设,可能是一个有待商榷的问题,但是,他的讨论有助于

---

⑭ 参见 Immanuel Kant, *Critique of Pure Reason*, trans. and ed. Paul Guyer and Allen W. Wood(Cambridge: Cambridge University Press, 1998), A263/B319 – A266/B322。

⑮ *Critique of Pure Reason*, A268/B324.

⑯ *Critique of Pure Reason*, A265/B321.

阐明在把反思性概念当作一个超验性主题的一部分时所包含的应该考虑的因素。⑰

超验性反思提供了一种程序,它使我们在获得有关实际对象的认识要求之前,先把自己定位到可能的对象。如果我们想避免康德所说的"反思性概念的模糊性",那么,通过超验性反思来恰当地定位我们的表象是重要的。⑱ 他给出了这种混乱的两个例子,"感性化"概念和"理智化"⑲表象的模糊性。洛克被认为是前者的罪魁祸首,而后者则被认为是莱布尼茨理性哲学所造成的混乱,在这种混乱中,不可分辨的同一性原则从可理解的形而上学世界扩展到了可直观的科学现象。康德认为,形而上学并不是对现象世界进行科学理解的直接基础,但是,他却把它保留为一种我称之为反思性、定位性框架的东西。

康德把教条主义的形而上学抛在了脑后,他用怀疑或批判的态度来考虑描绘科学的现象世界的其他选择。休谟的怀疑论停留在经验的范围内,忽视了超越其经验使用的任何理性作用。康德说,休谟是"人类理性的地理学家"⑳之一,他只以感性的现象来描绘地球,并且让它的地平线处于不可决定的状态。然而,批判哲学,尽管也把知识的要求建立在经验理解的基础上,但是,它必须对可能超越感官视域的东西保持开放。根据康德的观点,理性的批判必须用"对地球的所有可能描述的边界"来补充"我在任何时

---

⑰ 在提出其真理的问题之前,我们将通过考虑解释的有效性和意义提出一种类似于诠释学反思的方法。

⑱ *Critique of Pure Reason*, A260/B316.

⑲ *Critique of Pure Reason*, A271/B327.

⑳ *Critique of Pure Reason*, A760/B788.

第三章 反思性定位与诠释学的范围

候对地球的实际知识的限度"。㉑

在康德的《纯粹理性批判》的"序论"中,这种限度和边界的区别得到了进一步的阐述。限度(schranken)只是否定性的。它们是经验的标记,不能考虑超出它们范围的东西。然而,边界(grenzen)却是肯定性的,因为它们"预先假定在某个确定位置之外存在一个空间,并且把它围起来"㉒。这一种限制经验理解的世俗性限度被重新概念化为世俗的边界,它们为理性发挥更加广泛的作用留出了空间,即使它主要是为了定位性目的。边界是从肯定性的角度来考虑的,并且被概念化为一种指向超越自身的可能性的边界。

然而,Grenze(边界)这个术语也可以翻译为"bound",它包含一种绑定、约束的含义。边界的概念为理性的可能使用留下了空间,但是,这种使用反过来又可能对认识要求产生必要的约束。当康德指出,一种理性的批判必须能够确定"对我们来说是不可避免的无知"㉓时,我们便可以说,他不仅仅画出了一条边界,而且指出了我们能够和不能知道的东西的必要界限。边界意味着从理性上约束的东西,并且有"一个先验基础"㉔和一个作为批判概念的Grenze(边界),它必须与必要的东西和可能的东西联系起来。在探索反思性诠释学的概念的时候,我们会考虑到这些经验的实际限度、可能探究的边界和理性理解的必要界限之间的区别,它们究竟在多大程度上能够适应并适用于解释的相关语境。

㉑ *Critique of Pure Reason*, A759/B787, emphasis mine.
㉒ Kant, *Prolegomena to Any Future Metaphysics*, trans. Paul Carus, ed. Beryl Logan(London and New York: Routledge, 1996), 111; Ak 4:352.
㉓ *Critique of Pure Reason*, A767/B785.
㉔ *Critique of Pure Reason*, A758/B786.

反思性拓扑学和判断语境

赫尔墨斯作为信使神的古老形象显示他航行于在天地之间。一个更现代的、作为诠释学传递形象的赫尔墨斯人物,将会要求他能够协商各种定位和不同领域范围的自然科学和人文科学。话语的世界不是一个连续的平面或均匀的领域。每一门科学都有它自身的话语模式,至少在某种程度上与其他学科不连续。如果在领域范围或术语上存在一些重叠,那么应用的范围将会有很大的不同。归根结底,一种解释理论的表达将会涉及对声称要认识现实的各种学科的说明(auslegen)或阐述。

虽然《纯粹理性批判》的超验性主题在很大程度上与自然科学的普遍性框架相适应,但是,在《判断力批判》中,康德提出了一种反思性的拓扑学,这种拓扑学可以被阐述为对人文科学同样有用,尽管有其更具差异性的语境。在超验性主题中,康德为了正确地定位表象而把他的反思性概念称之为恰当定位表象的"所有比较的标题"[25]。"主题"对一个标题和一个位置(topos)的双重引用,将证明它对人文科学特别有用,因为它把解释引向相关的学科性和区域性语境。这种新的反思性判断力拓扑学允许我们把概念与对象联系起来,同时把它们语境化。在第三《批判》的导论中,康德指出,当一个概念指涉一个对象时,就可以在这个世界上把对象定位为 1)一个场域(Feld),2)一个属地(Boden, territorium),

---

[25] *Critique of Pure Reason*, A269/B325.

3)一个领域(Gebiet, ditio),或 4)一个栖居地(Aufenthalt, domicilium)的一部分。㉖ 这是康德著作中经常出现的把这些语境化意象聚集在一起的地方,它让我们能够勾勒出每一个术语的区域性范围。康德区分这四种参照语境的方式可以用来具体说明判断的相对范围。但是,我们的诠释学关注也会把它们作为意义语境来填充。

康德首先给出了一个场域的如下特征:

> 只要我们把概念指向对象而不考虑对这些对象的认识是否可能,它们就有自己的场域,而这个场域仅仅是由这些概念的对象与我们的一般认识能力之间的关系决定的。㉗

仅仅考虑对象而不确定它们的认识是否可能,即不确定它们是否能够在经验中得到实现,就是要把它们作为场域的一部分来判断。要成为一个场域的一部分,就只是把它视为对思想而言在逻辑上是可能的,而不是认为在超验性上是可能的,或者对经验来说可实现的。㉘ 一个场域是构建对象的最中立的方式,并且允许我们判断独角兽和半人马是否属于可以被构想的语境,即使它们被假定是虚幻的存在。康德也谈到了这个超感性的场域。

第二种语境被称为一个属地,它指的是"认识对我们来说是可能的"㉙属地的一部分。当一个概念指向或意味着一个实际的可

㉖ 参见 *Critique of the Power of Judgment*, 61-62; Ak 5: 174。
㉗ *Critique of the Power of Judgment*, 61(译文有修改); Ak 5: 174。
㉘ 在《纯粹理性批判》中,可能性、现实性和必然性是不可分割的,因为它们被视为经验的超验条件。在《判断力批判》中,它们仅仅是思维的反思模式,并且是可分离的。
㉙ *Critique of the Power of Judgment*, 61; Ak 5: 174.

感知的对象时,它就把一个对象定位于一个属地。一个属地(territorium)为人类能够经验的东西提供基础(Boden)。

第三个语境代表一个领域,它是由概念的立法性功能构成的。一个领域要么属于逻辑场域的一部分,要么是经验属地的一部分,在这个领域中,概念可以提供支配它的法则。因为立法有两个来源——理论理性和实践理性——我们可以把世界看作是自然法则或道德法则的领域。

第四个语境,即一个栖居地,它指的是我们经验属地中的一种地方性,在这里,我们只能获得经验的概念。相比之下,诸如因果关系等范畴概念适用于所有可能的经验对象,并使我们期待整个经验属地在原则上都是合法的。但是,直到像物理学那样的普遍数学定律得到了确定,概念性立法才能在经验属地范围内描绘出一个自然的领域。然而,对于栖居地,我们只得到基于经验概念的归纳概括。因此,它们以某种偶然性的顺序为标志。正如康德所说,"经验性的概念……当然是合法地产生出来的,但它们并不是立法的,而是基于这些规则的规则……是有条件的。"㉚ 第四个语境的偶然性和临时性秩序使得定义和命名变得更为困难。人们通常把 Aufenthalt 翻译成"栖居地"时,忽略了与这个语境相关的偶然性。相反,"栖居地"这个词将被用来指我们碰巧所在的地方性,并且它最直接地对我们产生影响。㉛ 在这里,判断主体的特殊情

㉚ *Critique of the Power of Judgment*,62;Ak 5:174.
㉛ "栖居地"一词应保留为法定术语 Sitz,因为这就是它在《道德形而上学》中的用法。"栖居地(Sitz)"是一个法律术语,它表示一个人有权永久居住的选定地点。一个"栖居地(Aufenthalt)",正如我将在下文中使用的术语,体现了一个既没有考虑或应用自然法,也没有考虑或应用国家法律的领域。另见第六章关于法定所有权和解释所有权(Besitz)的讨论。

境性是最为明显的,并且可以与逻辑场域的初始世界语境如何与任何一个潜在的思维存在的认识能力相关联形成对比。

尽管这些场域、属地、领域和栖居地的语境是以空间性或区域性的方式被呈现出来的,但是,我们将把它们阐述为给解释提供反思性图式的判断语境。它们筹划了一种反思性的拓扑学,通过提供中介性的组织语境把我们导向整个世界。一个场域完全可以通过思维来筹划。对于我们人类实际所能够体验到的事物来说,一个属地是更加有限的范围。一个领域是一个属地的一部分,我们可以用先验概念来立法。最后,作为经验概念语境的栖居地是大自然的一部分,对此,人类主体只能在一种后验(posteriori)中找到秩序。

为了进一步阐述这四种判断语境的范围,我们可以粗略地把场域与逻辑上的可能性联系起来,把属地与人类可实现的东西联系起来,把领域与客观的和必然的秩序联系起来,把栖居地与主观性和偶然性的秩序联系起来。这样做让我们能够把可能的场域、实际的属地、必然的领域和偶然事件的栖居地看作判断对象[32]的四种模态语境。当我们在一个属地或领域中定位一个对象时,我们就可以在某种立场上对它做出描述性或者预测性的决定性判断。相比之下,可能性的场域仅仅具有逻辑性反思的关联,而偶然的栖居地则具有反思性判断的关联。

如果不能把一种地方性栖居地的偶然性与其他语境联系起来,那么,反思性判断就不会具有我赋予它的诠释学意义。因此,

---

[32] 当然,偶然性也可以在自然中表现自身,它被理解为科学秩序的领域。但是,偶然性在总体的客观秩序中则表现出差距。相比之下,栖居地的偶然性体现了一种地方性和主观性的秩序感。稍后,我们将把它看作是基于熟悉性的秩序。

栖居地仅仅是反思性判断的出发点。当康德指出反思性判断有能力在通常被认为是偶然的情况下辨别类似于领域一样的"合法性"时,他似乎承认这种关联语境的可能性。在《判断力批判》第76节中,他反思了这种偶然性,并指出我们人类所说的"自然的目的性"就是"偶然性的规律性"。[33] 这种偶然性的栖居地包含了事实的集合,而这些事实表明它们在客观上没有任何必然联系。因此,反思性判断寻求的是一种更为有限的秩序性,它把合规律性限制在像一种有机体一样的特定系统中。事实上,当讨论自然规律的整体系统化的主题时,偶然性的问题也引起了人们的注意。从康德对理解力和决定性判断能力的观点来看,在某些规律中,每一个事件都是不可分的,但是,自然的说明性法则可能是如此的繁复和多样,以至于并不是所有的规律都会被人们发现。因此,自然作为一个整体,永远都不会被理解为一种偶然的聚合。因为理性所要求的整体一致性不能对自然立法,反思性判断"假定了[它]自然……只有为了自身的利益"才具有一种形式上的合目的性。[34] 康德清楚地表明,他的自然的合目的性概念是表现自然的一种主观模式,并且在这种程度上是一种解释性的方式。

当这四种定位性语境与我们之前关于限度、边界和界限的概念的讨论有关时,我们就可以说,当经验的属地受到可认识的东西的限制时,可能性的场域相对来说是没有限制的。在规则对我们的经验来说是构成性的范围内,它们便是肯定性地限制一个领域的约束性法则;在规则是调节性和超验性的经验范围内,它们便把实际的经验限度转变为超出了它们筹划一种理想或假设性限制的

---

[33] *Critique of the Power of Judgment*, 274; Ak 5:404.
[34] *Critique of the Power of Judgment*, First Introduction, 10; Ak 20:204.

边界。经验的属地限度是否定性的,而调节性理性的限度则是抽象的,因为它们超越了经验。最后,可以说,一个栖居地是一个经验性发展的地方,它表现为短暂或临时性的限度。反思性判断可以把这样一个偶然性语境与在它上面聚集的其他语境联系起来,从而试图把否定性的限度转变为肯定性的边界。我们发现,在康德努力把心理学当作一门学科来重新定位的过程中,这样一种从偶然性语境到更为恰当的语境的转变就开始了。

从传统意义上讲,心理学一直被视为形而上学的一部分,并且从属于理性的分析。心理学作为心灵的理论,被定义为具有它自己的精神实质或灵魂。理性分析一直被人们用来讨论灵魂的简单性,因此它是不朽的。在他的《纯粹理性批判》中,康德阐述了这种推论所包含的超验错觉。因此,我们从理论上可以知道我们自己拥有一种灵魂不朽的主张,必须把它转化为实践性的要求,那就是相信灵魂是理性的。

由于传统的理性的灵魂心理学被抛弃了,留下来的任何心理学主张就不得不被限制在一种经验心理学上。经验心理学求助于内在的经验,力图确定我们的精神状态的本质。但是,康德认为,内在的经验远远不如外部的经验可靠,并且对经验心理学能够在其认识要求上做得更好几乎不抱希望。然而,因为心理学提出的问题仍然重要,因此,康德便允许心理学在形而上学中保持它的地位,但是,它只是作为一个临时性的栖居地(Aufenthalt),直到它能够在其他地方找到更永久的居所(Wohnplatz)。它在形而上学中的栖居地是偶然性的,必须被一个更为充分的永久居所所取代,这个居所将把它的经验性的和世俗性的限度——就如内在经验的不可靠性所证明的那样——转变为一种反思性证明的新学科的边界,而这个新学科也考虑外部的经验,但是把它重新定位于人类相互作用的世界。

康德认为,心理学必须放弃它想成为学院哲学一部分的愿望,并把自己转变为一门称之为人类学的经验性的世俗学科。但是,在进行这种转变时,心理学必须抵制被沦为一种生理人类学。与其说充分的人类学自我认识来自对什么样的本质塑造了人类的考察,不如说来自对"他成为一个自由行动的存在,或者他能够和应该成就他自身"㉟的考察。我们应该从实用的角度来构想作为心理学问题的恰当框架的人类学,在这种语境下,人类学就意味着把人类存在看作是历史世界中的积极参与者。仅仅认识到世界必须被"参与(Mitspilen)"世界所取代,这样我们才能够说"拥有这个世界"。㊱康德谈到了一种实用主义倾向,这种倾向通过发展人类的社会品质来使他们变得文明。由于这种倾向允许个人把他人作为手段而不是作为目的本身,所以它不符合道德倾向,㊲但是,通过培养公民的和谐,这种实用的倾向就会促使人类把自己视为不只是他们自己的有限国家的公民,并且将会成为世界的公民。在实用人类学中,理论理性的地理学成为一种具有实践意义的反思性定位的世界性模式。当康德谈到人类理性的地理学时,他试图把对地球的经验限度转化为自然领域的边界。人类学的世界性视野把人类世界定义为一个属地,而这个属地的限度必须根据人类的活动和利益,通过反思性判断做出具体规定。

㉟ Immanuel Kant, *Anthropology from a Pragmatic Point of View*, trans. Robert B. Louden(Cambridge:Cambridge University Press,2006),3;Ak 7:119.

㊱ 参见 *Anthropology*,4;*Ak* 7:120。

㊲ 参见 *Anthropology*,226; *Ak* 7:322。

如果心理学始终被重新定位于生理学的人类学，那么，它就被认为始终属于一门自然科学。但是，康德要求心理学成为实用人类学的一部分，这实际上是一个建议，让它远离说明性的自然科学及其普遍规律，并把它定位在我们现在所说的人文科学中。一旦通过心理内省获得的有限的自我意识，与对人类在世界上能够把他们自己塑造成什么样的人以及有助于培养公民和谐的观察有关，我们就可以在文化与政治生活、经济和历史等方面确立与相邻学科相关的实用人类学的边界。㊳ 通过人类学与这些学科相结合能够建立的系统语境，心理学就可以获得新生。

哲学与界线的反思性规定

在《学科的冲突》中，康德抱怨说，大学的哲学学科没有安排诸如神学、医学和法律这样的高等学科。尽管他从未指出哲学在各学科中的确切位置，但是，他十分坚持哲学与数学的联系不应该过于紧密。在《纯粹理性批判》中，两者之间的区别是通过比较理性在数学中的证明性或建构性运用与哲学中的"理性的推论性"运用来阐述的。㊴ 在这一节里，我将指出，还有一种理性的反思性运用，它可以使哲学的推理变得不那么抽象，并使它在诠释学上与具体规定各种科学的学科语境相关。

数学和哲学都是从一种先验概念开始的理性学科。然而，数学本身就可以提供某个先验概念的证明或直观证据。它的知识来

㊳ 关于心理学与人类学关系的更广泛的讨论，参见第五章。
㊴ *Critique of Pure Reason*, A719/B747.

源于这些概念的构造,"也就是说,从直观中,它可以根据概念给予一个先验的东西。"⑩哲学不同于通过对一个先验概念的推论性使用来获得知识,先验概念的意义只能通过经验直观来实现,而经验直观是后验的。哲学必须约束自己,并且不要期望它会直接地呈现其超验的理解概念或它的理性观念。⑪

由于哲学对概念的推论性使用,它在满足先验概念的论证要求上,也就是说在特殊性的具体呈现上不能与数学相匹配。根据康德的观点,关于巨大事物的数学要求可以通过单个几何图形的构造性描述或代数符号的"象征性构造"⑫得到直观地证明。由于诸如因果关系这样的哲学概念不能直接地呈现或直观地呈现在具体的对象中,因此,必须有一种图式呈现的中间模式。图式是通过把理解与感性直觉联系起来的想象产生的。因果关系的想象性图式说明了一个可直观的状态 A 总是跟在另一个状态 B 之后意味着什么。逻辑依赖性被转换成一种原则上可直观的时间性的不可逆性。因此,我们可以区分证明性呈现的数学运用与图式性呈现的哲学运用,前者是直接的运用,后者是形式上的和间接的运用。

在《判断力批判》中,康德把象征性呈现说成是呈现一种先验概念的第三种方式——在这种情况下,它就是理性的观念。象征性呈现试图通过直观类比的方式表现理性观念的意义。可以说,它介于推论性概念的图式呈现与数学概念的证明性呈现之间。一方面,象征好像是由想象力产生的图式,另一方面,它们又通过准

---

⑩ *Critique of Pure Reason*, A734/B762.
⑪ *Critique of Pure Reason*, A737/B765.
⑫ *Critique of Pure Reason*, A717/B745.

直观而接近于数学构造。

遗憾的是,当康德把象征性呈现与图式性呈现进行比较的时候,他通过说明象征性呈现是间接的,而图式性呈现是直接的和可证明的来做到这一点。[43] 这与他先前的立场相反,即只有数学构造才是直接的和可证明的。图式和象征作为呈现概念的中介实际上都是间接的。对我们来说,重要的对比是,《纯粹理性批判》中使用的证明性和图式性呈现是关于客观关系的,而《判断力批判》中的象征性呈现则是关于语境关系的。可以说,如果证明性和图式性呈现更为"直接",那是因为它们体现了可能的经验内容之间的关系;如果象征性呈现可以称为更"间接的",那是因为它体现了解释经验所需要的定位性语境之间的关系。

在《判断力批判》中,象征性呈现是作为一种克服概念的抽象推理性运用的一种方法而被引入的。它使用反思性判断是为了应用一个规则,这个规则能够理解在熟悉的和可直观的语境中不同的事物是如何关联的,从而阐明在另一个不太熟悉的语境中不同的事物又是如何关联的。因此,康德认为,"单一的绝对意志"统治下的专制政府与"人民内部法律"[44]统治下的宪政政府之间的抽象对比,通过把前者视为一部机器而把后者视为一个"生命有机体",就能够在直观上变得更为具体。这里没有内容的一致性,因为我们正在比较的是,事物如何在一个自然环境中发挥作用与它们如何在一个政治环境中发挥作用。尽管如此,有一个类比可以具有启发性的作用。我们可以将更具体的自然语境暗示的"反思形

---

[43] *Critique of the Power of Judgment*, 226-227; Ak 5:352.
[44] *Critique of the Power of Judgment*, 226, Ak 5:352.

式"㊺应用于不那么具体的政治语境。把机器看作是专制国家的象征,就是要表明它的统治是人为控制的和从外部强制执行的;把宪政国家看作一个生命有机体,就是把它看作是自我调节和从内部组织起来的。机器和有机体的两极为各种可能的政治状态确立了界限。

尽管康德有训练有素的推理哲学,并不指望理性观念得到直观地呈现,但是,象征性呈现却为它们提供了一种获得直观类比的方法。可以肯定的是,哲学家不应该指望上帝的理性观念能够得到直观地证明,并提供确定性的知识。但是,通过反思性判断,我们可以从人类经验的属地中借鉴直观的类比,从而阐明超验事物的场域。当《判断力批判》中坚称我们可以拥有"对上帝的认识",即"象征性"㊻认识的时候,这不会是决定上帝本质的知识,而仅仅是对我们与上帝的可能关系的一种反思性解释。康德对这项工作的主要希望是,通过运用感性的美来例证人类自由的道德属性,从而在自然和自由这两个相互冲突的领域之间定位某些密切关系。

在我们区分的三种理性运用中,构造性运用对诠释学语境的界定最不相关。构造性证明是直接的,而解释从本质上说是间接的。由于数学证明直观到具体性与普遍性的一致性,因而它的主张并不要求语境化和解释。对于理性的推理性运用和反思性运用而言,具体性和普遍性之间会存在差异。推理性运用试图通过立法手段进行调解,使具体性服从于普遍性。而反思性运用将在解释性语境中来协调它们。

㊺ *Critique of the Power of Judgment*,225;Ak 5:351.
㊻ *Critique of the Power of Judgment*,227;Ak 5:353.

康德认为,理性的构造性和推理性运用"承认限度,但不承认界限"。[47] 也就是说,数学中产生的无限级数和推理理解所面对的无限级数,都不能"在其内部进程中找到求全法"[48]。对于解决场域或一系列理想对象的数学构造来说,完整性的缺乏并不是一个问题。但是,理性的推理性运用在自然哲学中却是一个问题,在自然哲学中,由于条件本身是受限制的,因而理解限于对自然事件的说明。为了说明自然界所发生的一切,推理性理解被强迫进行无止境的回归和发展。自然科学领域中的这些不定级数,只能由不受限制的条件的理性观念来完成,这就给了我们从没有限度理解其限度的能力。但是,正如我们将会看到的那样,理性的反思性运用可以为人类经验的属地提供一种来自于内部的完善尺度,以便为相关的特殊性和普遍性确立恰当的语境。在这里,反思性判断可以内在地设定解释的语境性界限。

在《纯粹理性批判》中,理性为理解设定边界的最普遍的方式是通过"事物的目的性统一体"[49]的观念。康德使用一个一体化的目的观念,调节性地赋予了一种内在的联系,而从现象上看,这些联系只是外在地关联在一起。目的性的统一体设定了一个整体自然系统的抽象理想。然而,在《判断力批判》中,目的性的观念既被调节性地运用,也被反思性地运用。后一种用法用于将系统性秩序的观念具体规定为更加局部性的组织系统。在这一反思性的具体规定过程中,抽象的目的观念被更加严格地用来描绘生活世界的具体领域,而这种具体领域在经验的属地中表现出一种内在的

---

[47] *Prolegomena to Any Future Metaphysics*, 111; Ak 4:352.
[48] *Prolegomena*, 111; Ak 4:352.
[49] *Critique of Pure Reason*, A686/B714.

目的性。

把一个具体的有机体描述为具有内在目的性的,是为了具体说明调节性使用的理性目的观念的语境和范围。通过把一个更具包容性的语境筹划为一个假设的边界,一个调节性系统就超越了经验的限度,而反思判断便更具有限制性,并且可以在经验中确立有界限的语境,因此,这些是能够得到协调的。只有当"通过引证或考虑(anführen)普遍性下面的多样性从而使普遍性变得更加具体"[50]时,特殊性才能例证反思性判断的普遍性。对特殊性的反思性说明必须与普遍性概念的反思性规定相匹配。普遍性不再是纯粹理性的普遍性,而是与经验世界相适应的普遍性。对于被视为有机体的特殊存在,它必须能够在结构上把它们具体规定为有组织的系统,在我们的经验属地内有它们自己的地方性坐标。一个有机体最初可能会表现为一个有限的栖居地,但是,它可以被反思性地重新思考为一个具体的系统,当它对其周围环境做出积极的反应时,这个系统就会确立它自己的内在界限。一种自我约束的反思性系统的观念,将被证明是对康德拓扑学所提供的其他语境化方法的一种重要补充。这些系统将作为第五种诠释学语境,在本书的其余章节中占据突出的地位。

康德关于目的性是"偶然性的合规律性"的观点,最终通过把有机系统视为展示类似于行为领域的栖居地而得以阐明。然而,一个有机体的合规律性并不是严格意义上的立法,而是一个组织良好、功能完整的规律性。在这里,我们可以具体说明组织性而不是规律性的系统界限。立法界限通过使事物服从于某种普遍性规

---

[50] *Critique of the Power of Judgment*, First Introduction, 18(译文有修改);*Ak* 20:215。

则而把事物统一起来;组织性界限通过在某些功能性语境或系统内协调事物而得到实现。

当我们把前面关于有机生命本质的反思扩展到理解历史生命的复杂问题上时,反思性具体化系统的诠释学关联将变得更加明显。因此,当我们转向那些在历史生命领域中划定秩序的不那么确定的话语或学科时,我们就把它们指向可以地方化的语境,这些语境会受到来自人类共同利益的约束。在这里,这种界限并不像康德所说的自然领域的因果定律那样简单地强加给我们。相反,形式上的界限是在人类历史上出现的有组织的实践和有目的的系统中建立起来的。当我们考虑人文科学所描绘的历史生产系统时,这一点就变得更明显。从康德的人类学角度看,这样的历史系统应该具体阐明人类活动的适用目的性。但是,并非所有的历史秩序都可以用有组织的、有目的的系统来描述。在第一章里,我们谈到了客观精神是传承下来的共同性的表现方式。这种表现方式可以扩展到我们出生时的偶然的地方性栖居地之外,从而囊括其他人类互动的共同模式,这些模式随着时间的推移而累积起来,但是并不一定表现出明确的目的。正是在渴望用共同体取代普遍性的人文科学的帮助下,我们才能够开始描绘出这种构成属地轮廓的更广泛的、有组织的、有目的的系统。

尽管康德那里利用的四个参照语境和系统秩序思想最初是定位于自然的,但是,它们也可以而且将被应用于历史世界。然而,很明显,继承共同性的表现方式从一开始就是历史性的。它构成了滋养我们每一个人的意义语境,并为我们的交流和行为提供了一种母语和文化背景。这种继承性的语境是最难界定的,在最后一章里,我将提出一些更具有前瞻性的类比。在那里,这种共同性表现方式的语境性,正如狄尔泰所设想的那样,以及交流媒介,正如罗伊斯所探索的那样,将进一步被具体表达为在全球信息传播的当代世界中理解艺术交流的中介语境。

因此,我们可以把系统语境和中介语境添加到最初的四个定位的解释性语境之中。每一个语境都以独特的方式界定判断的范围。在康德的一般场域和合法领域的情况下,判断是用纯粹的智力术语构想自然世界,并且能够确立客观性的和普遍性的秩序。然而,在人类经验的领域和更具有地方性的栖居地的情况下,判断也考虑到了我们的感性本质,它迫使我们承认主观性限度,并找到克服它们的方法。无论是由交流媒介还是由更有组织的历史系统界定的语境,对于理解人类在努力达到目的的过程中是如何相互竞争的都特别有帮助,并且为他们自己设定界线从而使合作成为可能奠定一个基础。

反思性定位的模糊性

到目前为止,我们已经开始了对参照语境的区分,并考虑了区别边界和内部有界限的系统的可能性。越来越清楚的是,限度和边界主要是描述性的,而界限是规定性的或规范性的。康德认为立法界限是理性的,在形式上是具有约束力的;而组织性的界限则是更具体的、结构性的,并且有助于从内部阐明系统的功能性价值。

然而,诠释学不能仅仅满足于为研究确定和规定适当的语境性框架;它还必须考虑它们之间的不同关系。诠释学的全面定位性任务与理性对事物整体一致性的追求相呼应,但是,由于并不能确立所有事物对一个整体系统的从属关系,因此,诠释学寻求的是协调不同的参照系。人们通常认为,协调是把事物并列并从外部联系起来的一个简单过程,但是,诠释学的协调任务包括考虑不同意义系统的聚合、交叉和有时是部分合并的方式。例如,通过把系统与学科关联起来,我们可以生成一种能够在某种程度上相互交叉的功能性语境。几个语境可以适用于同一个对象——我们看到,康德根据对象的属地位置以及某个领域的规律来定义对象。正如我们将看到的,不同的社会和文化系统都可以会聚在同一个历史主题上。作为诠释学定位任务的一部分,反思性判断必须考虑优先性的问题,并且决定哪一个参照语境优先。否则,关于意义的错误和对真理的错觉就会出现。

由于不能恰当地适应不同语境而导致的困惑,是前面称为康德反思性概念的模糊性的一种形式。对于我们的诠释学方法来说,这种模糊性指向的是,需要有不同地处理我们对待六种语境化的主题事件的方法。因此,尽管在一个立法领域内赋予形式上的考虑事项以优先性可能是有意义的,但是,在探索我们在经验中遇到的属地时,这是不适当的。在这个星球上,许多实际的属地都有从陆地延伸到了水域的边界,这就要求我们持一种模糊的态度。要绘制一张属地图——无论是指一些自然景观还是学科性地形图——需要有一种适应不断变化的基准线的能力。要探索一个立法领域,需要有一种对依赖性程度的认识,但是,在一个场域中,可以相互独立地探索不同的可能性。最重要的是,我们必须培养一种场域、属地、领域、栖居地以及基于系统和以媒介为重心的语境如何可能还是不可能相交的结构意识。

在《道德形而上学》的题为"论反思性道德概念的模糊性"一节

里,康德给他的理论模糊性增加了一种实践对应物。当我们错误地把我们的道德义务的适当范围或语境理解为理性的人的时候,就会产生这种实践上的模糊性。康德在这一节里是这样开始的:

> 就理性本身能够判断而言,一个人只对人(他自己和他人)负有义务,因为他对任何主体的义务都受该主体意志的道德约束。因此,这个限制(约束)的主体必须首先是一个人;其次,这个人必须作为一个经验的对象被给予,因为人是为这个人的意志而奋斗的,并且,这只能发生在存在的两个存在物的相互关系之中。[51]

当我们把对自己和他人有义务这种思考方式不恰当地延伸到其他种类的存在时,就会出现规范性的混乱。在这里,模糊性是把"关于(in Ansehung)"这些其他种类的存在的"义务"错误认为是"对(gegen)它们"的义务。[52] 用康德的话来说就是,一种关于非人类的义务是一个"假定的义务"[53],并且它与作为道德人对彼此所承担的直接义务不同。虽然道德法则要求我们平等地对待所有的人,但是在康德看来,这一义务并没有严格地延伸到动物身上。然而,他指出,它们应该受到体面的对待,而不应该受苦,因为给它们的适当待遇是我们人类的间接义务。这也适用于我们与无生命自然的关系。在利用自然的资源来维持我们的生命的时候,我们必

---

[51] Kant, *The Metaphysics of Morals*, trans. Mary Gregor (Cambridge: Cambridge University Press, 1996), 192; Ak 6:442.
[52] *Metaphysics of Morals*, 192; Ak 6:442.
[53] *Metaphysics of Morals*, 192; Ak 6:442.

须避免在大自然中"对美的事物的肆意破坏"[54]。大自然的美值得我们欣赏，就像神圣的生命值得我们尊敬一样。

康德的道德模糊性，让我们能够把在道德领域中决定我们作为一个理性的自我（autos）的直接义务，与将我们与存在物的更大属地联系起来的间接义务区分开来。康德所说的完善自我和促进他人幸福的广泛义务也适用于间接义务，即它"并不决定行为本身的种类和程度，但是，允许有自由选择的范围"。[55] 直接义务包括立法上的决定，而间接义务让我们通过反思性解释来决定什么是合适的。通过使一种更具有个体化的人类自我（heauton）的反思性定向感成为其他种类的一种存在，一种关于所有其他存在的义务的抽象概念便可以被具体化为把它们视为具有独特性的义务。

在康德看来，当我们拷问我们的良知，并把属于我们自己的义务误解为属于上帝的义务时，也可能会出现道德反思的模糊性，尽管"良知"是一个人与他自己的事情，但"理性"却约束一个人"按照另一个人的命令去行动"。[56] 在尽职尽责中，我们不仅通过其他人如何约束我们来解释我们自己，而且通过一个超人即"心灵观察者"[57]如何看待我们来解释我们自己。从人类理性的角度来看，这个理想的解释者是一个调节性的观念，而道德反思的模糊性却是一个警告，即不要把涉及这个理想他者的必要性与我们对这个存在者负有义务的信念混为一谈。尽管康德把上帝看作是一个理想

---

[54] *Metaphysics of Morals*, 192; Ak 6: 443.
[55] *Metaphysics of Morals*, 195; Ak 6: 446.
[56] *Metaphysics of Morals*, 189; Ak 6: 438.
[57] *Metaphysics of Morals*, 190; Ak 6: 439.

他者的观点提供了一种我们应该考虑的调节性限制,但是,我们并没有积极地与这个存在者联系在一起。如果我们认为自己对一种更高的存在者负有义务,那么,我们就会失去作为理性的人类存在的自律性。良知并不必然受一个超人存在的异质性引导,但是,根据一个理想的解释者的有限观念进行反思性的定位却仍然是有意义的。我们并不是为了给自己一个绝对的罗伊斯式的视野才提到上帝,而是为了帮助我们界定自己的看法,从而约束我们自己。无论人们如何看待康德关于动物、人类和纯粹理性生命的价值层次,他的规范性的模糊性都使我们有必要根据更广泛或者理想的调节性诉求,区分什么是直接约束的东西,什么是间接限制的东西。

更为重要的是,当转向对历史生命中不断变化的领域的解释时,我们要记住前面已经区分的基本参照框架,以免迷失方向。根据从物理的和有机的到那些人类的活动产生的范围来绘制一张属地图,需要我们有一种辨别不断变化的基准线的能力。当我们把我们对一种熟悉的区域性理解不分青红皂白地扩展到不太熟悉的其他区域时,反思性模糊性的可能性就会增加。对于我们的诠释学方法来说,反思的模糊性也表明需要考虑意义语境之间的相互关系,并判断在一个给定的情况下应该优先考虑什么样的参照点。

每一个学科都必须探究它怎样构建自己的对象,并根据它提供的视角来进行。尽管自然科学倾向于使它们的研究对象服从具有普遍约束力的规律,但是,人类学等学科尽管也受到这些规律的限制,但是,它们设定的界限却有所不同,即根据它们是按照共同性来界定的。康德指派给他的实用人类学的任务之一，是通过共同感（sensus communis）(58)的规范来判断行为模式。
此外，就其起源地而言，可以根据它们的发源地理解有限意义的做 78
法，要求按照我们的世界性目的地而加以合法化。通过这样做，我们便可以把有限的范围或偶然的栖居地与更广大的属地联系起来，尽管如此，我们仍然可以像世界公民那样，有一种宾至如归的感觉。

尽管历史世界并不是同质性领域，决定性判断在同质性领域中往往是为自然筹划的，但是，反思性判断可以通过协调具体学科、话语模式和其他相关的参照框架，实现对历史世界的结构性表达的目标。我们面临的挑战，就是在这种复杂的相关语境中找到主要因素或关键条件，这样，它们所提供的不同类型的话语就能够恰当地相互交织在解释的结构之中。

世俗性定位

在考虑人类理解和历史属性的不同意义语境时，我们不应忘记，在我们对地球的地理定位中，这些反思性的定位模式有它们的经验性基础。最初的方向感是指主体在空间上定位自己并在其属地上导航的能力。空间性的定位不只是我与地球环境的一种视觉关系，而且它植根于我对世界定位的感觉。在这里，直观可以包含感知到的东西和感受到的东西。康德写道："即使有了所有关于天空的客观数据，我也只能通过一种**主观性**的区分基础在**地理上**定

(58) 参见第四章。

位自己。”(59)这种主观性基础是“我的左右两侧有一种不同的感觉”(60)。不管这种区分自己身体左右两侧的能力,是否如康德所说的那样是一种先验的东西,但是,它却揭示了感觉在做出某些基本的定位区分中所具有的重要性。在当代神经心理学研究中,人们越来越认识到感情的作用,例如,有人提出,像喜悦这样的情感就有助于描绘我们的身体和精神状态。(61) 在反思性解释中,同情的和团结的感情可以把我们自己的内心状态与其他受试者的内心状
79 态联系起来。定位的感觉超越了我们自己和他人的状态,最终把我们与整个世界联系在一起。

我们之前已经提到,当涉及诸如内部与外部的反思性对比时,究竟优先考虑哪一项将取决于语境。当我们考虑感性的表现时,外部是原始的,而感受到的事物的内在状态仅仅是一个消失的限度。从认识上讲,这些感觉将我们引向外部世界的方向。但是,当我们专注于感觉到的事物的感受方面时,就会让我们回忆起我们自己和我们在这个活生生的世界中的特定位置——内在的东西至少与外在的东西是平等的。

左右之间的方位感区分只是对一个活着的身体所观察到的世界才有意义。对于一种纯粹的理智来说,身体的左右两侧在概念上是不可分割的。区分左右的指数能力与我们“采取一种立场”相伴而生,这样,当我们站出来表明自己的立场时,我们就可能会偏

(59) Kant,“What Does It Mean to Orient Oneself in Thinking?,”in *Religion within the Boundaries of Mere Reason and Other Writings*, trans. and ed. Allen Wood and George Di Giovanni(Cambridge:Cambridge University Press,1998),5;*Ak* 8:135.

(60) “What Does It Mean to Orient Oneself in Thinking?,”5;*Ak* 8:135.

(61) 参见 Antonio Damasio,*Looking for Spinoza: Joy, Sorrow, and the Feeling Brain*(San Diego:Harcourt Inc.,2003),85-86。

向左派或右派。这种感觉上的偏好会与一个按照逻辑可能性的场域，或者立法规定性的领域所构想的世界无关，但是，当根据实际的属地或者可能的栖居地表达这个世界时，这种偏好却是有效的。人类建立的功能性和实用性系统仍然利用这种生动的区分，就像我们谈到的政治性社团时存在着中间偏左还是偏右的情况。

反思性定位的任务，就是要引发那些允许我们把我们的基本定位感与更具包容性的参照框架联系起来的条件。在《逻辑学讲义》中，康德指出，一个人应该"通过共同的理解在思维上定位自己，或者在思辨的理性运用中定位自己。"[62]然而，必须指出的是，康德的"共同理解"提供的定位性框架，或任何其他包容性的参照性框架，如共通感和继承下来的共同性表现方式所提供的定位性框架，都不会给我们确定性的方向。当我们追求自己的目标或者理解他人的目标时，它们只是提供标记以帮助我们绘制方向图，以防止我们偏离公共或历史上合理的界限。解释的另一个任务是诊断最合适的参照点，并把这些不确定的视域具体化到我们已经区分的更具世俗性的反思性语境中。

通过倡导一种反思性的定位方法，我们正在把学院派意义上的哲学扩展为康德所说的"世俗意义上的哲学（Philosophie nach dem Weltbegriffe）"[63]。学院派哲学包括对所有可以获得的认识进行分类，并赋予它们理想的体系连贯性以理论上的技巧。世俗性哲学也可以把我们的实际和务实的关注重点集中在评价所有的理性认识和运用上，从而为未来的人类的目服务。它不仅对那些精通科学认识的人有益，而且对所有关心知识的人都有意义，这些

---

[62] Kant, *The Jäsche Logic*, in *Lectures on Logic*, 563; Ak 9:57.
[63] *The Jäsche Logic*, 537（译文有修改）; Ak 9:24。

知识让他们能够明智地生活。

在第一《批判》里,康德列举了我们必须考虑的三个基本问题:我能知道什么? 我该怎么办? 我能期待什么呢?[64] 在《逻辑学讲义》中,他认为,对于"世界性意义上(weltbürgerlichen Bedeutung)"[65]的哲学来说,这三个问题与第四个问题有关:人是什么?[66] 后一个问题表明,哲学的终极关怀具有人类学意义。米歇尔·福柯认为,康德的实用人类学学科标志着这样一个转向,即一种人类主体的哲学概念从既有主权又有控制权的主体转变为一种将受到人文科学规训和控制的主体。然而,我们对康德的诠释学占有定位了一个人类主体,这个主体不能被界定为完全受控制或者完全控制。相反,我们看到的是一个有限的主体,他既有责任接受理性的界限,又有责任以能够克服某些局限的方式做出回应。批判应该能够为诠释学提供一个跨学科的框架,不仅通过施加外部限度来约束,而且通过从内部设置边界来形成自我规训。

当我们评价认识在生活实践中如何对我们有用时,诠释学可以让我们定位于人类世界的属地。对于这样一种定位性诠释学来说,一般的认识主体会以沉思方式表现现实,用托马斯·纳格尔的话说,"不知从何而来"[67]被重新构想为一个特殊的生命主体,他的独特的栖居地能够维护他或她在世界上的地位。解释这个世界涉及把实用的情境性条件与理想的定位性意义语境联系在一起。

---

[64] *Critique of Pure Reason*, A805/B833.
[65] *The Jäsche Logic*, 538; Ak 9:25.
[66] *The Jäsche Logic*, 538; Ak 9:25.
[67] 参见 Thomas Nagel, *The View from Nowhere* (Oxford: Oxford University Press, 1986)。

第四章　获得知识的诠释学：判断性同意的作用

我们的诠释学方法强调了学科区分和协调的重要性，以及在把我们自己定位于多个语境时的判断辨别力。因此，正如解释涉及间接的理解方式一样，定位作为给解释提供初步语境的一种方式，也是一个间接的过程，只有通过一些已经熟悉的标记物我们才能到达目的地。尽管我们已经用准空间性的术语讨论了其中的一些意义，但是，在我们如何认识这个世界的过程中也有一些时间性的考虑。现在，我们转向反思性定位的时间性方面，并考虑在获得知识的过程中前判断和判断所发挥的重要作用。

从概念性分类到判断性表达

作为把现实的时间性和历史性维度纳入哲学分析的早期倡导者，狄尔泰批评了施莱尔马赫根据无时间性概念对现实进行分类的诠释学。在施莱尔马赫看来，他写道："哲学的全部任务就是将一种哲学形式——内在必然性和统一性的形式——强加给一个已经存在于复杂概念中的表象世界。"①这样一种分类方法相当于一种概念形成的理论,它假定一种预先存在的形式与内容、概念与实在的融合。为了克服这样一种无时间性的体系,狄尔泰指出,需要一种判断形成(judgment-formation)优先于概念形成(concept-formation.)的历史哲学。我们将提出一个建议,表明判断对于阐明一个不断变化的世界是必不可少的,即在这个世界中,概念的趋同性必须得到验证,而不是假设。

一种定位于判断形成的诠释学,不仅可以使我们像施莱尔马赫的分类体系那样把不同的概念相互联系起来,而且可以把不同的概念联系到历史现实的特殊性上。在理想的数学世界里,没有必要在具体性和普遍性之间进行调和,因为有了数学直观,就有可能通过连续性的界定来表现与普遍性相一致的特殊性。但是,在真实世界里,就需要判断来弥合自然界和历史生命中可能发现的不连续性。如果连续性是以事物随着时间的推移而被经验到的方式获得的,那么,它将不会像数学连续统那样是可直观的。在对自然的感知中,部分存在的事物必须由一般意义上所表现的事物加以补充。本质上的关联性可以通过诉诸普遍的因果律从而在概念上得到认识,而这些因果律在判断上包含了特殊的事件。虽然我们在很大程度上接受自然规律的观念,但是,我们必须质疑,它们是否适合于对历史连续性的理解。历史世界并不像我们所定义的那样是一个领域,而是一个通过部分连续体或者系统呈现自身的属地,这种连续体或系统根据不同类型的判断进行阐述。

在历史中,连续性可能比感知到的东西更为明显。过去的许

---

① Dilthey, "Schleiermacher's Hermeneutical System," in *Hermeneutics and the Study of History*, SW 4, 133.

多东西都永远地消失了,而当下包含了过去的各个方面。毕竟,当下并不是直接的过去和未来之间的一个正在消失的界限,而是它们的流动边界。我们能够通过记忆的努力保存一部分过去。除此之外,过去的古老部分出人意料地作为沉积的踪迹或历史生命的遗迹被推到了当下。但是,这只能以一种被动的方式来捕捉历史。即使当我们不关注我们的社会或文化历史本身时,它的影响也深深地扎根于我们的习俗,并且在我们的惯例中发生作用。所有这些随着时间的推移而积累起来的效果,都必须通过对其恰当语境的判断加以区分和调整。

尽管狄尔泰强调了判断形成对于历史理解的重要性,但是,他本人对判断的描述很简洁,并且相当传统。他也没有阐明以判断为基础的方法,怎样与我们在他有关历史理解的著作中发现的起作用的知识(Wissen)和认识(Erkenntnnis)之间的区别相联系。

我们通过描述引导历史理解的三个阶段阐述了这种知识—认识的区分:1)生命—知识,2)概念性认识,3)反思性知识。生命—知识是根据经验的同化来构想的,在这里,日常生活的主观确定性与我们从过去继承的东西结合在一起,并在我们的地方性共同体中被视为理所当然。由此产生的基本理解就植根于这种继承下来的共同性中。我们可以说,这种日常的生命—知识就建立在同化的基础上。

概念性认识试图扩展这种共同性,并采用了自然科学和人文科学的普遍性目标。认识放弃了生命—知识的直接确定性(Gewissheit),因为这是一种以学科方法为基础而获得的中介可靠性(Sicherheit)。在这里,我们可以说,概念性认识的可靠性是通过一个习得的过程获得的。

最终的产物,即反思性知识,涉及评价并致力于从一种全面的视角看待现实。虽然一个视角总是个体化的,但是,它却需要历史意识的全面性。反思性知识植根于自我反思,它表达个人评估现实的世界观。在这里,被判断为具有价值的东西是反思性占有的产物。总的来说,反思性知识把我们已经同化为生命—知识的东西和作为认识而获得的东西与值得了解而被占有的东西联系起来。

我们可以把这三个阶段与所谓的诠释学语境化联系起来。同化使我们处于对地方性栖居地的熟悉性和遗产的共同性相互关联的位置,然后,根据诉诸普遍规则的各种理论和实践领域,把所获取的东西重新组织起来。最后,占有把这些概念体系与更广泛的人类经验属地联系起来,这些人类经验为反思提供框架。在每一个情况中,我们都看到了一个导向反思性知识的重新语境化的过程。②

反思性知识是明确的判断性知识,但是,我们也必须考虑什么样的判断形式可能或不可能涉及生命—知识和概念性认识。对一个充分发展的与我们的诠释学目的相关的判断理论来说,康德关于判断的许多开创性观点都值得做更深入的探讨。我们已经运用康德的区分,即界定科学认识领域的决定性判断和把我们定位于审美经验属地的反思性判断之间的区分。同时,通过考察康德的《逻辑学讲义》,我们有可能考虑到其他类型的判断以及与生命—知识相关的前判断。

但是,首先我们要考虑的是,在《纯粹理性批判》中,判断是如何对认识和知识的任务做出贡献的。尽管康德从未充分区分认识

---

② 从经验上讲,同化、获取和占有定义了三个阶段或层次。但是,当我们解释他人如何已然理解了他们的经验时,这些阶段可能会以不同的顺序揭示自己。因此,它们成为了需要三角化的方面。

和知识,但在下一节里,我们将讨论到他确实用不同的方式来对待它们。

作为认知意义与知道真理的解释

人们常常假定,认识和知识只是作为过程和结果而存在差异,但可以表明,对于康德来说,两者之间的差异更大。分析《纯粹理性批判》是为了确立认知(cognizing)如何可以把意义赋予经验,而知道(knowing)怎样通过判断同意确认意义对真理的要求。在此基础上,我们将认知和知道区分为解释世界的两个阶段。

康德在《纯粹理性批判》的美学和分析中所提出的最初的认识论主张,都是关于认知和认识(Erkenntnis)的,都与判断性思维有关。康德只是在接近这一著作的结尾"纯粹理性的标准"中探讨了知道(Wissen)的本质,这是《超验方法论》的一部分。在肯普·史密斯的翻译中,Erkenntnis 和 Wissen 都被翻译成了知识(knowledge)。盖耶和伍德的翻译向康德的英语读者清楚地表明,他使用了两个不同的术语,但是,到目前为止,这一区别并没有引起太多的注意。③

在"超验分析"中,我们对经验对象的认识是通过理解的范畴和直观的形式来实现的。它们是我们在感知和理解的认识能力基础上获得经验的一种先验条件。这些范畴提供了普遍的思维规则,但是,它们不仅仅是那种只把心理表征联系在一起的逻辑概

---

③ 我首先对此进行了探讨,参见"The cognition-knowledge distinction in Kant and Dilthey and the implications for psychology and self-understanding," *Studies in History and Philosophy of Science* 34(2003):149–164。

念。范畴是超验性的概念,因为它们把主体中的表象与世界中出现的对象联系起来。

如果范畴仅仅是一般的逻辑概念,那么,它们将允许我们在没有直观地认知对象的情况下思考对象。④ 对对象的简单思考是由一般逻辑的真理条件决定的,但是,在认知对象时,我们的思维也会受到超验逻辑的真理条件的支配。通过引入超验性逻辑,康德把被构想出来限制意义的真理条件的通常方式复杂化了。既然一般逻辑提供的真理条件是形式上的,缺乏意义内容,因此他认为它们是否定性的。⑤ 在认识层面上把超验逻辑的真理条件区分开来的东西是肯定性的,它为真理在知识中的最终确定提供我所说的"意义参数"。一种超验逻辑意味着,除了对有意义的东西有一定的逻辑真理标准之外,也对能够知道什么东西是真实的有一定的认识意义标准。

康德的超验逻辑提供了认识范畴(如因果关系),它们不同于其他纯粹的普遍性概念(如同一性),它们并没有从所有直观内容中抽象出来。正是这种对可能的直观内容的参考为康德的范畴提供了"感觉和意义(Sinn Und Bedeutung)"⑥,并赋予它们对世界的内在判断能力。范畴的这种判断功能不是区分最一般的事物分类,而是定位与事物的意义相关的最一般的标志。因为这些范畴所指(deuten)的是所有可能的经验对象,因此,它们能够产生有意义(bedeutend)的认识。它们以允许我们为客观地构建我们的经验的方式预先描绘一个世界。这样一种范畴的概念既能够适用于历史世界,也能够适用于康德的牛顿式自然。

---

④ *Critique of Pure Reason*, B146.
⑤ *Critique of Pure Reason*, A59/B84.
⑥ *Critique of Pure Reason*, B149.

第四章　获得知识的诠释学：判断性同意的作用　111

康德在 B 演绎第 24 节中阐述了认识范畴积极的意义赋予能力，在这里，想象力被赋予了筹划范畴的"客观性实在"的功能。⑦ 他写道："想象力的超验性综合……是对感性理解的一种结果，并且它首先应用于（同时也是所有其他事物的基础）对我们可能的直观对象。"⑧ 通过这些范畴的第一次正式应用，想象力就可以预见到我们的感性和经验直觉赋予对象的意义。这一点在他关于图式论的章节里得到了重申，在那里，他认为纯粹理解的概念的想象性图式"为它们与对象，因而与意义之间的关系提供了真实而唯一的条件"。⑨ 通过指出普遍性规则如何能够运用于感觉的对象，图式预先描绘出了这些先验概念的判断结构。康德认为每个范畴都有一个图式作为"想象力的超验产物"⑩，它把概念性内容转化为一组时间性的指令，从而使感觉的多样性得以秩序化。物质的图式允许我们能够想象性地预见"真实在时间中的持久性"，而因果关系图式"存在于多样性的连续性中，因为它服从一个规则"。⑪ 如果没有这样的图式，这些范畴就只具有抽象的逻辑意义，而没有适用于感性经验多样性的真正的客观意义。康德把图式描述为范畴的经验性运用的"真实"条件，由此，他得出结论说："超验性真理……先于经验性真理，并使之成为可能。"⑫

从诠释学角度看，超验性的真理条件提供了一般的认识意义参数，因此，可以在此基础上把实际的经验真理要求作为知识来确

---

⑦ *Critique of Pure Reason*, B150.
⑧ *Critique of Pure Reason*, B152.
⑨ *Critique of Pure Reason*, A142/B185.
⑩ *Critique of Pure Reason*, A142/B181.
⑪ *Critique of Pure Reason*, A144/B183.
⑫ *Critique of Pure Reason*, A146/B185.

定。我们可以通过转向康德在"纯粹理性的标准"中有关运用我们认识能力的正确方法的讨论,确认从认知(cognizing)到知道(knowing)的转变。纯粹的逻辑为一般的思维设定了形式上的真理条件,而超验性逻辑则确立了认识的意义—结构,这是思维如何与人类感性有关所特有的结构,康德在该标准中所说的"方法"则确定了任何个体主体都必须应用的标准,以检验人们对自然的理解与对世界的系统解释之间的关系。在决定什么是有待知道的东西的时候,个体主体必须对他们的认识主张承担理性的责任。知道包含着理性,但是与纯粹理性的辩证思辨不同,它限制自己去确定什么是能够被理解的东西。

认知是根据时间性的感性多样性中所期待的客观意义关系的一般规则来描述的,而知道则涉及评估这些意义对其真理的要求。在声称知道的过程中,主体也通过肯定所指的事物被认为是真实的而超越了认知。知道,作为解释的最后阶段,用康德的术语来说,是一种接受或坚持为真(Fürwahrhalten)的方式。⑬ 无论一个认识要求能够提供多少客观意义,它都不能算是一个实际的真理要求,直到得到了"判断它的人心中的主观原因"的支持。⑭ 判断的认识功能就是把概念指向对象,但是,知道也需要来自判断主体的更多东西。我将这称之为判断主体的"同意",判断的同意可能源于我们特定的心理构成,也可能源于我们普遍的理性构成。在特定的心理情况下,一个主体被说服接受一个为真的要求;在普遍理性的情况下,主体通过信念来肯定其真理。对一个真理主张的最后检验,将要求主体反思和考虑"传达真理并发现真理对每个人

---

⑬ *Critique of Pure Reason*, A822/B850.
⑭ *Critique of Pure Reason*, A820/B848.

来说都有效的可能性"。⑮ 正是通过科学的共同同意,我们才能获得康德所赋予的知识的确定性。

有时,康德本人把逐渐了解自然比作一个解释的过程,正如他在"形而上学的反思"中写到的,"大自然是我们解释的文本"。⑯ 我们可以用它来扩展他的主张,即我们的理性使"我们的认识能力感觉到有一种比仅仅根据综合统一体来表达现象的更高的需要,这样,我们才能把它们解读为一种经验。"⑰这一更高的需要可以阐释为,如果我们要正确地解释自然,在时间上被阐明为感性多样性的东西以及根据理解的概念被解读为经验的东西,就必须用理性的观念来补充。⑱ 在没有设定任何超越自然的东西的情况下,理性的观念可以被调节性地用作解释经验的规则,而经验是一个完整的自然系统的一部分。"纯粹理性的标准"所做的事情是,通过坚持个体认识者必须通过与整个探求者共同体的交流来检验他们自己的认识结果,从而为这一系统的理性完成提供了一种类比。只有这样,康德所要求的知识的确定性才能完成从说服到信念的转变。

康德论意见、信念和知道

康德还通过思考拥有意见和形成信念意味着什么来区分理性过程的三个阶段,即超越心理的说服走向知道的确定性。在下面

---

⑮ *Critique of Pure Reason*, A820/B848.
⑯ Kant, *Reflexionen zur Metaphysik*, in *Kant's gesammelte Schriften*, Ak 18: 274.
⑰ *Critique of Pure Reason*, A314/B370-371.
⑱ 有关康德如何运用拼写—阅读—解释隐喻的更详细的讨论,参见 Makkreel, *Imagination and Interpretation in Kant*, ch. 2。

的文字里,意见、信念和知道是根据一个主体认为某事为真的力量来评估的:

> 表达一个意见,就是意识到某物在主观上和客观上为真都是不充分的。如果认为某物为真在主观上是充分的,并且……被认为客观上是不充分的,那它就叫作信念。最后,当认为某物为真在主观上和客观上都是充分的,那就叫作知道。[19]

尽管说服和表达一个意见往往被视为同义词,但是,康德强调了两者之间的一个重要区别。因此,当他声称拥有一种意见会带来对其不充分的意识时,他就是在把意见放在一个反思性的层次上,而说服仍然是非反思性的。在《逻辑学讲义》中,他非常清楚地说明了这一点。说服是"看起来……确定的不确定性的认识",而"意见……是一种不确定的认识,因为它被认为是不确定的"。[20]说服和意见都是不确定的,但是,只有意见涉及对其不确定性的意识。尽管康德认为,在把主观理由当作客观依据时,说服是虚幻的[21],但他并没有针对持有一种意见而提出这样一种指责。

说服是非反思性的,它不仅是基于主观需要和私人利益,而且也基于已经内化了的并被认为是理所当然的历史和文化的影响。当根据能够知道的东西来讨论偏见时,我们将回到这个问题上来。在运用我们对知识类型的区分的时候,我们可以说,说服与在生命—知识层面上被接受的东西有关,而意见体现了迈向反思性知

---

[19] *Critique of Pure Reason*, A822/B850.
[20] *Lectures on Logic*, 577; Ak 9:73.
[21] *Critique of Pure Reason*, A820/B848.

识的第一步。通过认识到许多我们被说服的东西都缺乏正当的理由，意见开始了我们的反思的过程。有了这种自我意识，就会以一种临时的方式持有意见，并悬置了这种说服的假设。

我们早些时候已指出，如果我们要接近康德所认为的知识的确定性，就必须用信念取代说服。信念超越了私下的说服假设，因为它植根于主体争取普遍有效性的理性能力。说服植根于一种地方性栖居地的"单纯外表"[22]，并且与普遍的可交流性无关，而信念则提供了其他属地的理性生命都会同意的信心。因此，通过同意一个认识命题的真理，信念就会超越对一个被悬置的意见的判断。这就提出了信念是否等于信仰的问题。在上面引用的顺序中，信念被赋予了一个中间的位置，从意见开始，以知道结束。然而，康德认为，关于信仰"被认为客观上是充分的"[23]或者缺乏客观有效性，似乎把它贬低为迈向知识的一步。安得烈·齐格尔对信仰持这种保留的态度是正确的，但是，我不同意他把信仰与信念区分开来的做法。齐格尔声称，知识对信念的需要相当于"客观的充分性"，并且与信仰无关，信仰是主观的，它基于"非认识论的考虑"。[24] 但是，康德明确地把走向知识所需要的信念等同于"主观充分性"，并且保留了"客观的充分性"，以保证拥有知识的确定性。[25] 此外，信

---

[22] *Critique of Pure Reason*, A820/B848.

[23] *Critique of Pure Reason*, A822/B852.

[24] Andrew Chignell, "Belief in Kant," *Philosophical Review* 116:3(2007):323-360.

[25] 参见 *Critique of Pure Reason*, A822/B850。然而，有一段话可以说明信念在客观上是充分的。但这取决于我们纯粹是理性的存在，而我们不是。因此，康德写道，如果认为某物为真"仅仅因为他有理性而对每个人都是有效的，那么它的根据在客观上就是充分的，在这种情况下，认为某物为真就叫作信念"(A820/B848)。既然我们既是感性的也是理性的动物，那么，导致我们接受某物之真理的主观原因，也可能包括我们感性构造所特有的因素，因而在客观上是不充分的。

仰是主观的这一事实并不能阻止康德把信仰说成是一种信念。㉖因此,信仰是不能被轻易抛弃的。

劳伦斯·帕斯特纳克也认为,信仰对康德来说没有认识论意义,它只涉及支持宗教信仰的道德理性。㉗当然,康德强调了促使我们形成宗教信仰的实践—道德考虑,但是,这并不需要排除所有信仰与认识探究的相关性。事实上,康德写道:"在单纯的理论判断中,有一种类似于实践判断的东西,在那里,认为它们为真是用信仰这个词进行恰当地描述的。"㉘例如,存在"其他世界的居民"的经验信仰被认为是"理论上的"和"学说上的",㉙因为如果我们能够旅行到像火星这样的行星,我们就能够积累必要的认识经验以检验这种信仰。

我的立场是,非宗教的经验信仰可能与某物是不是可认识的东西有关,但是,即使它们也不能有助于对作为知识的认识的理性占有。这是因为"信仰提供了一种不可交流的信念。"㉚信仰不足以创造知识,因为根据康德的说法,"知识必须是可交流的,并且要求得到同意(Beystimmung)。"㉛只有通过一种人们超越了信仰的

㉖ 参见《纯粹理性批判》(A824/B852)中的"主观信念,即坚定信念"一段。

㉗ 参见 Lawrence Pasternack,"The Development and Scope of Kantian Belief," *Kant-Studien* 102(2011):290 – 315。

㉘ *Critique of Pure Reason*,A825/B853. 帕斯特纳克承认我指出的《纯粹理性批判》中的这种类比,但认为这是后来被放弃了的"奇怪的例外"。他指出康德在第三《批判》中的主张只能是与可以信仰(Glaubenssachen)的最高的善、不朽和上帝有关的观念。参见 Pasternack,"The Development," 300 – 303。但即使在第三《批判》中,康德也把"信仰的问题"或"作为习俗的信仰"与更一般的"信仰行为"(Glaube als actus)区分开来,后者仍然可以被应用于有关事实性问题的认识问题上。这个问题将在下一个节"历史信仰"中涉及。参见 *Critique of the Power of Judgment*,333 – 35;Ak 5:469 – 471。

㉙ *Critique of Pure Reason*,A825/B853.

㉚ *Reflexionen zur Logik*,2489;Ak 16:391.

㉛ *Reflexionen zur Logik*,2489;Ak 16:391.

主观充分性的信念模式,他才能理性地认可一种作为知识的认识要求。获得知识所必需的是理性的信心,相信他人会同意你所同意的东西。因此,在不可交流的信念$_1$与积极自信的可交流信念$_2$之间做出区分是可能的。

要知道(know)某物为真,就必须通过与"(对每个人而言)的客观的充分性、确定性"相匹配的"(对我而言)叫作信念$_2$……的主观的充分性"㉜。因此,在占有作为合法的主体间知识的普遍有效认识的过程中,最后一步就需要对我的信念$_2$的判断同意,这是需要得到他人的同意才能肯定的。为了使客观上有意义的认识也足以在客观上证明一个真理主张是正当的,它就必须得到所有研究者共同体的同意。不仅认识的形式客观结构要得到直观地填充,而且它们也应该得到归纳性肯定,从而产生对康德而言的构成确定性的主体间的一致同意。知道成为坚持某物为真的最终模式的特征,就在于这种隶属于客观认识要求的主观信念$_2$,而这种客观认识要求也被认为是通过主体间的交流而确定的。

实际上,个人对信念$_2$的同意(assent)需要扩大为一种共同的一致同意(consent)。主体在知道中认为真的东西必须是研究者共同体同意的确定性的某种东西。因此,我们可以总结康德对真理—评估(Fürwahrhalten)的描述,得出这样的结论:知道(Wissen)包括已经获得科学共同体(Wissenschaft)肯定的确定性(Gewissheit)的认识。㉝ 意见包括问题判断、信仰或信念$_1$,相当于断言性判断,而信念$_2$与确定性融合在一起的知道则使得无可置疑的或必然的判断成为可能。㉞ 尽管对狄尔泰的历史诠释学来说,确定性

㉜ *Critique of Pure Reason*, A822/B850.
㉝ 参见 *Lectures on Logic*, 575; *Ak* 9:72。
㉞ 参见 *Lectures on Logic*, 575; *Ak* 9:66。

只是一个主观的出发点,但是,在康德对自然的理性解释中,确定性却体现了一个主体间的终结点。它突出地将普遍有效的认识转变为合法性知识。

对文本的解释来说,康德最初对说服(Überredung)和信念(Überzeugung)的区分仍然是相关的,因为它们要么"把我们带入(überzeugen)"事物之中,要么"具有令人信服的证明(über-reden)"。在康德看来,理性是有说服力的证明,它能够引导我们摆脱说服的错误信心以及意见的不确定性,从而走向某种知识的最终目标。然而,从诠释学上看,不可能有这样的结局。解释将永远在途中,并且是近似的。意见的犹豫不决和不确定性仍将是这个方程式的一部分。

针对康德,即认识的要求如果能够得到理性上的证明就是有说服力的,人们就可以说,意见有另一种理由——它们可能基于某些经验,然而,这些经验不足以得出一个结论,或者,它们可能依靠道听途说,以一种非系统的方式求助于他人的经验。这就明确了知道要求认识的系统化。在三种主观的同意或认为某物为真的模式中,只有知道才能为认识增加系统的秩序。更一般地说,知道是既符合理解的推论性意义标准,又符合理性的系统性真理标准。

为了加强我们的论断,即判断的力量在这里也起着一定的作用,我们可以再一次重新表述康德对认知—知道的区别,即把认识图式化或使意义现实化要求把知识合法化或具体化为真理的要求。㉟ 图式化和合法化都是内在固有的判断—生产功能。相对于可能的对象,这种允许概念得到认识的图式论,构成了"判断力超验学说"第

㉟ 对康德来说,现实化是内涵性的,具体化是外延性的,实在指的是我们的经验的质的强度,现实指的是我们经验的对象模态。参见 *Critique of Pure Reason*, A80/B106, A225/B272。

一章的主题。在这里，这些范畴在认识上被确认为客观经验所必需的先验概念。然而，如果不考虑某一特定对象实际上"与该对象的一致性，并因此对每一个理解的判断都必须一致"㊱，那么，我们就无法知道这个特定对象的真理要求是否合法。与"超验分析"的认识有效性不同，"纯粹理性的标准"中知识的合法性是先验地获得的，因为它需要证据和共同的同意。推论性的、合法化的判断通过反思性地把普遍的认识要求彼此联系起来，并通过交流对其进行检验，从而把普遍性的认识要求具体化。它们把我们认为我们知道的和我们可以证明我们知道的东西联系起来。㊲

我们认为某物为真的方式，对于把诠释学从单纯的意义分析扩展到一种对真理的探索来说是很重要的。康德的线性发展——从 1)没有保证的说服，到 2)作为中立的评价的意见，再到 3)作为理性上有保证的信心的信念$_2$，再到 4)最终的知识确定性——需要做更深入的阐述，以便公正地对待后启蒙运动诠释学及其更加迂回曲折的道路。到目前为止，我们已经谈到了判断在承认我们所认识的东西以及在与他人交流中的作用。但是，为了回应针对判断力已经提出的诠释学反对意见，需要充分地讨论它在评价真理要求和获得合法性知识方面所具有的作用。

初步判断与反思性判断的暂时性

我们已经看到，海德格尔和伽达默尔为了赞成前理解和偏见

㊱ *Critique of Pure Reason*, A820/B848.
㊲ 我们将在第六章回到有效性与合法性的区别。

而都贬低了判断在诠释学中的作用。按照海德格尔的看法,判断固定了生活的流动性,并抹平了真实理解的丰富性。这种贬义意义上的"判断"缺乏开放性和敏感性,以至于在众所周知的匆忙判断的情况下,我们过于仓促地对事物进行分类并凝固了我们的思维方式。同样的指责也可能针对伽达默尔所关注的传统偏见。但是,正如他为这些偏见所做的辩护那样,它们有一种适应新环境的能力,从而表现出一种富有成效的历史。因此,对反思性定位的诠释学来说,考察判断和偏见在我们整体经验中相互作用的方式是很重要的。在这种语境下,我们将关注作为一个在进行中评价事物的过程的判断,而不仅仅是一个最终的结果,并且,我们也将考虑与康德开辟的一个更大的前判断领域有关的偏见。通过使这一切都成为试图恢复判断力在诠释学中作用的一部分,除了涉及他对超验性认识理论和理性知道的判断之外,我们也应该更好地理解康德如何处理日常生活判断以及历史经验和经验研究的前判断。

在康德看来,有两种前判断,Vorurtheile(或偏见)和 vorläufige Urtheile,后者的标准翻译是"暂时判断"。偏见是类似于我们之前讨论过的私人说服的前判断。与说服一样,偏见是非反思性的,但它的问题更大,因为它作为一种司空见惯的东西发挥作用,产生了进一步的非反思性要求。相比之下,另一个类型的前判断则需要反思。为了更好地强调暂时判断在经验研究中的过渡作用,我们把它们叫作"初步"而不是"暂时"判断。暂时性实际上是反思性判断的一个标志,因为在解释性判断中,它们仍然需要修改。

有趣的是,在《逻辑学讲义》中,康德区分了理性确定性和经验确定性,前者是有必然性的,后者仅仅是断言性的。理性确定性指的是回到"纯粹理性的标准"的系统科学知识。在阐述经验确定性时,康德主要关注反思和经验研究的必要性。因此,在《逻辑学讲义》中,我们读到"要能够从单纯的说服过渡到信念,我们就必须首先进行反思,即,要明白一种认识属于哪一种认识能力,然后,再进行研究……许多人仍然具有说服力,有些人进行反思,但很少开展研究。"㊳由于这个从说服到基于反思的信念的顺序引起了对偏见和初步判断的讨论,那么,我们将把它重新表述为从偏见的说服到反思的转变,这种转变可以把偏见转变为一种能够引导经验研究的初步判断。然而,应当注意的是,不应该把这种涉及初步判断的反思与反思性判断混为一谈。初步判断的反思仅仅是为以深入的经验研究为基础的决定性判断铺平道路。㊴

在这里,《逻辑学讲义》中的一个关键问题是经验研究的实际时间性过程,在讨论产生理性确定性的研究者的主体间一致性时,只是顺便提到了这一过程。因此,我们可以说,我们现在正在从判断性同意和知道所需要的同意的一般性考虑,转向从日常经验中获得经验知识所涉及的决定性判断。

在从偏见到初步判断再到决定性判断的过程中,康德只是在寻找关于我们经验内容的经验确定性。他描绘了一个进程:从1)偏见的说服力到2)初步判断的反思性停顿或开放性再到3)决定性判断的研究结果。这一顺序中的关键部分是初步判断,因为它在研究完成之前悬置了任何有关真理的决定。初步判断在做出决定性判断时要求暂时延期,并且要把永久性的克制与判断区别开来。前者是中立的,或者说,在康德看来,这是对判断的一种批判

㊳ *Lectures on Logic*,576;Ak 9:73.
㊴ 参见 *Lectures on Logic*,577;Ak 9:74。更多关于反思和反思性判断的区别,参见第七章。

性悬置,而后者是一种否定性的或怀疑性的悬置。

偏见是一种以非认识性或非反思性方式被接受的主张。早些时候,有人说,说服在主体的特殊心理构成中有它的根据。也许在个人的情感构成中,有些东西会使他们倾向于相信某些断言是真实的。这对应于康德提出的偏见的三个主要来源之一,即倾向。另外两个偏见的来源是模仿和习惯。个人的倾向是偏见的一个内在来源,而模仿和习惯指向的是那些可以对我们产生影响的外部历史来源。在构成康德的"知道的逻辑(Blomberg Logic)"的讲义中,我们读到,这种倾向导致我们"仅仅从我们希望它是这样而不是那样的方面去研究问题……根本就没有反思……"[40]模仿对儿童具有一种特别重要的影响。"年少时,人们还没有任何判断上的能力,因此,人们允许自己受模仿的驱使,一个人很快就接受了别人所坚持的东西,并认为它是确定无疑的……"[41]康德所使用的习惯(Gewohnheit),既指我们从我们地方性栖居地中吸收的东西,也指随着时间的推移我们自己所养成的习惯。对于前者,康德说:"几乎每一个人,无论他可能是谁,都尊重自己的国家或祖国的风尚和习俗,认为这是最好的,最恰当的东西。"[42]在这里,我们倾向于非常乡土化的东西,更喜欢我们在地方性栖居地中熟悉的生活。但是,我们偶然继承下来的偏好,只有在我们假定它们应该被普遍遵循的情况下才成为偏见。按照康德的看法,偏见不仅仅是一种特别不成熟的判断,因为它们给自己强加了"判断的一般规则"。[43]

---

[40] *Lectures on Logic*, 132; Ak 24.1:167.
[41] *Lectures on Logic*, 131; Ak 24.1:166.
[42] *Lectures on Logic*, 130; Ak 24.1:165.
[43] *Lectures on Logic*, 130; Ak 24.1:164.

第四章 获得知识的诠释学:判断性同意的作用

从模仿和习俗中衍生出来的这些一般规则,大体上与黑格尔和狄尔泰的客观精神语境相对应,我们把这解释为传承下来的共同性表现方式。但是,在本章和下一章里,我将集中讨论康德的术语,看看他如何在习惯和偏见的地方性栖居地、共同感的更广阔属地和科学研究的普遍领域之间确定方向。

偏见需要得到检验,因为它们就像根深蒂固的说服一样发挥着规则的作用,产生更多的不成熟的判断。正如人们所说的,在认为主观条件是客观的时候,说服就是虚幻的,所以,偏见也可能是虚幻的,因为人们这个时候会认为某个偶然的局部性事物是具有普遍性的。但是,根据康德的观点,并非所有的错觉都会被摒弃。甚至存在一些不可避免的经验性和超验性的错觉。因此,正如我之前所指出的,在伽达默尔看来,认为康德指望根除所有的人类偏见是错误的。偏见是如此的普遍,以至于设法把它们都根除掉是不合理的。最主要的问题是要把自己从迷信的严重偏见中解放出来。康德也承认,"以偏见的方式被接受东西……至于这个问题,还不是因为这个理由就认为它总是错的。"[44]我们不应该立即否定任何一种偏见,而应该"首先对它们进行检验,好好考察一下,它们之中是不是还有什么好的东西没有被发现"。[45]

有各种各样必须加以审视的偏见。例如,在古代的偏见与现代性的偏见之间进行区分是可能的。对于现代性的偏见,康德并没有太多的话要说。它是以倾向为基础的,并且在这种情况下,倾向于新的东西。那些追求经验科学的人,以及那些重视天才和智慧的人,都倾向于赞成现代性的看法。古代的偏见更为普遍,并且

---

[44] *Lectures on Logic*,133;*Ak* 24.1:168.
[45] *Lectures on Logic*,130;*Ak* 24.1:169.

可以与其他两种偏见来源联系在一起：仿效过去的模仿，延续过去的习俗。康德把对古代的偏见界定为"基于对旧事物的尊重。旧事物的遗存……总是包含着有好东西的错觉，因为有人推断，如果它不是好的，没有价值的东西，它就很难生存下来，也很难传递给我们。"㊻传统可以是重要真理的宝库，但是，在权威上接受其中任何一种传统都会使我们的理性变得被动——它会允许作为一种肯定的信念原则的理性被当作一种盲目的说服原则的偏见所取代。作为结果判断的任何内容都可能是真实的，但是，它的形式却将永远是虚假的。

然而，人类理性不应该完全拒绝偏见的权威。偏见可以通过要求对它们进行反思，并因此被转化为初步的判断而变得有用。我们说，偏见是一种原则，这种原则被盲目地认为是正确的。对一种偏见的意义内涵的反思，可以把它转化为一种初步的判断，进而把这种判断作为真理研究的一个准则。虽然一个原则声称它是普遍适用的，但是，一个信条只是引导某个具体的主体去探究一个具体事物。初步判断"是我在其中表达的一个判断，尽管某件事情的真理会有比反对它更多的理由，但是，对于一个决定性或确定性判断来说，这些理由仍然是不充分的，我只是通过这些判断对真理做出决定"。㊼一个初步判断把一个盲目的说服原则转变为一个寻找有说服力的证据的准则。这是在说服的基础上，对最初被认为是合理的事物的一种中立化的反应，并将其转化为一种研究的假设。因此，初步判断就像我们之前讨论过的意见一样，在《逻辑学

㊻ *Lectures on Logic*, 141; Ak 24.1; 179.
㊼ *Lectures on Logic*, 577; Ak 9; 74.

讲义》中，康德实际上把它们等同起来了。㊽ 在他的中立意义上讲，意见就像是一种"真理的预兆"㊾，它是经验知识的基础。它悬置的仅仅是"说服的数量"的"合理性"。㊿ 我们被说服的偏见仅仅具有一种主观上的貌似合理性，因此，研究试图用或然性来代替它们，对于或然性来说，这些理由在"客观上是有效的"㉛，尽管在客观上不足以等同于绝对的确定性。

在审视我们给人文研究带来的一些预设时，有人认为它们需要根据判断来进行评价。我们看到，当这些预设在形式上被构想为一种先验的认识条件时，它们就可以根据普遍预期的意义结构加以图式化。但是，当这些预设涉及常识和继承的偏见时，它们会带来更多关于现实内容的局部性和具体性假设。对于后者，康德愿意承认，"历史信仰"具有一种"认识来源"㉜的作用。历史信仰依赖于"别人的证词和经验"，并把它与"我自己的"经验融合在一起㉝。这表明，尽管信仰并没有被认为在理性上是可以交流的，但是，它却可能涉及意见或看法在某种程度上是可以传递的。在最后一章里，我将区分认识意义的交流和未经认识审查的信息内容的传播。在康德的认识论中也可以确定一种类似的区分：从理性交往的角度看，我们对认识意义关系的判断同意需要系统的验证，并寻求科学共同体的明确同意；然而，从经验上讲，判断同意往往使自己受到先前存在的同意的影响，它来源于常识性的看法、历史

㊽ *Lectures on Logic*, 571; Ak 9:66.
㊾ *Lectures on Logic*, 571; Ak 9:67.
㊿ *Lectures on Logic*, 583; Ak 9:82.
㉛ *Lectures on Logic*, 583; Ak 9:82.
㉜ *Lectures on Logic*, 483; Ak 24:749.
㉝ *Lectures on Logic*, 483-84; Ak 24:749-750.

信仰和偏见如何被传播的。因此，当我们把普通的经验与经验科学知识的积累联系起来时，根据我们的生活处境和社会参与得出的一些假设就需要加以修正。

通过给予康德的认识论一种扩展的诠释学描述，这种认识论所关注的是，关于自然作为一个领域的普遍性范畴的认识有效性要求，是如何被当作知识的系统性真理要求来利用的，也有可能考虑到在多大程度上可以吸收地方性栖居地的偏见和基于属地的熟悉的普通经验判断。因此，如果在关于逻辑学的讲义中，康德用"纯粹理性的标准"的筹划代替了私下的说服，用认识的主体间确定性构建了认识的经验轨迹，那么，我们就开始看到，超验认识论如何能够处理继承下来的偏见，并根据经验上可以检验的东西对它们做出修正。这些处在真理评价的经验过程中的阶段，通过对或然性知识的初步可能性意见和假设描绘了一种运动，这种运动超越了说服和偏见的单纯的可信性，从而提供了一种经验上的"近似确定性"。⑭

如果康德的以判断为基础的真理评价阶段，与人文科学从接受的生命—知识向概念性认识的转变以及它们所寻求的反思性知识进一步联系起来，我们就能够填充一条全面的诠释学研究轨迹。从判断的角度来看，日常经验的生命—知识提供了一种从偏见的固定性到康德的初步判断的开放性的基本理解。从定位的角度看，初步理解体现了继承下来的客观精神的共同性，它既可以利用地方性栖居地的偶然的事实性秩序，又可以利用区域性属地的一般性。这两种关于初步理解的思考方式，都允许我们把它界定

---

⑭ *Lectures on Logic*, 583; Ak 9:82.

为给更高理解的普遍性认识判断提供一个前判断的语境。在许多情况下，对人文科学的更高理解都能够得出经验上可靠的结果。然而，在这里，决定性判断的范围将比自然科学更为有限。在解释也把反思性知识作为目的的时候，它就必须给予历史现实性一个全面的认识。它并不能提供康德的普遍理性体系所期望的一种具有启示性的确定性，但是，它至少可以表明，这是一种解释历史生命所需要的协调不同学科语境的方法。

解释作为一种反思性判断方式应该运用初步判断，不仅要在理论上悬置偏见的说服力，而且要考虑到它为什么会对我们具有这样一种规范性的影响。我们必须能够评价一种偏见在多大程度上可以恰当地解决或表达（an-reden）我们的期望，而不是让它压倒或说服（über-reden）我们。同样，决定性判断所需要的认识说服力（über-zeugen）也将不得不被缓和为一种反思性见证（Zeugen）。在这里，真理评价也必须顾及在没有启蒙运动理性确立的不言而喻的合法性标准的情况下的规范性考虑。如前所述，没有理由认为反思性判断过早地固定了解释，并结束了进一步的研究。它们往往是暂时性的，但是，这并不意味着我们就无法确定同意它们时所涉及的承诺程度。

第五章　审美共识与评价性同意

我们已经表明,判断的理论对解释来说是很重要的,不仅因为它能够区分可用于组织我们经验的各种意义语境,而且也因为它揭示了在主体给予意义要求的同意时如何需要得到他人的同意。正如我们将在本章看到的,在不同的诠释学语境中,同意的范围会有所不同。

通过反思性判断,同意不仅在认为某物为真的意义上是理论性的,而且也是评价性的。康德的反思性判断的主要范例是一种审美判断,在这种判断中,我们肯定了某物是美的。与对知识的理论同意不同,审美同意似乎是自由给予的,因为没有任何约束我们的决定性规则或规律。然而,有一种感受到的合法性感觉与审美判断有关,这种审美判断与他人的同意是完全相关的。当运用传统的标签"趣味判断"时,这就变得更加明显了。可以说,审美判断是关于鉴赏的,趣味判断是关于评价的。当我们说某人有很好的趣味时,我们便采用了一个规范性标准,但我们并不总是把一种好的标准应用于审美判断。尽管康德在总体上把"审美判断"和"趣味判断"等同起来①,但是,他允许经验性的审美判断不是普遍性的判断,同时坚持认为趣味判断必须是具有普遍性的。② 在下面

---

① *Critique of the Power of Judgment*,112;Ak 5:228.
② *Critique of the Power of Judgment*,108;Ak 5:223.

的分析中,我将表明后一种表达更具有确定性。

在某种程度上,一种审美判断体现了趣味,我们也可以把它与趣味的偏见以及其他的社会共识联系起来。我们的趣味包括一种评价性的评估,这对于解释一般的人类生命具有重要的意义。在这一章里,对康德著名的批判性界定的趣味考察,将被放在历史框架内来考虑,这种框架在他的一些其他著作中也涉及了。这让我们更好地理解,科学认识所需要的判断同意/共识与评价性解释所隐含的判断同意/共识之间的区别。

康德的审美共识层次

宣称一个对象是美的,并不是对某个对象做出一种单纯的描述性判断(Urteil),而是对它做出评价(Beurteilung)。③ 当我欣赏某物的美时,我发现它对我来说不仅是有效的,而且让我感到愉悦。它所引起的愉快不仅仅是一种私人的偏好。在第三《批判》第8节中,康德第一次尝试定义趣味判断时,他曾两次把它描述为gemeingültig,这个词可以翻译为"通常有效"或"一般有效"。在他第一次使用gemeingültig这个词时,他认为,这种判断是"公共的(publike)"。④ 这一点,再加上康德有时把趣味与共同感进行比较的事实,似乎有利于根据公共惯例把这个术语解释为"通常有效"。但是,他的第二个用法更明确地说明了个人情感在审美判断中的作用,并且这种情况允许一致性。在这种情况下,把 gemeingültig 翻译

---

③ 参见 *Critique of the Power of Judgment*, First Introduction, 15; Ak 20:211。
④ *Critique of the Power of Judgment*, 99; Ak 5:214.

成"一般有效"似乎更加贴切。在评估"审美判断"是否一般地有效时,康德只是把美与"愉快的情感"联系在一起,而没有参照任何"认识能力"。⑤ 审美判断的一般有效性是主观的,因为对经验的对象没有提出任何要求,除了它与人类情感有关之外——只有在我们对情感进行反思,并从情感的私人特性中抽象出来的情况下,它才具有主体间的有效性。

但是,康德从情感的一般有效性(Gemeingültigkeit)转向了一种普遍有效性(Allgemeingültigkeit),这种普遍有效性归因于一种以各种认识能力和谐为基础的趣味判断。在第9节里,这种和谐被更充分地表述为想象力与理解力的相互作用,或者对一种美的形式的反思性鉴赏。康德在寻求审美共识的过程中甚至更加深入,他通过超越情感的普遍有效性和认识和谐的普遍有效性,指向了一种包括每一个人都会一致同意(Jedermanns Beistimmung)的普遍性声音(Allgemine Stimme)。后者涉及表示一个共同体的单义性(Einstiming)。⑥ 把这些审美共识的变化性质结合起来,我们便可以描绘出一个顺序,从 1)通常的共同性,到 2)审美欣赏和判断的一般有效性,再到 3)趣味判断的普遍有效性,最后到 4)一个单义性的共同体。

为了更好地理解这种最初的共同性与最终的共同体之间的关系可能是什么样子的,我们需要考察康德有关共同感如何与涉及趣味的感情的可交流性相联系的一些讨论。在《判断力批判》第 20 和 21 节中,他开始追问这种共同感是什么,以及我们是否有充分的理由预先假定这样一种共同感。在下一节里,他写道:"我们

---

⑤ *Critique of the Power of Judgment*, 99; Ak 5:214.
⑥ 参见 *Critique of the Power of Judgment*, 101; Ak 5:216。

认为,在趣味判断中,这种普遍性同意的必然性是一种主观的必然性,即我们通过预设一种共同感(Gemesinnn)来表达的客观的必然性。"⑦如果我们可以假定,我们都拥有一种健全的共同感,正如一些经验主义者所认为的那样,那么,趣味判断就将以客观性的经验构成原则为基础。然而,康德认为,没有理由主张一种经验上的共同感是可靠的,因此,在第34节中,他承认一个客观性的趣味原则是不可能的。

在第40节中,康德继续断言,还有另一种可以称为趣味的共同感。那就是作为共同感觉(geminschatlicher Sinn)的共同感(sensus communis)。这种共同感是一种有待培养的可能性,而不是某种预先设定的东西。这不是一个基础性原则,而是我称之为反思性判断的定位原则。这种共同感不是天生具有的共同感觉,而是着眼于未来的共同体。因此,康德的审美判断不能通过黑格尔和狄尔泰诉诸的客观精神等一些预先存在的共同性来证明。相反,审美判断筹划一种有待于达成的反思性共识。有时,康德甚至援引一种理想的理性共同体,正如他所说的共同感是"一种判断的力量,在进行反思时,它会(先验地)考虑到别人的表现方式,在某种程度上可以说,这是为了使它的判断达到作为一个整体的人类理性。"⑧

鉴于这些对共同和通常的东西的反思,我们可以根据如下审美共识的层次对前面提出的四重顺序做进一步的具体说明:1)一种偶然分享的快乐,这是一些先前存在的共同性的产物;它是一种大众趣味的功能,并且受康德所谓的时尚的约束。2)一种一般有效的审

---

⑦ *Critique of the Power of Judgment*,123;Ak 5:239.
⑧ *Critique of the Power of Judgment*,173;Ak 5:293.

美判断,它在从我们的个人具体性中抽象出来的这个范围内是反思性的。3)一种普遍有效的趣味判断,它把审美情感与涉及一种协调(Zusammenstimmung)⑨的认识能力的和谐联系在一起,而这些协调适用于"我们人类本身(für uns [Menschen überhaupt])"⑩;这是康德审美筹划的核心问题。4)一种单义性的认可,它把人类之间这种可能的情感协调引向一个理想的理性共同体。它认为反思性定位的东西或与人类协调的事物就是这样的,并且实际上把它转化成了对总体一致性的一种先验性期望。我们可以把这种良好趣味的最终共识,与康德在《审美判断力批判》附录中描绘的东西联系起来,他说:"这是一种精神力量的文化……它以最高程度的完善为目的。"⑪这显然是一个调节性的理想,因此,它在"目的论判断的批判"第 83 节中被当作一种文化理论加以阐述。

第一种审美共识来自于地方性的共同性。它包括康德在《布隆伯格逻辑学》中所说的作为一种趣味偏见的东西。逻辑偏见模仿的是习俗,而趣味的审美偏见模仿的是时尚。康德警告说,"趣味完全被模仿破坏了,这是所有偏见的沃土源泉,因为一个人借用了一切东西,却根本没有想到一个人能够发明和创造自己的美。"⑫如果我们复制我们地方性生活环境中常见或流行的东西,那么,趣味就只是一种偏见,因为那时我们只模仿时尚的范例。尽管如此,我们将会看到,康德允许我们的背景为我们提供有用的偏见,这种有用的偏见可能会成为趣味的典范。

---

⑨ *Critique of the Power of Judgment*, 104; Ak 5:219.
⑩ *Critique of the Power of Judgment*, 327; Ak 5:462.
⑪ *Critique of the Power of Judgment*, 229; Ak 5:355.
⑫ *Lectures on Logic*, 136; Ak 24:173.

如果从传统中继承下来的偏见能够从过去开启当下所没有的可能性，那么它可能就是有用的。但是，直到我们对我们所吸收的偏见进行了反思，它们才能被批判性地利用，并与判断相关。于是，问题就变成了，一种特定文化背景下的偏见如何经得起对所有人都有效的趣味判断。

我们已经看到，初步判断如何通过引入一个为研究奠定基础的反思性时刻，从而悬置逻辑偏见。偏见的内容成了一个能够调节进一步研究的假设，并表现为一个临时的决定性判断。然而，一种纯粹的趣味判断以不同的方式改变了趣味的偏见；它是一种反思性判断，其目的不是为了某些进一步的决定性判断。它所反思的是一种偏见所接受的东西的形式，以便考虑它是否具有我们可以自由同意的可交流性的一般有效性，以及是否导致了我们期待同意的协调的普遍有效性。

我们可以通过考虑西方文化的一种共同偏见来说明这一点。我们的西方传统教会了我们欣赏那些装饰着希腊神庙的雕塑，因此，我们继承了对具有这种效果的趣味偏见。这种偏见可以按照更传统的方式根据它的内容进行检验，或者可以按照更具有康德味道的形式进行检验。通过检验它的内容，人们从历史上考察"米洛的维纳斯"是古典雕塑典范的说法，从而发现这么多代的人为什么都把它解读为在文化上具有重要意义的雕像。这种以内容为中心的经验，把偏见转化为一个需要进行证实的初步判断或调节性假设。还需要考虑的是，艺术史学家和批评家们多年来为它们的评价给出的理由，以及它们是否为最终决定什么是良好趣味的规则提供了基础。

但是，这种对趣味内容的解释性共识的智力探索，并不是康德在第三《批判》中提出的路线。在这部著作里,我们找到了一种不是通过调节性而是反思性地悬置审美偏见来检验的正式方式的基础。一种纯粹的趣味判断通过检验我们刚才提到的对雕像的反应,验证了米洛的维纳斯是美的这种审美偏见。如果它以一种能够为他人分享的方式激发情感,那么,我们就可以同意它所具有的一般有效性。如果它也激发了认识能力的和谐,那么,用康德的话来说,它就具有"一般认识"⑬的目的性,并且意味着这是一种规范性同意。这种默认的同意,能够把一个通过我们的文化遗产所接受的良好趣味的范例,转变为对任何人来说都是某种典范的东西。当出现这种情况的时候,相当有限的公共(publike)的共同性领域就被扩展到了更广阔的领域,康德把它与开放的"人类理性的公共(öffentliche)运用"联系起来。⑭ 这个开放的领域是一个自由的和没有限制的辩论属地,在那里,我们认真对待他人的观点,同时,也让我们自己的观点受到别人的审查。这是一个自主表达和未经审查的发表(Veröffentlichung)属地,在这里,我们的目标是达成共识,而不是对最终的单义性的认可。

反思性图式化和语境性重构

被简单模仿的范例只会对我们产生外部的决定性影响。然而,当一个范例接受反思性判断的比较评价时,它便可以成为典

---

⑬ *Critique of the Power of Judgment*,136;Ak 5:218.
⑭ Kant,"An Answer to the Question:'What is Enlightenment?,'"trans. H. B. Nisbet,*Political Writings*, ed. Hans Reiss(Cambridge:Cambridge University Press,1991),55;Ak 8:37.

范,并且还能发挥一种外部的指导作用,从而唤醒一种内部的资源。在典范中发现的指导并没有提供一些指导我们的确定性规则;相反,它帮助我们确定自己的方向。在康德关于空间性定位的描述中,我们也发现了外部和内部参照的类似协调,根据这种协调,我们通过参照太阳的外部位置和我们感知左右差异的内在能力来辨别我们在世界上的位置。⑮

虽然时尚的范例提供了有可能强迫给我们的确定性图像,但是,对于趣味来说,什么是典范,就像是一个不确定的模式,它让想象力在如何做出反应上变得更加灵活。在第三《批判》第35节中,康德指出,审美想象的"图式化不需要一个概念"⑯,但是,他并没有充分阐明这意味着什么。⑰ 第一《批判》的概念性图式化,使特殊的直观服从于理解的概念的想象力,不同于一种非概念的图式化,在这种非图式化中,想象作为一种更自由地发挥作用的能力,通过一个更一般的"包容原则"与理解能力有关。⑱ 只要审美想象不违背理解的一般规律性,它就可以在这两种能力之间发挥一种相互作用。它们的自由图式化相互作用被人们感觉到是有目的的,并且产生了康德在别的地方所说的两种能力之间的一种协调关系,而不是第一《批判》中那种想象力对理解力所具有的从属关系。⑲ 这种协调关系也可以追溯到康德在第9节中讨论的关于想象力和理解力的形式和谐,而这种形式的和谐是可以在所有人之

---

⑮ 参见 Kant, "What is Orientation in Thinking?," *Ak* 8:134。
⑯ *Critique of the Power of Judgment*, 167; *Ak* 5:287.
⑰ 在《判断力批判》第9节中,康德通过把主观的图式化与《纯粹理性批判》中的客观图式化进行对比,确实暗示了想象力与理解力之间的审美互动涉及一种主观的图式化。
⑱ *Critique of the Power of Judgment*, 167; *Ak* 5:287.
⑲ *Reflexionen zur Logik*, *Ak* 16:119.

间交流的。

在《纯粹理性批判》中,图式化是一个过程,不受时间影响的概念在这个过程中是从时间性的角度来阐述的,它使我们能够把各种各样的意义"解读"[20]为客观上具有意义的。因此,因果关系范畴的想象性图式预先描绘了现象客体所服从的那种受到规律约束的关系,从而使我们能够把自然事件解读为有意义的线性文本。我认为,在《判断力批判》里,想象是没有概念的图式化,其目的是为了描绘出可能的定位性语境,做出反思性评价。在这里,我们从事物的认识性文本意义转向了其语境性含义的解释。用诠释学术语来说,具有概念的图式化有一种意义赋予的任务,而没有概念的图式化则增加了一个更一般的意义共享功能,这种功能创造了一种主体间的人类语境。非概念性地把一个审美对象图式化,就是把我们的判断定位在对它做出恰当的反应上。

我们注意到,判断可以指涉对象,同时把它们语境化。决定性判断倾向于根据规律性领域来界定其主题事件。但是,当一种对趣味的反思性判断把非概念性的美的谓词或标志归因于一个对象时,它并不是在与认识或道德领域的必然性关系中来考虑,而是把它当作人类可以体验的事物的实际属地的一部分。[21] 作为反思性判断,审美判断可以追溯到"同一个属地",在这个属地上,理论理性和实践理性都有"两种不同的立法"。[22] 审美判断涉及的新的语境结构需要一种转变,即从把一个对象作为一个领域的一部分来

---

[20] *Reflexionen zur Logik*, Ak 16:119.
[21] 关于领域、属地、场域、栖居地和系统的语境的诠释学意义的更全面的讨论,参见第三章。
[22] *Critique of the Power of Judgment*, 62; Ak 5:175.

感知转向根据它的经验感受性来领悟。此外,康德指出,只有通过想象性的图式化,这种审美鉴赏的主观性领域才能被评价为一种主体间的人类趣味领域。在考察我所说的审美共识的第三层次时,这一层次与趣味的纯粹判断有关,康德写道:"赋予一种判断的审美普遍性必须是……一种特殊类型的普遍性,因为美的谓词并不与它在整个逻辑领域(Sphäre)中所考虑的**对象**的概念相联系,但是,它把谓词扩展到那些**进行判断的人的整个领域**。"㉓ 当我们把美赋予一个对象时,我们并不会赋予它另一种确定性的客观属性,比如颜色、大小或者形状。相反,美的谓词把一件艺术作品与能够评价它的人的领域联系起来。趣味的评价性判断需要一种从客观普遍性到主体间普遍性的语境性重构。

一种对趣味的纯粹或恰当的判断必须来自我们与他人的交流。我们从美的事物中获得的审美愉悦应该是一种能够交流的情感,而不是一种私人的感觉。因此,康德断言,把一种感受到审美愉悦的普遍可交流性,直接赋予"通过它的对象而被**给定**的表象"是自相矛盾的。㉔ 相反,"正是在这种给定的表象中,普遍性的精神状态的可交流性,作为趣味判断的主观条件,必须成为趣味判断的基础,并因此作为一个结果在这个对象中获得这种愉快。"㉕ 这里的不同之处在于,正在被判断的对象是如何被语境化的。被直接表现的对象是指我怎样受到影响的有限的栖居地,更确切地说,是指我自己的感官愉快。这种从美学上理解的对象,就是指可以

㉓ *Critique of the Power of Judgment*,100;Ak 5:215.
㉔ *Critique of the Power of Judgment*,102;Ak 5:217.
㉕ *Critique of the Power of Judgment*,102(斜体为本人所加,译文有修改);Ak 5:217。

为人类所共享的更大的属地，而我作为这个属地的一部分，随之而来的就是一种反思性的精神愉悦。

一种精神状态的可交流性是指，它的出现并不需要运用概念交换信息。被交流的内容不是对所判断的对象的确定性认识，而是从一个新的角度使进一步的判断性话语成为可能的认识倾向。这是因为，在恰当的趣味判断中，我与对象的关系是通过我的认识能力与其他人的认识能力的协调作用来调节的。只要我的想象力和理解力在理解对象上的相互作用也唤起了认识所需要的精神状态，康德认为，它在原则上就是普遍可交流的。并且，如果审美愉快是由这样一种可交流性引起的，那么，我并不是仅仅根据它对我的影响来判断这个对象，而是从与他人交流的态度来判断。我所感受到的愉快已经在审美上被图式化为一种可以分享的精神状态。这样一种针对那些进行判断的人的领域而进行的语境性重构，必须从反思性判断的角度来构想，而这种反思性判断从被直观到的特殊性转向了未知的普遍性。在《逻辑学讲义》[26]中，康德认为反思性判断可以通过归纳来寻求抽象的普遍性，也可以通过类比来构想那种能够协调成系统的一般普遍性。通过在特殊性中辨别出那些体现更丰富的人类语境的一般特征，审美或反思性图式化在经验特殊性的层面上便可以与这些概念性程序相匹配。

反思性图式化的诠释学意义在于表明，一种植根于地方性熟悉的栖居地中的偏见，如何通过把它重新定位在人类经验的领域，从而把它从偶然性中解脱出来的——在某种程度上可以说，它给了我

---

[26] *The Jäsche Logic*, Ak 9:132.

们一个更大的空间来获得我们的方位。㉗ 这种图式化的重新语境化模式提供了一个纪元（epoché），它悬置了对趣味的偏见，使我们能够从人类敏感性的一般视角来判断事物。拉斐尔或维米尔的一幅画，如果它给予人们的愉悦感能够在人与人之间进行交流的话，那么，我们就有理由以一种典范的方式把它称之为美的。对此的检验就是，愉快不是某种私人的感觉，而是涉及一种想象和理解的认识能力的形式和谐。使这样一种审美情感具有规范价值的东西就在于，它激发了这些认识能力的和谐，从而扩大了主体间意义丰富的范围。

典范与效仿

从意义阐释的方面来看图式化，我们可以区分两种模式：1)作为应用规则的普遍性概念意义的决定论阐释；2)对直观的特殊性意义的反思性阐释，这种直观特殊性在反思性阐释中定位了一些有意义或有价值的东西，而这些东西可以与更一般的语境有关。为了理解人类世界，第二种反思性的、图式化模式能够从一个更广阔的属地视角来重新评估地方性接受的观点。从美学上看，反思性图式化可以利用地方性文化语境中令人愉快的范例来辨别其中是否有任何一种典范性的范例，并且可以使之与整个人类领域相关。但是，它也可以导致对来自遥远或不熟悉的语境的美的开放

㉗ 这种延伸到我自己栖居地之外的可交流性与罗伊斯从解释中所期望的东西并没有什么不同。但是对于罗伊斯来说，这种延伸涉及把认识内容从一个标准的语境转换成另一个标准的语境，而对于康德来说，它涉及将自己转换成一个更广泛的语境，以开启一个关于事物的人文主义视角。

性。尽管良好的趣味必须从内部来验证,但是,对趣味来说,典范的东西可能会涉及外部的因素,例如,历史上的先例以及来自其他传统的模式。康德明确认为,我们应该考虑到别人是如何判断的——如果只是从他们的错误中学习的话。他写道:"如果每一个主体总是从大自然给予他的原始脾性开始,如果他之前的其他人没有失败过,那么,他的许多尝试都会失败。"㉘ 因此,趣味的发展是根据作为一个整体的人类物种来定义的。

这种被扩大了的诠释学语境,从一开始就把趣味的问题定位在一个共同的领域,并且允许我们看到既有来自内部也有来自外部的规范性力量。因此,这并不足以说,对某种美的事物会采取"一种规范性态度",即首先要判断我自己的"精神活动是否适当",然后"认为每个人都应该按照我这样判断的相同方式来判断它"。㉙ 这样一种把我的同意与他人的同意联系起来的方式确立了一种单方面的依赖性,这种依赖性无法对审美图式化的可交流性所涉及的相互参与做出公正的判断。㉚ 可以肯定的是,当我达到审美共识的第三阶段时,我的同意便导致了对人类本身同意的期待。但是,正如康德所承认的那样,我们必须考虑从传统继承下来的东西所具有的力量,因此,我们不能排除个人的赞同已经包含了对被普遍接受的一些趣味标准的默许。

㉘ *Critique of the Power of Judgment*, 163; Ak 5: 283.
㉙ 这就是汉娜·金斯伯格在她的文章中描述的趣味的规范性,参见"Thinking the Particular as Contained under the Universal," *Aesthetics and Cognition in Kant's Critical Philosophy*, ed. Rebecca Kukla (Cambridge: Cambridge University Press, 2006), 58 – 59。
㉚ 汉娜·阿伦特也指出了通过判断力与他人交往的能力的重要性,她写道,"不愿意或无能通过判断与他人建立联系"是一种可耻的行为,也是"邪恶的平庸"的根源。参见 Arendt, *Responsibility and Judgment*, ed. Jerome Kohn (New York: Schocken Books, 2003), 146。

当判断同意植根于前判断的同意时,先例就可能会产生危及个人同意之自由的决定性影响。然而,对先例的思考并不意味着会丧失个人的自主权。通过区分效仿(Nachfolge)和模仿(Nachahmung),康德提出了这样一种非强制性的历史影响。他写道:

> 对先例的效仿,而不是模仿,是对一个典范作家的作品可能对其他人产生影响的一个恰当的措辞;并且这意味着,仅仅是从前人自己借鉴相同资源中汲取相同的东西,只是从他身上学习如何做到这一点。㉛

效仿不是复制一个标准,而是辨别出使标准成为规范性的东西。把一个先例当作典范,并不是把它作为一个决定性的基础而求助于它,而是通过它简单地把自己定位为潜在的有价值的或者值得承诺的先例。㉜ 这类似于在道德领域中为所谓的"反思性认可"的东西腾出了空间。㉝ 对反思性先例的效仿把审美判断重新定位到作为一种新的意义语境的规范性同意的领域。

对典范的效仿需要我们考虑审美判断的规范性语境。在《判

㉛ *Critique of the Power of Judgment*,164(译文有修改);*Ak* 5:283。
㉜ 问题是先例对判断主体增加了什么样的约束?虽然康德在反思性评估中考虑到了其他人的要求,但是,我认为,他不准备承认罗伯特·布兰登的双重评分方法对我们的规范性承诺具有充分的重要性。因为布兰登认为我们嵌入在社会和语言实践之中,他声称一个人认可的规范性承诺涉及只有另一个记分员才能认识到的推论性结果。因此,总会有一个"我—你(I-Thou)"的鸿沟,在布兰登看来,这种鸿沟使任何一个我们一视角(we-perspective)变得可疑。但是,康德在审美判断中所针对的我们一视角,并不是一个有着不可改造的解决方案并且"享有全球特权"的共同体的视角。Robert Brandom,*Making It Explicit:Reasoning,Representing and Discursive Commitment*(Cambridge,MA:Harvard University Press,1994),599。
㉝ 参见 Christine Korsgaard,"Reflective Endorsement," in *The Sources of Normativity*,ed. Onora O'Neill(New York:Cambridge University Press,1996),49-89。

断力批判》第 17 节里,康德在讨论美的"形式观念"与美的规范性理想之间的关系时探讨了这个问题的一些方面。这个经常被人们忽视的章节考察了关于人的美的标准观念,而这些观念最初以地方性的熟悉程度为基础,并且对于欧洲人、非洲人和亚洲人来说通常是不同的。㉞ 虽然我们对人的脸和身材的正常比例的感知来自过去的经验,但是,由此得出的经验平均值却并没有为想象力把人的美的标准观念图式化提供决定性规则。康德把这种标准观念看作是美的理想的第一个组成部分,美的理想的第二个组成部分是人类的目的的理性观念。作为美的理想的一部分,人们期望我们塑造关于人类的美的标准观念,它针对的是"整个人类形象,而这种形象处于个人所具有的独特性与多样性变化的直觉之间的不稳定状态中"。㉟ 最初是一种区域性的美的原型,但是,由于它接近一个普遍性的原型而成为了人类之美的标准观念。只有与人类之美的原型相关,正常值才作为平均值被假定为标准值。但是,想象力不能达到"整个原型"㊱,并且只能提供一个"正确性"㊲的典范模式,然后,在美的理想中把它与人类的理性目的联系起来。这种美的观念允许间接的"道德表达"。㊳

类型化和意义的直观呈现

康德进而把美与道德领域联系起来的做法表明,审美游戏的

㉞ *Critique of the Power of Judgment*,119;Ak 5:234.
㉟ *Critique of the Power of Judgment*,119;Ak 5:234.
㊱ *Critique of the Power of Judgment*,119;Ak 5:235.
㊲ *Critique of the Power of Judgment*,120;Ak 5:235.
㊳ *Critique of the Power of Judgment*,120;Ak 5:235.

反思性图式化是没有目的的合目的性游戏,它最终必须考虑到体现艺术家创造性作品的特征的目的。尤其是对于文学作品的表达所激发出来的思想和情感意义。诗意的想象往往会唤起更丰富的思想,而不是"在一个确定性概念中能够被理解的东西"。㊴ 这种思想的过剩产生了"审美观念"㊵,它具有比我们所知道的更多的象征能力。我们看到,象征化有助于在解释经验所需要的各种语境之间建立起关系。康德把美称为一种道德的象征,从而允许审美观念间接地把自然与自由的"领域"联系起来。宁静之美的象征性意象,可以暗示道德思想留下的抽象的人类美德特征。象征主义是意义呈现(Darstellung)的一种形式,它给予语言表现(Vorstellung)一个准直观的或者想象性的维度。

第三章表明,我们可以用三种方式把意义直观地呈现出来:通过决定性的图式化、数学性的论证和想象性的象征。现在,允许在其恰当的语境中呈现特殊性的反思性图式化,我们可以把它当作一种想象性象征化的类似物插入到这个顺序之中。通过将反思性图式化与象征性图式化联系起来,我们便可以把审美典范的规范性考虑应用于人文科学的意义典范化的任务中。

在康德对美是一种道德的象征的讨论中,他给意义的直观呈现引入了"生动叙述(hypotyposis)"这个具有涵盖性的术语。一个近型(hypotype)表明了体现认识性假设特征的开放性。正如一个假设还不是一种完全成形的理论一样,因此,一个近型也不具有一种完全例证化的意义。一个生动叙事的初步性质会在近型的期待性质中找到它的对应物。生动叙述的过程与通过一种想象类型

㊴ *Critique of the Power of Judgment*, 193; Ak 5:315.
㊵ *Critique of the Power of Judgment*, 193; Ak 5:315.

直观地表现一个概念或观念的意义有关,这种想象类型在意义被实际上例证化之前就预先描述了一系列特殊性。生动叙述包括一系列的操作,可以用来描述典型情境和表现性个性的解释性语境。

对生动叙述的这一宽泛描述,为狄尔泰在描述历史时代时使用的真正的或典范化类型,以及马克斯·韦伯在社会学中提出的理想类型或典范类型奠定了基础。就像莱辛那样,狄尔泰求助于典型性,把注意力集中在真正的人类存在上,举例说明德国启蒙运动与法国启蒙运动的区别,即对宗教信仰的宽容,而不是对宗教本身的排斥。尽管并不指望任何一个实际的人都能够体现韦伯的新教资本家的理想类型,但是,它却指出了一个历史性情境的特征,这种情境表明可能具有帮助说明某些结果的倾向。

当与康德的判断理论提出的直观意义呈现的某些模式相一致时,我们就可以认为生动叙述包括:(1)决定性的范畴图式为认识和了解世界提供了想象性原型;(2)证明为数学建构产生了直观性原型;(3)反思性图式为评价人类对世界的反应筹划了典范性的语境类型;(4)象征为协调解释所涉及的各种语境制作了相反类型。康德将决定性图式化和数学证明应用于自然的科学认识,而反思性图式化和想象性象征化则可以协调那些与解释历史世界相关的各种语境。

为了想象性地具体说明反思性判断对人类生活评价的语境化功能,我们已经引入了反思性图式。反思性图式化的示范作用,就是为了澄清人类活动中相互交叉的不同的客观语境,它原则上可以补充第三章具体阐述的六种解释性语境。最后,我们将看到,反思性图式化如何可以帮助我们在与历史解释相关的主体间规范性领域中确定方向。象征性呈现被认为是在各种解释性语境中具体化形式关系的想象性过程。我们认为象征产生反类型,也就是承认康德把象征化说成是一个 Gegenbildung 的过程,其字面意思是"反一构成"。㊶ 一个象征不能为任何一个单独的抽象概念创造一个直接的直观对应物,但是,它却可以为几个观念之间的关系形成一个间接的想象性反类型。作为象征化的反构成(Gegenbildung),包含一个协调来自不同语境的反类型的过程,这样,它们就能够互相阐明。㊷ 康德把重点放在诗歌意象能够激发我们的道德敏感性的方式上,但原则上,反类型可以用来具体说明任何一个历史生命领域之间的关系。

由于把审美判断看作是一种解释的方式,我们已经扩大了对意义的认识探索,不仅考虑到了真理的要求,而且考虑到了反思性评价的典范作用。对趣味的反思性判断并不会增加我们对世界的决定性知识,但是,它可以具有认识意义。审美判断具有一种规范性的有效性,这是因为它通过探索人们感受到的各种认识能力的和谐所具有的交流价值,能够间接地促进人类的理解。我们已经证明,人类主体之间的交流,要求具有超越他们自己的栖居地把语境图式化的能力,我们所能做的不仅仅是在无利害的观众之间寻求共识。事实上,为了使反思性判断具有更一般的解释能力,需要用这种扩展的图式化模式去理解其他的民族和文化。即使在它们的一些价值观被证明是不可调和的时候,也可能有一些把它们重新语境化的方法,这样,我们就至少能够理解是如何使它们变得相

㊶ 关于康德使用的恰当语境,参见 Makkreel, *Imagination and Interpretation in Kant*, 13 – 15, 19, 123。

㊷ Gegenbildung 是康德所区分的众多 Einbildung 或想象的变体之一。我们的形象形成能力(Bildungsvermögen)的其他形式是 Abbildung, Nachbildung, Vorbildung 和 Ausbildung。参见 *Imagination and Interpretation in Kant*, chapter 1。

互交叉的。人文科学的诠释学任务,就是让我们重新把我们自己的生命经验和生命—知识重新语境化,从而找到关怀他人的途径,即便他们处在我们所继承的共同性的范围之外,而且在我们也不能轻易地让他们参与到一种协商一致的对话中的时候,也是如此。

因此,对于诠释学的目的而言,我们可以说,"从本质上的特殊性上升到普遍性的……判断性反思力量"㊸,不仅包括寻求新的概念,而且包括描绘出更加恰当的语境。在考虑到给定事物的现有语境与其他可能语境的关系时,反思性的判断就是解释性的判断。因此,康德所谓的"没有概念的图式化"便可以更简单地称之为"反思性图式化"。

*

我们认为,在解释生命—知识的要求时,自然科学和人文科学的认识结果是不可以被忽视的。但是,在转向反思性知识所需要的更为完整的框架时,同样重要的是要纳入艺术和人类创造性所开启的评价性考虑。存在于日常生活中的生命—知识与反思性知识之间的东西,不仅是科学认识的领域和体系,而且也是我们在反思审美交流性时已经考虑到了的规范性参照范围。反思性图式对于提出可能的语境性重构是很重要的,由此,一种人类的视角在原则上就至少可以考虑到其他的方面。

每当我们对现实做出解释性判断时,我们有必要为定位确定

㊸ *Critique of the Power of Judgment*, 67; Ak 5:180.

一个参照的语境或框架。在这个语境被同化为生命—知识的情况下,它就成为一种包括了偏见和习俗的传承共同性。诠释学的任务就是把这种被同化的生命—知识与科学上可以获得的关于客观世界的普遍有效的认识联系起来。如果在定义明确的领域和系统中寻找可能的规律性和结构性规则会影响我们对生命的理解,那么就需要协调相当不同的背景。对于最终作为反思性知识被占有的东西,我们将会考虑那些更加开放的公共领域,在那里,规范性问题可以得到人们的关注。

对自然的认识需要空间和时间的形式美学条件,也需要描述科学系统的推论性条件,而对历史的反思性知识则需要对我们如何被置身于地方性栖居地,以及整个人类世界属地中有一种更具体的认识。与科学的纯粹认识要求不同,反思性知识的要求并不会把它从主体的生活情境中抽象出来。如果在某种程度上可能存在对历史的反思性知识,那么,就需要根据对世界的个体评估来具体阐明系统的理性愿望。但是,这样的个体视角至少可以根据审美经验模式进行主体间的建构。

虽然康德把普遍性的统一认识理想扩展到了趣味判断上,但是,我们已经将审美典范性的效仿定位在了一个不那么同质的世俗领域里。如果人类世界的属地要包含世界主义观点中所隐含的多样性,那么,艺术作品似乎为吸引由多种传统构成的普通大众提供了一种重要的资源。艺术的可交流性就在于它们能够使我们自己抽身出来,并超越我们自己的语境。然而,我们既不能指望它们达成一种伽达默尔式的对话的一致性,也不能指望它们达成一种罗伊斯式的全面视野,同样不能指望达成一个理想共同体的单义性认可。从美学上看,康德所希望的良好趣味的单义性(Einstimmung)

必须被缩小到艺术家和思想家的表现性声音(Stimmen),而这些艺术家和思想家力图把一些整体的观点集中起来。伟大的艺术家通过把我们的注意力集中在一些影响深远的典型问题上,能实现一种可以洞察广泛的人类主题的独特风格。对艺术的解释告诉我们,在处理一个主题时,尽管会存在风格上和文化上的差异,但是,它在某种程度产生可交流性和语境顺应性也是有可能的。㊹

㊹ 关于当前艺术场景的复杂性的考虑,参见第九章以及关于媒介艺术语境的讨论。

第六章 有效性、合法性和历史属性

我们已经考察过解释的语境性意义—条件,试图使诠释学尽可能地向世界开放并接受世界。并且,在寻求人类同意的过程中探索什么是典范的时候,我们不仅仅把审美意识描述为一个感觉、情感和愉快的领域。审美意识不仅是一种内在导向的意识模式,而且具有内在的可交流性和社会参与能力。审美的规范性价值是通过感觉和情感的接受性和判断的反应性而获得的。我们已经把判断理论扩展为海德格尔的前理解和伽达默尔的偏见的对应性观点,它不仅包括决定性判断和反思性判断,而且也包括初步判断,因此,我们便可以站在这样一个立场上考虑对历史生命中的规范性合法条件的诠释学方法。

知识与合法性

人们发现,在康德和狄尔泰那里隐含的认识与知识之间的区别,可以根据反思性知识的规范性做出进一步阐述。知道(knowing)不仅仅是一种认识立场;因为它还涉及一种规范性承诺,因此它超越了认识。从诠释学的角度出发,重要的是预先确定什么是能够用定位性和学科性方式来认识的反思性边界。但是,在人类经验中也存在着推论性的界限,用更具有康德意味的话来说,这些界限一方面可以区别于超验性的认识条件,另一方面也可以区别于反思性知识的规范性理想。

把一个概念看作超验性的,就是赋予它优先于其他概念的地位,把它作为在世界上寻找意义的不可或缺的必要条件。在假设一个单一的自然研究框架的前提下,这些关于优先化概念的问题所针对的是普遍性范畴。对于诠释学方法,不仅需要在具体的研究语境中确定优先事项,而且还需要在它们之间以及代表它们的学科之间确定优先事项。自然科学往往比人文科学更具层级性。既然在自然科学中规律具有更大的主导作用,那么,在自然科学中区分依赖性的程度就比在人文科学中容易得多。但是,即使对于在诠释学上相互依赖的历史知识学科,也总是可以提出这样一个问题,即认识的形式或内容是否应该给予优先的考虑。

像狄尔泰那样强调结构性规律在历史生命中的重要性的人,仍然倾向于考虑形式的优先性,但是,他们在力图这样做的时候,并没有把形式与内容明显地分离开来。在提到我们的"结构性关系的知识(Wissen)"的独特之处时,狄尔泰写道:"它们是客观性哲学必须回归的所谓先验。"① 因此,在考虑使生命结构关系的这种认识合法化的东西是什么的时候,他指出,简单地求助于自我观察的精神状况是不够的。他的《历史理性批判》需要从"给定的知识"回归到"规律性的内在关系",而这种关系可以在"语言、对他人的理解、诗人或历史学家的文学表达"中找到。② 这标志着一种转变,即从有关验证认识的意义—条件的预期性的超验性分析转向

---

① Dilthey,*GS*,XXIV,161.
② *GS*,XXIV,161.

关于使历史知识来源合法化的回归性的超验性反思。

狄尔泰发现,不仅有必要把纯粹的认识或智力条件整合到人类意识的更广泛的情感和意志方面,而且有必要把它整合到支配我们生命的社会文化框架之中。人类经验的精神条件必须辅之以交流性的文化条件。他认为,对我们理解历史生命具有约束力的基本结构关系,既是理解它的形式条件,又是理解它的内容来源。为了说明历史经验的这些约束性特征,在1895—1896年关于个性的文章中,狄尔泰特别求助于"超验性反思"。③ 康德曾经用超验性反思来区分一个表象究竟来自精神还是来自情感,并把我们定位于内在—外部和形式—物质的区别上。这使他能够将精神与内在和形式的条件相结合,并且把感性与外在的和物质的条件联系起来。然而,狄尔泰转向了超验性反思,他认为这种内与外的区分并不详尽。有些体验并非简单是内在的或者外在的体验。狄尔泰没有像我们前面论述的那样,用超验性反思决定一个表象是具有内在的意义,还是具有外在的参照,而是把超验性反思转向这样一个问题,即一些外在的事物为何仍然可以被认为对我们具有内在的意义。这涉及第三种为"精神—文化事实"④创造空间的体验。在一定的条件下,一些外部经验所感知的自然对象也可以被感知为揭示人类主体和行为的构成性影响。

狄尔泰把这第三种体验,或者说这种统觉性体验称为"超验的"⑤,因为它给我们的生命—语境(life-context)赋予了一种精神

---

③ Dilthey, "Contributions to the Study of Individuality," in *Understanding the Human World*, *Selected Works* (*SW*), vol. 2, ed. Rudolf A. Makkreel and Frithjof Rodi (Princeton, NJ: Princeton University Press, 2010), 216.
④ "Contributions to the Study of Individuality," 217.
⑤ "Contributions to the Study of Individuality," 217.

意义。但是，既然认为经验的超验性条件本身能够被体验是成问题的，那么，我就把它称之为一种"反思性经验"。⑥ 描述"精神—文化事实"的这种超验性或反思性方法，在伴随着我们成长而被同化为生命—知识的东西中找到了它的经验对应物。在这一更基本的层面上，我们并不需要假设一种包含先验预期的反思性经验，只需要指出一种更常见的同化经验，这种经验借鉴了先验的或预先给定的来源。一种同化的经验就像关于其他事物的外在经验，就像是同意我认同的事物时的内在体验。然而，它不仅仅是一种内在的或外在的体验，它也同意一种预先给定的事物意义。外在的经验承认事物在本质上是独立存在的。一种同化的经验承认，事物是从我们参与的先前存在的意义语境中获得它们的意义的。在这里，第三章的命题——解释性判断通过把事物放在一个语境中来定义——和第四章和第五章涉及我们的赞成/同意判断的主旨，两者都是根据前反思性或自反性的方法预先设定的。

一种同化的经验可以为狄尔泰所说的"精神—文化事实"创造空间，因为它将我们置于一个预先给定的共享语境中。这种语境化的经验在空间性、世俗性意义上是定位性的，同时在历史意义上是接受性的。因此，我们必须重新考虑与自然有关的传统的内外区分，因为我们是历史世界的一部分。同样，形式—物质的区分也必须被重新理解为是从更具有包容性的生命—结构中抽象出来的。

同化的经验是语境化的这个论点，能够用来支持狄尔泰的主张，即对世界现实的信仰并不需要对超验性的东西进行推理。有了这一主张，狄尔泰便使他自己与新康德主义者海因里希·李凯

---

⑥ Makkreel, *Dilthey, Philosopher of the Human Studies*, 223.

尔特拉开了距离,李凯尔特认为,对世界的理论认识(Erkennen)在每一步都是对真理的超验价值的观念性认可(Anerkennen)。⑦相比之下,对狄尔泰来说,对世界的独立现实的任何认可,都必须以什么是真实的直接意义为基础才能得到阐释。它需要克服认识论上的偏见,即意识具有内在的现象性、表现性,并与世界相分离。即使当意识指向所谓的现象客体时,它也拥有自己的实在性,并且作为一种"自反性意识"(通常是 Innewerden,有时是 Inne-Sein)呈现给自身。⑧ 尽管它们与这两个德文术语有内在的或密切的联系,但是,它们并不能与内在体验相混淆。我已经将 Innewerden 翻译成"自反性意识",以表示一种具有预先反思性的意识本身(Inne-Sein)的存在,无论它指向内在体验还是外在经验。按照狄尔泰的看法,自反性意识"并不把一个内容置于意识主体之上(它并没有重新呈现它);毋宁说,从自反性意识中呈现出来的内容没有任何区分。构成其内容的东西与在其中发生的行为没有任何区别"。⑨ 自反性意识原本是一种前表现性意识,但是,它也可以进入表现性意识的状态。正如康德所说,"我思必须能够伴随我的所有表象"⑩,自反性意识可能伴随着任何世俗性的意识内容,不管它是不是具有表现性。它涉及一种隐含的自我给予性,而这种自我给予性先于一种明显的或反思性的自我感觉。在对一个自我进行任何内省性观察之前,这种感受到的反思性意识的自我给予性是存在的。狄尔泰这样写道:

⑦ GS,XXIV,297.
⑧ GS,VII,27;SW 3,48.
⑨ *Introduction to the Human Sciences*,SW 1,253-254.
⑩ *Critique of Pure Reason*,B131.

如果我们所谓的"观察"就是把注意力集中在呈现于我面前的某个东西……那么就不可能是没有自反性意识或其对内容的观察。专注于自反性意识只会在与努力相关的意识程度上产生一种强化。这种在自反性意识领域的强化……是精神生活能够在其中出现的最简单的形式。[11]

埃德蒙德·胡塞尔用意向性来定义意识。意识始终是对某物的意识。但是,正如我们已经看到的,判断不只是对对象的判断,而且也是关于它们的语境的判断,更普遍地说,用一种定位的相关性来描述意识似乎是合适的。这种意识的相关性可以指向内在或不存在的事物。相比之下,自反性意识是意识的存在本身,并随着时间的推移构成了意识的真正连贯性。这种连贯性可以被表达为认识、情感和意志结构,每一种结构都提供了与事物的独特关联。但是,狄尔泰警告说,无论我们多么地想关注其中的一个结构,我们都不应该忽视我们的整体精神状态。因此,认识关系都不应该完全孤立于情感和意志结构。没有某种好奇的兴趣,认识是不可能的,这是情感的一种功能;没有关注,认识也不可能产生确定性的结果,这是意志的一种功能。

贯穿意识过程的连贯性的自反性意识包括世俗内容,但是,在充分的自我意识没有发展之前,后者不会被明确地承认它属于一个外部世界。在此基础上,我们可以论证,自反性意识和同化经验与被区分为内外体验的东西相比更加原始。逐渐地,在意识中给予的作为相互联系的东西经历了分化。狄尔泰通过把音乐欣赏的

---

[11] *Introduction to the Human Sciences*, 254.

体验描述为一系列"倾听和享受音调"的过程来说明这一点,在这一过程中,获得愉快成为了自我的一个组成部分,同时被听到的音调"也成为了外部世界的一个组成部分,它作为一种独特的东西面对着倾听它的主体"。⑫ 在一系列音调中自反性地获得的愉快可以作为一个最初的参照点,这种感知把它们呈现为钢琴发出来的声音,而对它们的更具有反思性的呈现则来自于贝多芬奏鸣曲的一个乐句。

传统的认识论者试图用表现性的术语来解释我们对客体和其他主体的独特性理解。但是,除了在假设性的、推论性的术语中,意识表现出来的东西永远无法超越自身。狄尔泰寻求的是一种非推理性的进入世界的途径,他发现它存在于意志的联系而不是认识的联系中。在"我们对外部世界现实的信仰的起源及其正当性"一文中,他写道:"一方面是对一种意志冲动的意识和对意图的意识,另一方面是对被限制的意图的意识,即两种意志状态,构成了抵触的体验核心,从而构成了客体的现实。"⑬在这里,我们有一种对意志的自反性意识,那就是它已经在自身上遇到了抵触。

我们可以根据康德对限度和界限的区分来进行这一分析。⑭当自反性地感受到了对我们的努力的抵触时,意志会感觉到一种减弱。但是,直到这种抵触的经验被反思性地认为是对意志的限制或约束的时候,一种不同于自我的对世界的意识才会产生。这构成了对实际的抵触感的一种转变,或者转变为一种约束性限度,或者转变为一种约束的必然性限制。我们可以用这种转变来完善

---

⑫ *Introduction to the Human Sciences*, SW 1, 255.
⑬ Dilthey, "The Origin of Our Belief in the Reality of the External World and Its Justification," in *Understanding the Human World*, SW 2, 21.
⑭ 参见第三章。

狄尔泰关于我们如何在意识上区分对自我的体验和对世界的体验的论点。在认识到一种有限制的限度的基础上，可以在意识上把一种对自我的内在体验和对自然世界的外在体验区分开来。然而，对一种约束的界限的认识却把我们与世界联系在一起，不仅是作为与我们不同的东西或者从外部偶然强加给我们的东西，而且作为一个预先给予的、包含着对我们产生影响的语境。在某种程度上，对我们产生的这种影响决定了我们的行为，但它仅仅是在继承的共同性层面上，也就是康德所说的地方性的公共偏见上。但是，如果我们更加中立地把这个语境看作一个共识的定位性属地，例如培养人类的趣味的问题，那么，就可以呈现出一种规范性地位，为康德所说的更广泛的公开辩论的公共领域创造空间，也为狄尔泰所提到的通过超验性反思体验能够进入文化—精神事实的领域创造空间。

虽然反思性意识是对世界的概念认识的必要条件，但是，面对这个世界也需要一种回到反思性意识的参照。康德认为，空间定位植根于一种身体感觉，当我们在我们周围感知到的物体之间的移动并作用于这些物体时，这种身体感觉就会做出左右之间的区分。在这个范围内，我们可以说，诠释学的定位要求有能力协调反思性意识与我们所能体验到的成为我们一部分的各种反思性语境。在我们进一步完善内部和外部经验之间的对比时，从诠释学的角度看，把经验语境化的定位方式是有帮助的。

传统上对内外经验之间的区分具有一种初步的合理性，但它不容易被界定或保持。对我的精神状态的意识，我对自己的感觉以及我对自己处境的态度，都很明显是内在体验的例子。感知到的物体，比如我在路上感知到的岩石和树木，往往都被视为外部经验。但是,如果我记得在花园里种了一棵树,想想它给我带来了多少舒适的树荫,那么对一些外部物体的感知,也就能成为我内心的体验。因此,我把它看作是属于我生命史中的一件珍贵的东西。教堂里的一座雕像是感性物体的另一个例子,它可能不仅仅是一种外部经验。但是,在这种情况下,它为我们所说的一种同化经验提供了基础。同化经验承认一个外部客体所具有的价值或意义并不是来自一个人自己的生活,而是来自一个人所认同的预先给定的公共语境。如果这座雕像是来自过去的受人尊敬的一个人物的塑像,表现了赋予人类生命以尊严的美德,那么,它就会产生一种把内心感觉定位于外部事物的理解。

这个同化经验的例子,可以与狄尔泰的客观精神的概念有关,而这种客观精神就是所有初步理解所继承的共同语境。在这个语境下,内在的东西主要不是精神上的或心理上的。在孩子们学会说话之前,他们已经完全沉浸于共同性的媒介中了。孩子们学会理解手势和面部表情、动作和感叹词、单词和句子,仅仅是因为他们不断地以相同的方式接触到它们,并且与它们的意思和表达有着相同的关系。这就是个体在客观精神世界中的定位方式。[15] 因此,感知和意义的内在本质,在它定位于内省的洞察之前,就已经植根于语境的洗礼之中了。初步的理解是由地方性共同体的规范性权威来定位的,它包含了基于习俗、惯例或偏见而被认为理所当然的东西。

为了获得更高的理解,人文科学引入了更具有差异化的普遍

---

[15] Dilthey, "The Understanding of Other Persons and Their Manifestations of Life," in *The Formation of the Historical World*, SW 3, 229–230. 语言是客观精神的核心构成部分,当海德格尔、伽达默尔等思想家认为语言定义了我们在世界中的存在时,语言就成了它们的替身。

性环境。但是,通过从共同性转向普遍性,不同的人文科学往往暴露出需要得到解决的相互冲突的规范。面对这个问题,我们还需要一个反思性的历史视角来评估生命—知识和概念性认识的总体结果。如果要产生一种批判性的解释,由此而产生的反思性知识就必须是有判决权的。在这里,我们需要从判断(urteilen)和评价(beurteilen)的过程转向一种决定性评估(Bewertung)。

在判断他的纯粹理性的矛盾时,康德认为,当公共纠纷(Streithandel)中的当事人不能解决他们之间的分歧时,就可能需要一位外面的法官(Richter)[16]做出合理的判决。这样一种自上而下的解决方法所提出的问题是,一个以生命为基础的过程,是否能够解决从生命—知识的常识到对意义的认识阐释,再到对反思性知识评估的过程中所产生的紧张关系。对于确定反思性知识是否能够提供批判性的理解来说,这个问题很重要。诠释学循环的意义就在于,只有从生命—知识出发,考虑到整个过程,才符合反思性知识的合法性。但是,这仍然给我们留下了一个问题:即反思性知识本身是否能够判决初级和高级的理解模式中所产生的冲突,或者说,是否需要一个类似于法官的独立的合法化来源。

诠释学与评判

一个主张独立合法性来源的当代声音就是于尔根·哈贝马斯的声音。在《事实与规范:对法律与民主话语理论的贡献》一书中,

---

[16] *Critique of Pure Reason*, A529 – 530/B558 – 559.

他对规范与价值进行了鲜明的区分。从他的法律话语理论中衍生出来的规范被视为义务论规范或绝对论规范,而价值则被定义为目的论价值或与人类利益相关的价值。一方面,"行为规范要求受话人平等地、无一例外地满足普遍化的行为期待",而另一方面,"价值应该被理解为主体间共享的优先事项。"⑰ 按照哈贝马斯的说法,有一种对规范具有重要性的"应然性",这些规范把它们与价值区分开来。规范具有普遍的约束力,而价值则体现了对有待实现的善行的局部性偏好。

哈贝马斯认为,法律传统的诠释学同化涉及一种价值法理学的形式,而这种价值法理学不能正确地判决规范性问题。他所指的是新亚里士多德式的法律诠释学方法,这种方法得到了伽达默尔的追随者,特别是迈克尔·J.佩里的拥护。他们把宪法的本义应用于具有不同价值利益的新的历史语境的目的,因为把权利降低为能够被衡量的善行而受到了批评。因此,哈贝马斯警告说,"在任何个别情况下,权利一旦被转移到了善行和价值中,每个人都必须在同一层次上与其他人竞争优先权。"⑱ 他认为,这种规范性问题的诠释学方法最终会把义务规范降低到相对价值的层面,他得出结论说,由此产生的"价值法理学"在它未能得到解决的情况下"提出了合法化问题"。⑲

然而,诠释学的方法不一定会导致规范性原则被降低为一系列相互竞争的利益和价值。哈贝马斯的批判建立在他的假设之

---

⑰ Jürgen Habermas, *Between Facts and Norms: Contributions to a Discourse Theory of Law and Democracy*(Cambridge, MA: MIT Press, 1996), 255.
⑱ *Between Facts and Norms*, 259.
⑲ *Between Facts and Norms*, 258.

上，即具有普遍约束力的规范和仅仅是优先和暂时的价值之间存在着严格的对立。我们不是从一般的理想话语条件中衍生出所有的规范，并让它们悬浮在历史所发生的事情之上，我们还将考虑规范与引导历史互动的客观系统，以及构成我们理解的主体间领域的关系。规范不应该仅仅根据一种传统的自上而下的毫无例外的支配一个领域的规律模式来构想。价值观也不应被视为来自竞争性的偶然栖居地的一场彻底（from-the-ground-up）较量的产物。从本质上说，价值观是规范性的，因为我们做出的价值判断清楚地表达了我们所承认或遵循的标准。

一种反思性的诠释学方法将置身于历史生活中发挥作用的各种语境之中，置身于对这些语境中的价值观的评判之中。我们对审美范例的扩展讨论已经表明，最初的地方性价值承诺是如何得到反思性提炼并在更大范围里得到验证的。康德的审美典范性使我们从区域性的正常观念转向了一种规范性的共识，而这种共识就建立在一种扩大我们视野的和谐感的基础上。

当谈到与历史活动方式直接相关的规范时，我们不能忽视日常生活中相互竞争的利益。但是，认真对待基本的生命价值并不能强迫我们在表面价值上接受它们，并且仅仅把利益发生的事情当作一个实际的历史结果来报道。历史的诠释学必须充实我们在第三章中描述的各种意义—语境，并且能够在那些最相关的语境中找到实际的决策。我们也将考虑规范性规则，而不是把规范限制在基于理想条件的规范性原则上，这些规范性规则可以从历史的特定公共语境下的价值判断和标准中反思性地推导出来。对人类选择的理解总是受到历史的影响。它要求我们考虑人类在其中发现自身的制度以及他们加入其中的合作系统。对于我们出生的家庭、国家和文化,我们都别无选择。相反,我们可以自愿加入合作系统,如一个政党或公民协会。介于两者之间的是我们参与其中的经济、教育和专业系统。

许多自发协会都是为了一个共同的目的而建立的,但它们往往假定了自己的生活和有效性,从而导致它们与原来的目的有所不同。由于这个原因,狄尔泰把这些历史群体的一般概念从"目的性系统"转变为"生产性系统(Wirkungszusammenhang)"。[20] 后一个概念允许我们在运用任何因果关系或目的论分析之前,都从生产性的角度来构想生命和历史世界的效力。历史的载体,无论它们是个人、文化、制度还是社会,都可以被视为能够产生价值和意义的生产系统,在某些情况下,它们还可以实现各种目的。历史上的每一个生产系统在结构上都应该被视为以自身为中心并确立它自己的影响范围。

每一个人都属于许多这样的主体间系统,在这个范围内受到其规范的影响并服从其规则。大多数专业协会和文化协会都会受到不同学科话语的支配。但是,没有任何一个人会完全受任何一个这样的历史系统的约束,因为它只涉及一个人的能量和所关注的一部分。人们可以想象,个体主体承担着多重责任——对他们的家庭、他们的职业、他们的宗教以及他们的国家。他们的自我理解将由这些不同的忠诚所塑造。在个体生活中相互交叉的系统通常都会和平共存,但是,如果他们开始提出了相互矛盾的要求,如何在给他们施加独特限制的领域之间确定优先顺序呢?在具体的历史语境中,哈贝马斯所寻求的那种普遍的合法化程序是不可能

---

[20] *The Formation of the Historical World*, SW 3, 178–182.

的。充其量,能够在个人的相互交叉的特殊星座系统中建立一种反思性平衡。通过运用反思性判断阐明这个星座,个人能够评估其价值承诺的合法性。

反思性诠释学并不排除诉诸普遍性规范,无论是康德意义上的道德规范还是哈贝马斯意义上的程序规范。但是,这两者的适应性都并不像人们通常所认为的那样直接或直截了当。在历史的生产性系统中,道德原则并不具有构成性作用。然而,它们可以为进一步的规范性考虑提供一种形式基础。法律面前人人平等的道德原则是形式上的,它并不会确保人们平等地获得有限的世界资源。正如我们所发现的那样,理论上的世界准入分布在各个学科之间,因此,实际的准入是由不同的利益集团和机构来进行调解的。考虑到这种复杂的情况,支配我们实际生活的规范性规则主要来自我们参与的生产系统。可以肯定的是,在试图解决交叉系统可能对我们提出的相互竞争的要求时,我们可以诉诸道德领域的构成性原则或实践话语的调节性原则,但是,也出现了这样一个问题,即道德原则和实践规则的决定性因素会让位于反思性的规范性考虑因素。

做出决策的历史主体是由规范引导的,按照之前在反思性知识运动中所做的区分,这些规范是通过三个阶段而形成的。[21] 最初,规范是通过同化从我们的栖居地及其文化遗产中吸收而来的东西。但是,正如我们将看到的那样,还有一种更具有权威性的规范获取方式,即合作的体制和规训的努力结果所导致的责任归因和权利主张。最后,我们将通过对自我理解的反思性真实证明以

---

[21] 参见第四章。

及对自我和他者的恰当特征化等过程，考虑对历史评价规范的批判性占有。

当涉及在相互矛盾的承诺中做出选择时，例如，在我们的生活中要优先考虑哪些关联和规范时，我们就需要考虑反思性判断的审美模式是否足以做出这样一个决定。决定性判断和审美判断之间有一个明显的区别，就是前者具有正当的利害关系，而后者则被认为是无利害关系的。审美反思可能是游戏性的，是一种没有确定性的目的的合目的性。关于生命承诺的反思性决定却是针对实际目的的。在这里，在一种更具有约束性的方式上，反思性判断是语境性的，因为它不能忽视它被应用的既定历史处境。反思性决定是由给定的属地边界来表达的，并且必须考虑到当地机构已经确立的法律参数。因此，个别决策者会受到相关司法制度的规范性约束的限制，但是，他们并非完全受它们的约束，因为他们也可以诉诸有关"权利"的一般性的调节性原则。因此，一个决定性判断将是一个反思性判断，它也包含了决定性的原则。然而，在这种判断仍然是反思性判断的范围内，它就不能立法或命令其规范性的应然性。

当我做出一个审美判断时，我希望别人会同意我的看法。但是，正如康德所写到的，我的判断"并不是假定每个人都同意（只有逻辑上的普遍性判断才能做到这一点，因为它能够提供理由）；它只将这一同意归因于（sinnt an）每一个人。"㉒我永远不能确定，在我宣称一个美的事物时，我是否已经正确地归因于普遍性的同意。同样，作为一个做出反思性的规范性决定的主体，我永远无法确定

㉒ *Critique of the Power of Judgment*, 101（译文有修改）; *Ak* 5:216。

我是否做出了正确的选择。正如我们将在下一节里看到的,关于实际问题的反思性判断是归因性的判断,它的判断方式比审美判断更加复杂。

归因的归属模式和属性模式

审美判断以一种形式的、归属性的方式归因它的普遍性——它不能从概念上证明审美判断的必然性。我们在《判断力批判》中发现的这种归属性的归因(Ansinnung)感反映了一种被期待的共识。㉓ 在《道德形而上学》中,康德引入了更强烈的归因(Zurechnung)感,这就指向了我将称为"属性"的归因模式。这些属性表明,我们怎样让自己和他人都对我们的实际决定和行为负责,因为人类主体都是在主体间的生产性系统的约束下发挥作用的。

康德在《道德形而上学》中界定的归因方式开启了一些可能的属性组合,这里值得完整引用:

> 道德意义上的归因(imputatio)是一种判断,通过这种判断某人被视为一个行为的创造者(causa libera),因此,它被称为一种行为(事实),并且受到法律的约束。如果判断还附带了这种行为的法律[rechtlichen]后果,则这是一种具有法律或合法效力的归因(imputatio iudiciaria s. valida);否则,它就只是一种评估这种行为(imputatio diiudicatoria)的归因——

㉓ *Critique of the Power of Judgment*, 99-101; Ak 5:214-216. 另参见第四章。

即(自然或道德的)人被授权以正当的力量进行归因的人就被称为法官或法庭(iudex s. forum)。㉔

我们这里有一套值得进行深入分析的复杂的归因。康德的第一句话是关于道德归因的。它将责任指派给某个人,因为这是一个按照道德法则被认为属于事实性行为的行为。第二句话超出了归属性的形式责任,因为它还考虑了这种行为的实质性后果以及它们可能会如何影响他人。如果判断具有正当效力(rechtskräftig),那么,它就当作一种具有司法(iudiciaria)合法性的法律归因;否则,它就是一种具有独立司法(diicudicatoria)地位的评价。第三句继而确定,自然人(法官)或道德人(法庭)有权以合法力量进行归因。因此,可以说法庭法官有权做出裁决。

康德并没有具体说明评价性判决(imputatio diiudicatoria)所涉及的内容,他似乎对判决的司法合法性更感兴趣。但是,在下面的段落里,他开始讨论人类行为的优缺点,可以认为,这些优缺点允许评价性判决的应用。"dijurize"这个词的一个意思是"在之间做出决定"或"权衡",即做出选择。当评价或评判一个行为的优点或缺点时,在康德看来,有三个相关的可供选择的备选方案。一个人可以1)完全正确地按照法律的要求去做,2)做得比法律所期望他的更多,这是值得赞扬的,或 3)他有缺点,做得比法律要求的少。如果确定这个行为主体有过失,则"应受处罚(Verschuldung)",那么,一个"法官(Richter)"就必须做出裁决或做出最终决定,指导(Richten)采取什么样的措施来纠正错误。"法庭(Gerichtshof)"

㉔ *The Metaphysics of Morals*,19;Ak 6:227.

确立了一个权威性的环境,用于对这种行为的"合法性后果"做出决定性的裁决。㉕

在上面这个顺序中,判决是正确地把一个行为纳入法律并获得合法的决定性判决的法律过程的一部分。但是,在后面几个段落里,康德开始考虑"一种行为可以被归因的<u>程度</u>"。㉖ 这需要有一种不同的评价性判决,这种判决更接近在历史解释中发现的属性。在考虑有待归因的优劣程度的过程中,判断必须运用反思来比较和对比相关因素,如行为主体所面临的障碍和所付出的牺牲,以及他们的主观心理状态。

当历史学家评估人类主体的行为时,他们对人类行为所涉及的属性并没有一个明确的司法领域作为一个框架性语境,比如法庭。正如我们所看到的,任何一个历史主体都会参与到多个生产性系统中,而这些系统的竞争性影响是需要做出诊断的。历史学家不只是考虑法律所要求的东西,他们也不能像法庭的法官那样,必须站在某个立场上对严格的罪责做出判断。此外,确定"行为主体可以被认为具有功德或功劳的"(zum Verdienst angerechnet werden kann)程度,与康德所认可的程度相比要困难得多。由于背景条件非常复杂,并且具有客观性力量,因此,需要使用反思性

㉕ 参见 *Metaphysics of Morals*,19;Ak 6:227。奥诺拉·奥尼尔声称,决定性判断和反思性判断都是理论上的判断,而不是实践上的判断。她认为,实际判断既不是决定性的,也不是反思性的,因为它们涉及对未来行动的决定。当决定做什么时,还没有一个给定的判断,就像标准的决定性判断和反思性判断的情形一样。参见 Onora O'Neill,"Experts,Practitioners and Practical Judgement," *Journal of Moral Philosophy* 4(2):154-166。但是,并非所有的实际判断都是面向未来的。法律判决是对某一给定行为的决定性判决,它显然具有实际的后果。同样,对过去人类成就的某些反思性判断也具有实际意义。

㉖ *Metaphysics of Morals*,19;Ak 6:228(重点号由作者标明)。

判断进行诊断。除了调节人类任务实施的约束性的规范条件外，还存在一些有待评估的制约性语境因素，以确定它们所带来的障碍有多大。

既然历史学家的属性判断是以更大的世俗性关切而不是司法裁决来定位的，那么，他们就很少得出最终的裁决性决定。因此，在历史叙事中，主体往往被认为以一种有些零碎的方式来解释他们的行为及其后果，表明他们如何对他们在其中起作用的多种语境做出正确或错误的反应。我们必须赋予这种属性判断一种全面的反思性质，才能够包含更多的受限制的决定性主张。法庭法官的权威性判决具有终局性的光环。相比之下，历史学家的属性判断将更具有临时性。但是，它们有一个共同点，那就是在考虑人类主体的要求或期待时，它们都是规范性的判断。

解释的合法性

人们可以尝试在法官的公开裁决中塑造解释合法性的模式，这些裁决在执行一个国家的法律时具有正当效力。然而，在后来的《道德形而上学》中讨论私权的时候，康德表明了如何区分不同层次的合法性。通过区分有关获取事物的合法性的不同层次，他也指出了一种可以用来考虑解释的合法性的方法。这将使我们能够以一种负责任的方式掌握解释的所有权。

那么，所有权意味着什么呢？康德主张所有人最初都把地球作为一个共同的属地。这相当于人类与生俱来的一种先验权利，"无论自然还是机会（除了他们的意志）把他们安置在何处"。㉗ 在这片地球领地（Boden）上占据这样一个临时性栖居地（Aufenthalt）的自然权利㉘，无论如何都并不意味着有进一步的权利留在那里，并把它变成自己的财产（Besitz）或更持久的住所（Sitz）。㉙ 同样，在空间上拥有有形物的自然权利也是暂时性的，只有在某些规范性条件下才能转化为持久的个人权利。

在这里，一种地理学上的观察再次具有了一个根本性的意义。康德指出，如果地球是一个"无限的（unendliche）平面，那么人们就可以被分散在它上面，他们就不会和其他人一起进入任何一个共同体"。㉚ 正是因为地球是一个有限的球面，所以才有必要面对共同体的问题。地球是一个必须为所有人提供支持的有限的属地。因为它是一种有限的公共资源，个人使用它的任何一部分都可能对他人产生负面的影响。对康德来说，这意味着，如果个人想在拥有的有限地球资源上获得任何合法性，就必须服从一个具有世俗地位的共同体所确立的某些界限。

这里的法律问题是，如何在不剥夺他人所需的情况下为自己所做的事情辩护。一个人获得某种东西的自由如何能够与他人的自由共存呢？康德认为，在使这种财产获得（Erwerbung）合法化的过程中，有三个语境化的契机。第一个契机是简单地了解（Apprehension）"一个不属于任何人的物体"，这样他就不会"与另一个人的自由发生冲突"。㉛ 了解一个物体是一个单方面理解它的

㉗ *Metaphysics of Morals*, 50; Ak 6:262.
㉘ 参见 *Metaphysics of Morals*, 50; Ak 6:262。
㉙ 参见 *Metaphysics of Morals*, 50; Ak 6:262。
㉚ 参见 *Metaphysics of Morals*, 50(译文有修改); Ak 6:262。
㉛ *Metaphysics of Morals*, 47; Ak 6:258.

行为,如果没有其他人提出类似的要求,那就可以说这是一个合法的行为。但这只能意味着,从我的地方性栖居地的有限角度来看,我不能看到任何一种相反的要求。这是一种现象性的要求,在这种要求中,作为物质性把握的了解在范围上似乎恰好与作为视觉性把握(Auffassung)的单一视角行为一样是受限制的。

获得所有权的第二个语境化契机包括通过"排除其属地上的其他所有人的选择行为(Wilkür)"[32]而把事物指定为我的。既然康德把这称为一种标记(Bezeichung)的行为[33],那么,现象性占有就变成了"指定性占有",因此,我公开声明,原来被掌握或控制的东西应该归我所有,即便以后可能有人会提出反诉。可以把这种指定性占有看作是站在某个立场上对任何后来可能拥有或占有它的人所表达的一种双边声明。这第二个契机表明了一种认识,即恰当的所有权不仅仅是一种能够持有某物(Inhabung)的情况,而是将它(Habens)置于我的控制(Gewalt)之中。[34] 把某物指定为我的,与其说是对该物的一种要求,不如说是对另一主体的规范性反诉。

权利要求的第三个语境化契机"就是占有"(Zueignung＝appropriatio),这是一种一般性的立法意志(Willens)行为"[35],它确保的是外部的同意。只有当我选择获得某样东西的行为能够被规范性地证明符合整个共同体的普遍意愿时,它才是完全合法的。

---

[32] *Metaphysics of Morals*, 47; Ak 6:258.
[33] *Metaphysics of Morals*, 47; Ak 6:258.
[34] 参见 *Metaphysics of Morals*, 42; Ak 6:233。我们早些时候看到,在由我们任意支配它这个意义上的"拥有这个世界",是康德实用人类学的目的。
[35] *Metaphysics of Morals*, 47; Ak 6:259.

132 这第三个契机或者说占有性契机涉及一个全方位的主张，相当于康德所说的本体占有行为。把一个对象合法地作为"本体占有（possessio noumenon）"㊱，就是把个人的所有权被公开认可为与所有人的自由相一致。但是，这种公共合法性的前提，是宪法和体现普遍意志的法律所确立的民事"领域"。私有制的权利来源于集体所有制，或者，如康德所说，"对一个外部客体的拥有起初只能是一种共同的占有。"㊲

对一个对象的把握，既包括把它当作一个现象性客体来认识，也包括把它"当作一个物质性事物本身（Sache an sich selbst）"来领悟或对待。㊳ 占有它是为了使它在民事宪法的基础上成为一个"本身可以理解的东西（Ding an sich selbst）"。㊴ 康德赋予物质性对象以一种本体的地位，前提是，对一个主体的自由使用来说，这种物质性对象的可获得性要得到宪法的授权，即与民事条件下的所有其他主体的自由相容。这意味着，从他的实践哲学的立场来看，本体不一定是超验性的。合法占有物的可理解性，被认为是从对其在一个法治的民族国家中的恰当使用的全方位洞察中衍生出来的。

照此类推，一种解释如果能够在其他解释中占据其恰当的地位，它就可以被认为是合法的。如果一种定位诠释学涉及在世界上寻找或创造它自己的地位，那么，我们就必须期待一个合法的解释来捍卫它对世界的看法。可以说，对世界的解释就是要求从一

㊱ *Metaphysics of Morals*, 47; Ak 6:259.
㊲ *Metaphysics of Morals*, 47; Ak 6:258.
㊳ *Metaphysics of Morals*, 39; Ak 6:249.
㊴ 参见 *Metaphysics of Morals*, 137; Ak 6:371。

定的角度去看待它的所有权。如果解释的所有权并不与现有的任何信息相冲突,那么,它将具有单边的合法性;如果它能够抵御其他局部性的解释,那么,它将具有双边的合法性。一种解释的全方位合法性则是一个更为复杂的问题。⑩

如果认为全方位合法性的理想提供了一种罗伊斯式的视野,那么,我们必须重申我们对获得某种"更大的意识统一体"的可行性所持有的怀疑。⑪ 我们定位于世界本身,并不要求我们失去我们在其中的具体地位,并放弃我们意识的统一体。寻求诠释学上的同意不应该排除异议的可能性。因此,重要的是,强调我们不是在寻求一种全方位的解释,而是考虑一种解释具有全方位的合法性意味着什么。这就要求,不是把所有可能的观点纳入它本身,而是认识到可能观点的"场域"。还应当指出的是,对康德来说,合法占有财产的全方位合法性并不以全体公民的实际认可为前提。公民宪法及其所代表的普遍意愿提供了一种形式上的同意,而这种同意实际上是由具体的授权官员来执行的。

尽管所有权的合法性来自体现普遍意志的制度性权威,但是,在诠释学中,一种恰当的解释可以说来源于学科性规范的权威。这意味着可以确定参数,把所有可能的视角领域都界定为那些满足相关性和能力的一些基本要求的视角。既然具有单边合法性和双边合法性的解释不能声称它考察了学科性标准所提供的所有相

---

⑩ 单边的、双边的和全方位的合法性的顺序可以与第四章讨论的被劝服、被确信和被认识的确定性的顺序相比较。因此,当解释试图从个人的说服力转变为信念时,它本身就与其他人可能的观点相悖,它也旨在接近事实上可以考虑到所有其他人的知识的理想。

⑪ 参见第三章。

互矛盾的视角,那么,它的权威性是有限的,并且可与初步判断相比较。相比之下,一种解释的全方位合法性坚决主张一种近似于合法性占有中的决定性判断的权威。这里的理想是认识到所有的相互冲突的解释的主张,而这些解释都具有一种学科相关性,同时证明了它自己的解释是正确的,并对此承担责任。虽然在一个单一的法律领域或学科范围内可能有这样一个明确的结果,但是,假如解释包含了一个以上这样的系统性语境,那么,它就绝不可能得到保证。

因为历史解释是关于随着时间的推移在多种语境中发挥作用的事件,所以,决定性的全方位合法性的学科理想就不可能得到完全的满足。然而,可以期待历史学家的属性归因获得一种反思性的多边合法性,即学科权威需要与主体间的真实性相匹配。在这里,必须从反思的角度重新考虑正当占有的必要权利,同时,也要考虑到历史生命中偶然分享或共同拥有的东西。这种反思性占有的转向将允许我们把个人的视角置于一个公共框架中,这不仅是在下一节讨论真正的宗教解释时,而且是我们稍后继续考虑人类特征化的任务时有待讨论的问题。

真实解释与主体间合法性

当康德转向自然神论的问题时,解释的合法性问题就成了焦点。康德在研究自然神论如何应对一个充满反目的性痛苦和冲突的世界时,他提出了一种区分决定性合法性和反思性合法性的方法。在1791年的文章"论自然神论中所有哲学审判的误判"中,他起初关注的是在两种自然神论之间做出区分，一种是通过从神性的角度证明(rechtfertigen)这样一个世界是正当的来面对这个世界，另一种是通过从人性的角度解释(auslegen)神性的天意意味着什么来处理反目的性。

康德认为，使用正当性方法的自然神论需要以"超感性的(可理解的)世界认识"为基础，证明"这个感性世界中的世界—创造者的道德智慧"。㊷ 遗憾的是，我们人类并不具备这样一种认识；因此，正义的自然神论所追求的决定性合法性是不可能实现的。所以，康德宣称，"只要上帝通过自然来表现他的意志的意图，所有的自然神论都应该确实是对自然的解释(Auslegung)"。㊸ 解释性的自然神论所考虑的是，上帝在这个世界上的意志的表现，无须对可理解的世界做出任何思辨性的要求。鉴于这种旨在直接证明上帝智慧的决定性证据是徒劳无功的，解释性的自然神论认为上帝与这个世界的立法关系就并不那么直接。

根据康德的说法，每一种"对立法者宣称的意志"的人类"解释要么是教义上的，要么是真实的"。㊹ 教义的解释认为，世界是一种在理论上可以经验的上帝之作品，并且，目的就是"从中提取上帝的最终目标"。㊺ 但是，我们没有任何办法能够从一个按照有效因果关系所认识的世界中决定性地推导出这种最终目的。最终目的只有通过实践理性才能理解，然后通过反思性判断才能与现象世界联系起来。

㊷ Kant, "On the Miscarriage of All Philosophical Trials in Theodicy," in *Religion within the Boundaries of Mere Reason and Other Writings*, 24; *Ak* 8:264.
㊸ "On the Miscarriage," 24; *Ak* 8:264.
㊹ "On the Miscarriage," 24; *Ak* 8:264.
㊺ "On the Miscarriage," 24; *Ak* 8:264.

因此,真正的解释是作为接近上帝的另一种选择而提出来的,不是通过我们如何看待他在大自然中的工作,而是通过他作为实践理性的声音怎样对我们说话。通过这种方式,上帝可以被认为是一种"权威性声明或法令(Machtspruch)"[46]的源泉,他的力量是能够被直接感觉到的。在这里,康德甚至认为,就我们理性地认为上帝是一个道德和智慧的存在而言,正是"通过我们的理性本身,上帝才成为了他在其创造物中宣称的意志的解释者"。[47] 正是通过人类实践理性的中介,神圣的意志才能得到真正的解释,从而使我们能够在赋予终极王国的理想以声音的过程中成为积极的参与者。它的原型就是法律或司法诠释学,其中一种真正的解释允许立法者的身份代代相传。在传统的语文学批评中,真实性要求有证据证明某事物确实是一个原始的来源,但是,在康德的充满法律意味的哲学批评中,真实性包括与一个原始的来源具有一种恰当的关系。这种真实化的关系使解释具有了使释义的结果合法化的功能。

为了理解这个世界中的反目的性,真正的解释回到了它们的源头,而无须依赖于权威性的中介,不管这些中介是科学家们所推测的大自然界中的设计就是上帝的作品,还是神职人员以及他们教导我们理解圣经文本中所记载的上帝声音的教义力量。在《纯粹理性范围内的宗教》中,康德批判了教义解释如何在世俗性的制度语境中理解神圣的文本。在此基础上,教会要求通过神学教义来解释上帝意志的权威。然而,作为自由的人类存在,我们有义务争取对人类历史和神圣文本做出符合我们的道德理性的真实解

---

[46] "On the Miscarriage," 24; *Ak* 8:264.
[47] "On the Miscarriage," 24(译文有修改); *Ak* 8:264。

释,而无须诉诸体制性的中介。外部的权威必须被内在的权威身份所取代。

为了更准确地理解康德的真正的自然神论所指的是什么,我们必须重申,只有通过反思性判断,才能辨别出合目的性的世界秩序,而这必须通过感觉来同意。考虑到神性天意信仰的道德基础,在康德的一个真正的自然神论例子中,他强调良知的作用是有道理的。在他对《约伯记》的反思中,康德用良知的声音证明了约伯对苦难反应所具有的真实性。

在试图应付其命运的意外逆转时,约伯转而向他的朋友寻求慰藉。他们确信他因过去的罪过而正在受到惩罚,并建议他请求上帝的宽恕,即使他和他们都没有意识到有任何这样的罪过。可以说,他们的建议依赖于一种直截了当的具有辩护作用的自然神论的教条断言或者体制性权威的教义解释。他们要么通过求助一种需要我们了解上帝意志的教义决定论,要么通过诉诸一种植根于对教会教义信仰的教义决定性,他们都回避了反思性判断在解释他的生命处境时应该发挥的作用。

在考虑了他的朋友们的虚假决定性说明之后,约伯才有勇气拒绝他们的建议,并拒绝假装懊悔自己的良知没有责备他的罪过。不同于他的朋友们对苦难的油嘴滑舌的说明的是,约伯根据他自己的良知以及他对上帝的道德信仰可能揭示的东西,采取了一种更具有反思性的立场。从理论上讲,上帝和他的创造物之间的关系在很大程度上仍然是难以理解的,但是,康德钦佩约伯在坦然地承认他的疑虑时的诚实和真实性。他在约伯的以道德为基础的信仰中找到了一个真正的自然神论的基础,因为事关重要的是,在理解他的生命时的"心灵的正直"以及"回避了一个人没有真实感受到的虚假信念"。㊽ 只有对自己的生命进行一种真正感受到了的道德解读,才能提供真正的自我理解。我们如何解释生命的真实性,更多地是对自我的真实性,而不是有关决定性的客观真实性。同样,一种真正的自然神论并不寻求神化上帝对这个世界的精神意图,而只是赋予"他创造的文字一些意义"。㊾ 这是因为,当它涉及世俗性的目的时,我们就不能做出决定性的归属,而必须满足于更严格的、基于道德的反思性属性。用《判断力批判》的语言风格来说,我们可以说,一种真正的自然神论,就是力图规范性地运用我们的上帝道德观念,在自然的合目的性和历史的天意中调节性地确定我们的反思性判断的方向。真正的解释是一种反思性的解释,它的目的就在于一种合法性,而这种合法性对解释者来说是真实的,对主体间或公共的仔细观察来说也是开放的。

康德解释人类历史意义的尝试,是他的论文"以世界公民为目的的普遍历史观念"(1784)。在这里,他对人类斗争和冲突的思考来自于这样一种观点,即竞争性是有益的,因为它可以产生历史性的进步。我们需要的是一个世界性的框架,把竞争性限制在合法的界限之内。各个国家都必须维护法律的至高无上地位,以保护个人免受犯罪过量之害,并应该作为全世界联盟的一部分组织起来,以保护我们免受战争过度之害。这篇文章以及另一篇题为"回答这个问题:'什么是启蒙?'"的文章,为讨论我们的理性的公共运用提供了重要的参照点。与自然神论试图辨别一个超验性创造者的原始意图不同的是,世界性意图就是这种世俗性和未来导向的意图。但是,在康德的世界性目标受法律主权观念支配的范围内,

---

㊽ "On the Miscarriage,"26;*Ak* 8:266-268.
㊾ "On the Miscarriage,"25;*Ak* 8:264.

对于历史的反思会受到一个框架的约束,尽管这个框架不是教义性的,但它却是决定性的。因此,康德关于历史的世界性反思也存在一个教义层面。为了更接近真实的世俗历史,我们将具体阐述康德《判断力批判》中对于内在目的性和文化发展的看法,然后,再考虑他的《实用人类学》能够为人类发展的观念做出什么样的贡献。

实用的特征化

康德把内在的合目的性归于有机体的意图并不是说明性的,而是为了使它们的作用能够反思性地为我们所理解。这种内在的合目的性的观念,也可以被应用于历史中所包含的复杂的相互作用的反思性解释。历史的生产性社会系统,无论它们是经济的、政治的还是文化的系统,都会在历史的整体关系中表现出内在合目的性的差异化语境。我们可以用内部合作或者用其各个部分对彼此及其整体的适应来描述社会系统的行为,而不是通过某些外在目的或更高的目的论来解释社会系统中发生的事情。这种功能性描述提供的是反思性的"解释"(Erörterung),而不是决定性的"说明"(Erklärung)。[50] 当我们转向基于我们对生产性系统的参与的人类历史生命的理解时,就存在一种内在联系的归因,这种内在联系不仅把各个部分与一个更大的整体联系起来,而且也在各个部分中认识到这个整体。

在历史生命中阐明的生产性相互依存关系,不必像在有机的

---

[50] *Critique of the Power of Judgment*, 281; Ak 5:412-413. 用狄尔泰的话来说,这种区别转化为结构理解和基于规律的说明之间的区别。

功能性描述中那样保持启发性和不确定性，而是可以用已经宣布和明确的人类目的来表述。在这里，将会有一种不断相互作用的反思性判断和决定性判断。在《判断力批判》第83节中，我们可以在康德讨论技能文化的教化任务和学科文化的解放任务时看到这一点。他得出了这样一个反思性判断：如果人类主要关心的是对文化的贡献，而不是对自己的幸福感的贡献，那么，人类就可以被看作是自然的最终目的(Letzter Zweck)。但是，这种对反思性判断的归属性归因，通过使其与道德决定论的判断相互交叉，从而被强化为我所认为的归属性归因，即人类就是那些能够与生俱来地设定他们自己的独立于自然的最终目的(Endzwecke)的自然生物。只要我们获得了自我决定并在某种程度上独立于自然的能力，我们就可以培养在自然中都可以辨别的任何一种反思性的合目的性，并把它应用于我们自己的文化目的。

正是通过对我们的社会和道德使命的这种反思性自我规定，康德的实用人类学所定义的主题才得以发挥作用，对许多人来说，这将提出一个问题，即康德所说的"实用"是什么意思？在当代流行的用法中，实用通常与权宜之计以及服从于当下审慎关心的道德原则有关。当康德把实用放在审慎的较低层次上的时候，他在《纯粹理性批判》一书中是相信这一看法的，他写道"来自幸福动机的实践律令就是审慎的实用规则"。[51] 但随后，在他的《实用人类学》里，实用在这个更大的语境中得到了重新思考，即人"能够且应该使自己成为"一个自由的、负责任的存在。现在，他强调的是"通过文化，特别是社会品质的培养，实用的倾向会得到教化"。[52] 就

---

[51] *Critique of Pure Reason*, A806/B834.
[52] *Anthropology*, 228; Ak 7:323.

技能文化在社会生活发展中的作用而言，实用仍然随之带来了个人的谨慎利益，即“为了自己的目的精致地利用他人”。(53) 但是，在社会发展也包括学科文化的解放任务的范围内，实用超越了对个人幸福的审慎关注，并与人类的善相一致。现在，实用培养了“社 139
会关系”(54)，并致力于“在地球上生活的居民中……实现一种文化上的和谐”(55)，尽管文化还不是真正道德意义上的，但是，它允许人类为了共同的利益而相互利用。

康德的实用人类学的目的在于，指导我们在这个世界上“发挥我们自己的作用(mitspielen)”。(56) 它还可以通过对人类参与者及其目的的规范性特征化，为解释和评价历史世界做准备。《实用人类学》从第一部分的“教授法”开始，描述了一般人的能力和实践品格，第二部分的“人类学特性”，探问如何认识每一个人的特性。在那里，康德在人、性别、民族和物种的层面上寻找独特的人类特征。特别有趣的是，他把个人的性格与他对人类种族性格的最终“描绘(Schilderung)”联系起来的方式。(57) 我将“实用的特征化”所解释的东西称之为人性的倾向，因为这种倾向是根据它们在人类物种中得到了充分和“适当发展”(58)的个体中发现的。特征化超越了描述和阐述，它寻找的是一个人的思维和情感方式，并以此表明他或她的“使命”将是什么。(59) 正是因为它“以所有的审慎和道德启

---

(53) *Anthropology*，226；*Ak* 7：322.
(54) *Anthropology*，228；*Ak* 7：323.
(55) *Anthropology*，226；*Ak* 7：322.
(56) *Anthropology*，4；*Ak* 7：120.
(57) *Anthropology*，235；*Ak* 7：330.
(58) *Anthropology*，234；Ak 7：329.
(59) 参见 *Practical Anthropology*，234；*Ak* 7：329。

迪"⑥⁰提升人类的使命而成为了规范性的,康德才把他的"人的全面发展(Ausbildung)的特征"概括为一个过程,在这个过程中,"人因其理性而注定要与人类生活在一个社会中,并在这个社会中通过艺术和科学培养(cultivate)自己、教化(civilize)自己和道德化(moralize)自己。"⑥¹

这种使实用特征化兼具解释性和规范性的筹划品质,让我们想起康德在第一部分中关于人类运用符号的能力所做的陈述,这种能力把给定的东西与没有给定的东西、经验的东西与可理解的东西联系起来。第二部分一开始就对这一点进行了讨论:"从一个实用的角度来看,普遍的、自然的(非文明的)符号学说(semiotica universalis),在两种意义上使用了性格一词,即指'身体的'和'道德的'性格。"⑥²身体性格是指一个人的感知(Sinnesart)方式,或者说,是大自然赋予他的气质;而道德性格是指人的思维(Denkungsart)方式⑥³,或者说,是他自己塑造的东西。在传统上,一个人的自然性情被描述为由四种不同性格之一所支配⑥⁴,而道德的特征化是"单一的(einziger)";按照康德的说法,"一个人要么有性格,要么根本没有性格。"⑥⁵如果一个人的思维方式来自他们自己的理性,而不是没有理性,那么,他就会在与道德相关的意义上发展个性。⑥⁶

---

⑥⁰ *Anthropology*,233;*Ak* 7:329.
⑥¹ *Anthropology*,229-230;*Ak* 7:324.
⑥² *Anthropology*,185;*Ak* 7:285.
⑥³ *Anthropology*,185;*Ak* 7:285.
⑥⁴ 乐观的、忧郁的、暴躁的和冷静的,参见 *Anthropology*,186-191。
⑥⁵ *Anthropology*,185(译文有修改);*Ak* 7:285。
⑥⁶ 参见 G. Felicitas Munzel, *Kant's Conception of Moral Character:The Critical Link of Morality,Anthropology,and Reflective Judgment* (Chicago:University of Chicago Press,1999)for an excellent study of the relevance of character formation。

性格的形成并不是把某种外在的形式强加给自己，而是通过发现自己内在的形式并彻底解决它而产生的。在这里，我们再次看到，与广为接受的看法相反，康德并不总是从外部强加形式。事实上，他关于超验反思性判断的原则，是通过阐明所给予的东西从内部来寻求形式。同样，实用的特征化也包括一种反思性的表达方式，这种表达方式筹划着人类个体的整体使命。与反思性规范一样，它的目的是将仅仅是归属性的归因转化为属性的归因。但是，反思性规范是从普遍性的决定开始，并且在某种程度上是自上而下地发挥作用，而实用的特征化则是自下而上地发挥作用。实用的特征化不是具体规定或限制客观的系统语境，而是筹划一种主体性语境的完成。

尽管康德认为性格"在思维方式上是原创性的"[67]，但是，要是假定性格纯粹是由来自一种内在的完善过程而发展起来的，那就太天真了。因此，一个人的整体思维定式的筹划不能脱离外部世界的影响，无论这些影响是被简单地吸收、认知地习得，还是被反思地占有。描述一个人的思维方式就是为反思性属性筹划一种解释性的观念。因此，康德的实用特征化目标，作为"从外部认识人的内心"[68]的一种方法只能近似地达到。对于性格的属性没有任何直接的观察途径。理解他人的任务必须通过解释他人的言语和行为表达来间接地进行。

康德提出，解释一个人的性格，就是要找到那个人的思维方式的统一原则。肯定地说，这个原则界定了"一种内在的行为准则"[69]；

---

[67] *Anthropology*, 192; *Ak* 7:293.
[68] *Anthropology*, 183; *Ak* 7:283.
[69] *Anthropology*, 194; *Ak* 7:294.

否定地说,它要求人们"不要掩饰"。⑦ 道德性格的人将通过真诚的交流表达自己。然而,康德是现实主义者,他充分认识到,只有少数人完全达到了这种真实性的道德理想。因此,通过自愿表达来解释人类特征的道德任务,可以通过对非自愿表达的研究得到补充。我们还应该考虑"一个人在有意撒谎的时候却无意之中背叛了自己内心生活的表达。"㉑由于他人对隐私的偏好而无法被直接认识的东西,或者,由于他们急于掩饰而无法直接交流的东西,仍然可以从他们的外在表现中得到间接地辨别或解释。

良知与真实的解释

判断他人性格和处理他人伪装的问题,又引出了一个与自我认识有关的更为根本的问题,即我们欺骗我们自己的能力。康德对此非常关注,尤其是表现在他的道德哲学方面。在《纯粹理性批判》中,当他对自我认识持怀疑态度时,他写道:"我们行为的真正道德性(它们的优点和缺点)……对我们来说仍然是完全隐蔽的。"㉒对是否接近我们能够理解的道德品质的可能性的怀疑,使康德得出了这样的结论:"属性归因(Zurechnungen)只能涉及经验的性质。"㉓人类如何根据他们的经验性质来对自己做出道德判断呢?

直到1797年的《道德形而上学》,康德才承认经验性质可以为

---

⑦ *Anthropology*, 193-194; *Ak* 7:294.
㉑ *Anthropology*, 201(译文有修改); *Ak* 7:301。
㉒ *Critique of Pure Reason*, A551/B579.
㉓ *Critique of Pure Reason*, A551/B579.

我们的可理解的性质提供线索。在那里,他谈到良知和尊重感在经验层面上为这种可理解性提供了"一种审美……接受力(ästhetische...Empfänglichkeit)"。⑭ 这些审美接受方式之所以重要,就在于实践理性要求我们对道德律令的内外一致性做出判断。道德理性所产生的尊重感是律令内在一致性的一种标志。良知监督着经验性和可理解性之间的关系,并判断它们在我们的思想和行动中的一致性。良知所感受到的东西并不能决定性地指导我们应该做什么,但是,它可以反思性地引导我们如何解释这个世界。从诠释学角度看,良知能够涉及评估我们的历史属性的公平和公正。我们的解释的真实性,将是我们在理解历史事件以及在历史情境中权衡多种因素和语境时评判良知的结果。

对康德来说,我们的良知(Gewissen)可以说为人类的判断提供一个终极的主观性基准。他写道:"在我对某件事是否有一种责任的客观判断中,有时我确实会出错,[但]至于是否已经使它服从于我的实践理性(在这里就其起法官的作用而言)做出这样的判断,我的主观判断不能出错;因为如果我错了……那么就既不存在真理也不存在错误了。"⑮注意自己的良知是一种真实性的行为,它是区分真伪的能力的基础。我们看到,一种目的在于真实地解释我们历史存在的意义的真正的自然神论,可能不会假装知道比人类可能知道的东西更多。历史上任何一种对天意的诉求显然都会受到质疑,并且在试图调和神圣的领域和人类的领域时最多只能是归因性的。只有当我们致力于更实用的人类特征化层面时,我们才能够有望获得合法的反思性归因。

---

⑭ *Metaphysics of Morals*, 159(译文有修改); *Ak* 6:399。
⑮ *Metaphysics of Morals*, 161; *Ak* 6:401.

对一个关于历史的反思性视角来说,重要的是,把康德对真实知识(Wissen)体系的客观确定性(Gewissheit)的理论性追求,与他对根植于感觉到的主观良知(Gewissenhaftigkeit)的真理性智慧的世俗性追求联系起来。因此,在规范性意义上,良知具有同样的指示功能,正如在诠释学意义上,自反性意识对狄尔泰具有指示作用一样。[76] 对良知的检验提供了能够验证反思性解释的反思性自我参照。康德直接把真实性和他对良知的诉求联系起来,他把真实性称为"不假装持有我们不知道持有的任何东西为真"的"规范性良知(Gewissenhaftigkeit)"。[77] 对他来说,这意味着,虽然这不可能总是持续地"坚持对自己或对他人所说的话的真实性(因为一个人可能会犯错)……但是,一个人能够且必须坚持自己所做声明或供词的真实性,因为他对此有直接的意识。"[78] 这种客观的真理内容和主观的形式真实性之间的张力,在个人主要根据他们自己的经验和地方性环境提出断言和属性时表现得最为明显。然而,对于我们研究的历史知识来说,被断言的真理要求就不仅仅是规范性验证;它们还需要主体间的合法化。在这里,关于真实性和真理性的内在关注,必须与向外审视的彻底人类学的特征化相平衡。这意味着,在诠释学上,良知也需要更明确的世俗性取向。

在我们讨论道德反思的模糊性时,我们谈到了良知是一种以理想的解释者的限度为导向的自我解释。[79] 因此,在探索什么样的意义可以在真正的宗教解释基础上归因于人类生活的时候,良

---

[76] 见上文第140—144页,更多关于自反性意识功能以及它与反思性意识的区别,参见第七章。

[77] "On the Miscarriage," 27; Ak 8:268.

[78] "On the Miscarriage," 27; Ak 8:267.

[79] 参见第三章。

知体现出自我的诚实并对公众的监督保持开放。在以实用特征化为基础对历史主体进行属性归因的语境中,良知将需要通过一种反思性平衡从而考虑到他人的立场。

康德对良知的最一般的定义是,"对他的无罪释放还是定罪,实践理性都把人的责任摆在他面前"。[80] 在这里,通过使用法庭的语言,道德律令的尊重感得到了加强。良知创造了一个虚拟的法庭,在那里它对自己做出裁决。但这并不是一种单方面的判决,因为康德补充说,"把一个受良心谴责的人视为与法官是同一个人,这是体现法庭的一种荒谬的方式。"[81]在法律上,良知会涉及多边解释,因为它必须考虑到指控自己和被告自己以及他们作为"检察官"和"辩护律师"代表的立场。[82] 良知的评判需要一种反思性的平衡,在考虑到所有虚拟法庭参与者并做出一个不仅仅代表个人自己的裁决时,这种平衡才应该是彻底的。

如同真实解释的情况一样,康德关于公共享有的实践理性的观点,使得它与其他解释者的关系成为可能。虽然良知是关于我们自己的,但是,它必须面向一个世俗性的公共讨论场所。在考察我们对什么是对的或正义的感觉时,康德指出,我们把自己置身于他人的立场上的能力将是至关重要的。在他人的身上发现过于容易受指责的行为,可能会导致我们重新考虑类似的行为,而这些行为在我们自己身上则太容易得到宽恕。[83] 在描述自我和他人做出

---

[80] *Metaphysics of Morals*,160;Ak 6:400.
[81] *Metaphysics of Morals*,189;Ak 6:438.
[82] *Metaphysics of Morals*,189;Ak 6:439.
[83] 参见 Kant,*Bemerkungen in den"Beobachtungen über das Gefühl des Schönen und Erhabenen*,"Herausgegeben und kommentiert von Marie Rischmüller. (Hamburg: Felix Meiner Verlag,1991),262。

的决定的时候,有良知就是要把解释放在一个公开的、世俗性的反思性占有的框架中。虽然我们必须考虑他人的立场,但是,道德反思的模糊性提醒我们,这些参照最初只是外部的限制。把这些否定性的限制转化为肯定性的界限,使我们在相关语境中确立的优先权得到合法化,从而做出负责任的历史归属,这就是良知特征化的任务。㉔

※ ※ ※

已经证明,历史学家所追求的对人类和社会事务的真理性和批判性理解,是通过同化、习得和占有的阶段进行的。历史学家们认识到,通过初步的理解,已经被普通生命同化的东西是直接的和自明的,他们也倾向于考虑以供验证的相关人文科学对其主题的认识发现。因为通过这种方式获得的更高的理解借鉴了不同的一般语境,重要的是,它也恰当地融入了历史学家叙述的结构性关系中。因此,它的目的是产生一种批判性的理解,从而认识就被当作反思性知识被占有并得到合法化。

为做到这一点,我们必须界定已经存在的理解的学科性语境,具体化能够合法地把特殊的历史属性集中起来,并把它们放在规范性框架的独特的世俗性环境中。这种补充性具体化的任务是为了提供方向,使之有可能把仅仅基于个人的反思性判断的归因推定,转化为与更普遍的可检验的决定性判断相关的属性推定。反

㉔ 参见第三章。

思性判断和决定性判断的这种交叉,必须回到人文科学的一般系统语境中,并指向批判性理解所必需的公共审议的规范性空间。因此,良知和真实性的正规诠释学品格将适用于历史性解释,它不仅仅是作为主观性自我同意的模式,而且也作为对已经被反思性占有的内容的判断同意的必要条件。

第七章　反思性和诊断性批判

到目前为止，我们在很大程度上是根据康德的哲学批判概念来探讨诠释学的任务，它揭示了经验的条件和来源，同时界定了我们的认识能力的范围。回顾在诠释学的条件和来源方面所做的区分，我们可以重申，对人类经验的任何解释都必须不仅考虑到使有效的意义要求成为可能的形式和范畴条件，而且还必须考虑到实际真理要求的内容的合法化证据来源。在考察我们理解和评估世界的能力的关键范围时，我们谈到了需要检验经验的实际的和偶然的限度，以便考虑可能的研究范围以及必要的可理解性界限。在本章，我们将更深入地进行这些分析，并引导我们描绘出三种可以应用于诠释学的批判：构成性的、规范性的和反思性的批判。

作为构成性和范畴性的批判

康德认为，批判对人类经验来说是构成性或基础性的。因此，所有对自然的科学探究都必须服从由理解建立的先验范畴规则。在筹划经验的整体组织时，康德也诉诸理性原则。这意味着，在理性设定的可理解性的界限内，它是可以得到规定的，例如，在探求自然界的系统秩序时，即使实际经验指向物种之间的差距，也可以假定物种之间的连续性。这种构成性和范畴性的批判，为我们分析各种需要应用于诠释学的判断提供了背景。但是，如果我们要更全面地研究批判诠释学可能是什么，我们还必须考虑后来的相关批判概念。其中之一是康德的构成性方法的一种变体，正如在狄尔泰那里所发现的那样。另外一种将在下一节里讨论，这是一种以哈贝马斯和利科为范例的调节性批判。最后，我将提出一种反思性和诊断性的批判模式。

与康德对自然科学的《纯粹理性批判》相反，狄尔泰把他本人的研究筹划指定为对历史理性的批判，在研究人文科学和理解历史生命所需的范畴时，这一批判显得更为广泛。他写道："康德的先验是固定的和死板的，但是，意识的真实条件和它的预设，正如我所理解的那样，却构成了一个生动的历史过程，一种发展；它们有一个历史，而这个历史的过程涉及它们对越来越精确的、归纳性认识的多种感性内容的适应性。"①

在描述他自己对历史理性的扩大批判时，狄尔泰批评康德没有在它们的全部范围内考虑到意识的不同条件，因为它们"是在意愿、感情和思考中被发现的"。② 对历史理性的批判需要超越认识论的立场，而认识论的立场关注的只是思维的认识条件。狄尔泰承认，这种"显然固定的……我们思考中的条件……永远不能被废除，因为我们就是依靠它们来进行思考的"。③ 但是，他认为，如果我们考虑到它们与其他有助于我们认识世界的构成性要素之间的关系，那么，这些先验条件的重要性就可能会发生改变。康德在所

---

① *Introduction to the Human Sciences*, SW 1, 500 - 501.
② *Introduction to the Human Sciences*, SW 1, 501.
③ *Introduction to the Human Sciences*, SW 1, 501.

有实证研究之前提出的认识条件，必须根据那些影响我们对世界的全面认识的情感和意志条件进行重新思考。人类知识的真实条件根植于生命本身。

在康德看来，认识与知识的区分是用来确立客观的、形式的范畴条件，然后再对内容进行主体间的检验。狄尔泰提供了一种分析性或回归性的历史批判，用以回溯人类知识的合法化预设，它取代了那种开始于验证认识条件的综合性或进步性的认识批判。我们把这称之为一种同化性的探索，狄尔泰寻找的是对历史生命理解具有影响的合法化来源。这种研究需要的不仅仅是对历史材料的文献学批判，检验这些随着时间而积累起来的材料是否可靠，是否与它们的起源相符。哲学批判必须从这种证据性的鉴定，转向探讨我们吸收历史资源的方式是否最终会产生真正的理解。也就是说，人文科学的认识学科能否分析和重新组织这种把生命—知识同化为一种习得的内容，能否指望这种习得的内容为我们这个历史悠久的世界伸张正义？

正如过去的经验有助于形成后天的精神联系，引导一个人当下和未来的经验一样，共同体也以影响我们当下的方式来同化它们的遗产。从过去收集来的东西是我们所珍视的东西的一个功能，根据它对我们的意义加以组织化和系统化。因此，我们逐渐地过滤掉了现实中对我们的生活不再有用或不合我们生活目的的某些方面。但是，我们怎么保证：1) 我们后天获得的心理联系体现了更大的世界；2) 我们背景的共同性能够挖掘出一些种潜在的普遍性呢？狄尔泰的回答是要寻找中介性的范畴结构，因为我们从个体和已确立的共同体的核心生命关怀转向了更为广泛的历史性发展范围。

在一个根据外部的原因和结果关系构想出来的世界里,任何与个人、共同体和历史运动相关的事件之间的目的性趋同,都将如同康德把目的性归因于有机自然一样是假设性的。在《判断力批判》中,康德认为合目的性仅仅是对总体自然的构成性机械因果关系的一种调节性补充。尽管狄尔泰承认,合目的性可能只通过一种调节性方式归因于有机自然,但是,他坚持认为,我们帮助塑造的历史世界体现了真正的合目的性联系。在历史中,不同于单纯的自然,我们可以体验到一种内在的合目的性,这种合目的性是构成性的,而不是调节性的。

但是,这种构成性的内在合目的性必须与黑格尔的理性轨迹区别开来,黑格尔的理性轨迹继续为历史设定了某种最终的统一目标。对狄尔泰来说,人类历史太复杂了,既不能证明传统的外在目的是正确的,也不能证明某些内在的单一叙事的展开是正确的。既然我们只能在历史的河流中心接受历史,那么,内在的合目的性的属性就必须在范围上受到特定历史形态和人类所贡献的社会文化系统的限制。

在解释历史的过程中,人文科学可以诉诸因果关系,也可以诉诸合目的性关系。按照狄尔泰的看法,外在经验中表现出来的自然科学的因果关系范畴和内在经验中表现出来的人文科学的合目的性范畴,都植根于我们参与这个世界本身所带来的一种活生生的效能感。这就导致他把这种效能感设定为三种基本的"生命—范畴"之一,在我们判断它是作为自然领域的一部分还是作为人类历史领域的一部分而被语境化之前,它就充满了我们的经验。

在"生命与认识"(1892/1993)一文中,狄尔泰描述了他的三个基本生命—范畴：自我同一性、效能和本质。④"生命"一词是指现实的全部给予性。作为狄尔泰解释性批判的终极语境，生命不仅包含了生命过程和历史力量，而且也包含了经典物理学的机械因果关系。这篇文章明确指出，他所关注的不仅仅是验证人文科学的认识范畴，例如合目的性，而且针对已经被接受的自然科学范畴，例如因果性。他真正的计划是，通过指出两种认识范畴在生命的范畴中的根基，从而使这两种认识范畴合法化，在用自然科学或人文科学的概念联系来阐述经验之前，生命的范畴就掌握了经验的关联性。生命的范畴指的是经验内部的聚合点，而不是思想的形式关系。

狄尔泰把生命的范畴说成"所有认识预设的给定联系"。⑤ 第一个范畴是自我同一性(Selbigkeit)，它指的是一种"经由时间而持续"的"患难与共"，它的特征是一种"聚合"的生命体验。⑥ 传统哲学的物质属性关系植根于这种自我同一性的生命—范畴，因此，发现它的认识表达要么是在自然物质的客观性统一中，要么是在自我的主观性同一性中。

前面提到的生命效能(Wirksamkeit)范畴涉及行为和经历(Wirken und Leiden)的相互关系。因此，这种生命中体验到的行动和经历的相互作用，可以用两种更正式的方式从认识上进行阐释。在自然科学中，它被认为是事物之间的原因和结果(Ursache und Wirkung)的外部关系，而在人文科学中，它被认为是主体之间可以内化的行为和苦难(Tun und Leiden)的关系。⑦ 正是在后

---

④ Dilthey,"Life and Cognition,"in *Understanding the Human World*,SW 2,85-112.
⑤ 参见"Life and Cognition,"*SW* 2,85。
⑥ "Life and Cognition,"*SW* 2,88-91.
⑦ 参见"Life and Cognition,"*SW* 2,94-95。

面这一种行动和苦难的语境中,才有可能产生一种不确定性的合目的性的感觉。一个确定性的合目的的概念将在本质性的最终范畴中发挥作用。

第三个基本的本质性的生命—范畴集中关注的是,在生命的整体语境中什么东西是核心的。正如狄尔泰所写到的,"生命本身迫使我们区分什么是重要的,什么是决定性的……什么是可以免除的"。[8] 所有的生命体验都表现出一种针对本质性东西的内在选择性,反过来,这又导致自然科学家寻找自然的基本成分,哲学家寻找物质的一般性标志或事物的特殊性的"这一个"(thisness)。然而,本质性的范畴指向"一个对智力来说难以理解的模糊核心"[9],并且,它需要人文科学做进一步探索。它与我们如何把对历史的理解集中在区分暂时需要的东西和具有持久价值的东西上有着特殊的关联。在人类实践中,它引导我们区分什么是单纯的手段,什么是内在的目的。因此,我们可以说,与自然科学的关系相比,本质性范畴与人文科学的关系更为直接。它是人文科学三大范畴的基础,它们是价值范畴、目的范畴和最重要的意义范畴。本质性在生命的一些核心时刻与它的整体意义之间形成了一种聚合。

相对于我们前面所说的康德的所有范畴都为经验提供了意义,对狄尔泰来说,似乎没有必要为人文科学提出一个特殊的意义范畴。然而,我们应该注意到,在康德看来,范畴只是通过给予它们一个客观性参照的图式才间接地展示它们的意义。这种图式性的意义涉及一种指向或者针对一些对象。人文科学的意义不仅仅是筹划一个有效的认识参照;它的目的是为事物的价值提供一种

---

[8] "Life and Cognition," *SW* 2, 101 - 102.
[9] "Life and Cognition," *SW* 2, 108.

合法性评价。在这里,意义唤起了选择性或重要性的感觉,它标志着本质性的生命—范畴,并对诠释学在相关解释语境中确立优先性具有明显的影响。

因为康德和狄尔泰两人都认为范畴对经验来说是构成性的,因此,可以说,这种构成性的经验为诠释学提供了批判基础。它们确立了可理解性的参数,这些参数为解释的可能功能设置了界限。康德的范畴构成了对推论性智力(Verstand)的认识理解,而狄尔泰的生命—范畴已经适用于前推论性的生命经验,并且在所有的理解(Verstehen)层次上都起作用,包括对日常生命—知识的初步理解。自我同一性、生产性和本质性的生命—范畴,在人文科学解释(auslegen)生命并具体阐明其历史表现之前,就已经显示出(aus-legen)生命的整体联系。这是因为,狄尔泰的范畴不仅仅涉及认识的有效性,而且也被认为对历史生命的反思性知识具有重要意义,因此,他并没有定义一套固定的人文科学范畴。

作为调节性和解放性的批判

另一种关于批判与诠释学关系的方法认为批判是调节性的,而不是构成性的。康德有时会调节性地运用理性来深化总体系统性或合目的性秩序的概念,并且我们还看到,当概念为了筹划理想的限度而被扩展到超出它的适当领域的界限时,这些概念就可以被调节性地应用。因此,当因果关系的范畴超出了自然的机械秩序的界限,并指向某个理想的最终目的或未来的目的时,它就不再是一个构成性概念,而是一个调节性概念。即使当一个目的不是外部的而被认为是有机体的内在合目的性时,也存在一种对理想限度的筹划。康德最初把有机体的每一部分都描述为是"为部分和整体而存在的"。⑩ 但是,这种描述本身也可以应用于一座时钟的各部分或由人类设计的其他机械装置,因此,我们还必须把有机体的各个部分视为能够共同产生其他部分的器官。因此,一个有机体被重新定义为能够自我维持的"有组织的和自组织的存在"。⑪ 没有任何一个已知的生命可以无限期地组织自己,因此,自我组织存在的调节性观念体现了思维的限度。

传统上,批判所关注的是用理性的理想表现方式界定我们认识能力的界限。但是,一旦批判也与一些以生命为基础的表现方式有关,它就开始承担起更实际的作用。我们看到,狄尔泰转向了作为人类实践和成就宝库的客观精神的历史表现方式。⑫ 在这种表现方式培育人类发展的范围内,它是历史知识的一种重要资源。这种传承下来的表现方式提供了有关共同性的地方性语境,而这种地方性语境与我们可以理解人类怎样定义自己的个性以及如何产生更普遍的目标有关。

让—保罗·萨特的"实践惰性"⑬作为社会和政治生活的背景,实际上体现了对狄尔泰客观精神的一种重新表述,并且为构成性批判转向一种调节性批判提供了过渡。实践惰性作为一种更具体的继承表现方式,按照一种调节性的思想或理想对此施加关键性的影响。尽管构成性批判是在适用于所有语境的普遍性条件的

---

⑩ *Critique of the Power of Judgment*,245(译文有修改);Ak 5:373。

⑪ *Critique of the Power of Judgment*,245;Ak 5:374.

⑫ 参见第一章。

⑬ 参见 Jean-Paul Sartre,*Critique of Dialectical Reason*,trans. Alan Sheridan Smith,vol.1(London:Verso,1991),319。

基础上界定什么是可能,但是,调节性批判倾向于把什么是可能的投射到已经被证明是有限的实际语境中。在社会政治理论方面,调节性批判要求人们有能力与他自己的有限处境保持距离,并致力于从异化的环境中解放出来。在马克思批判资本主义社会的不平等和分化,以及他呼吁要建立更加公平的公共秩序的过程中,调节性批判与解放之间的联系有其背景。马克思主义关注人类交换的经济手段可能具有的社会作用,但是,它留给哲学和诠释学的空间并不大。正如马克思本人所说的:"哲学家们只是以各种方式解释世界;然而,重要的是改变世界。"⑭

在这个方面,于尔根·哈贝马斯和保罗·利科很重要,因为他们重申了诠释学对于把人类从压迫力量中解放出来的任务所做的贡献。通过哈贝马斯早期的纲领性著作和利科的一系列论文,我们可以看到,他们如何根据20世纪人文科学和社会科学的发展重新构想出一种解放性的调节性批判。他们特别关注语言学和精神分析的进展,以论证用深度诠释学来补充传统诠释学的可能性。

在《知识和人类兴趣》一书中,哈贝马斯考察了人类通过工作、语言和权力来发挥和表达自己从而促进人类发展的三种方式。在这里,我们既看到了对作为一种共同性表现方式所继承的东西的进一步说明,也看到了一种超越马克思和萨特的实际政治兴趣的行动,这种行动能够对各种旨在改变生活世界的人类兴趣做出区分。哈贝马斯这本早期著作是一个有用的参照点,因为它赋予了工作、语言和权力的中介效能以独特的认识兴趣。这项工作符合控制自然的理论和技术兴趣,这是自然科学筹划的特点。语言与

---

⑭ Karl Marx, *Theses on Feuerbach*, XI, in Robert Tucker, ed. *The Marx-Engels Reader* (New York: W. W. Norton & Co., 1972), 109.

促进交往行为的实践兴趣相一致,被认为对诠释学或人文科学非常重要。最后,权力与把我们自身从削弱我们生命和使我们彼此隔离的体制限制中解放出来的关键兴趣是一致的。

哈贝马斯引发的对这些技术的、诠释学的和批判性的人类兴趣,并不是还原性地构想出来的,而是在人类理性中有它们的根源。工业革命使人们有可能从地方性的经验背景中提取工作,并把它重新改造为一种技术控制自然资源的一般模式。因此,自然科学由于包括"社会组织劳动的学习过程"[15],因而它既是技术性的又是理论性的模式。尽管这些科学的探究规则不再是纯粹的先验性规则,但是,它们却"具有一种先验性功能",这种功能来自技术性的"人类生命的结构"。[16] 就此而言,诠释学的人文科学"指向的是不同的实际生命形式的超验性结构",并与"以行动为导向的相互理解"相关。[17] 在这里,对交往行为的实践—解释兴趣需要探究"普通语言的语法,它同时也支配着生命—行为和实践的习惯性方式的非语言因素"。[18]

但是,无论是技术性的自然科学还是诠释学的人文科学,都没有在哈贝马斯所说的"自我形成过程"[19]中探索把兴趣与理性统一起来的整体框架,而这种自我形成过程界定了人类本身。在思考塑造我们自己的历史的力量时,哈贝马斯从认识论模式的方法论转向了批判性的自我反思。狄尔泰已经提出了从作为认识理论的

---

[15] Habermas, *Knowledge and Human Interests*, trans. Jeremy J. Shapiro (Boston: Beacon Press, 1972), 194.
[16] *Knowledge and Human Interests*, 194.
[17] *Knowledge and Human Interests*, 195.
[18] *Knowledge and Human Interests*, 192.
[19] *Knowledge and Human Interests*, 197.

认识论向自我反思(Selbstbesinnung)知识的一种类似的转变。[20]对于这种自我反思的转向,他们甚至有一个相似的理由。对狄尔泰来说,自我反思"不仅寻求使我们对什么是真实事物的陈述具有明显确定性的条件,而且还寻求保证意志及其规则的正当性或公正性的条件"。[21] 对哈贝马斯而言,自我反思是一个批判过程,在这个过程中"为知识而知识最终将与自律性和责任的兴趣相一致"。[22]

在某种程度上,主体可以"在其起源的历史中让自己变得透明"[23],哈贝马斯认为,自我反思会成为一种"解放性"的体验。当它应用于实际的处境时,自我反思被认为有希望使我们"摆脱对实体化权力的依赖"。[24] 这导致哈贝马斯描绘了第三套"批判性"科学,与哲学共享解放性的认识兴趣。自然科学和人文科学的兴趣在于生命的保持和再生产,而批判科学的兴趣从根本上说是重构性的。

哈贝马斯把批判性社会科学和精神分析的"深度诠释学"视为处理人类行为和交往受到压制性机构权力关系制约的处境。这些学科根据没有限制的交往行为的调节性思想,分析病理行为和被扭曲的交往的实例。在试图举例说明解放的调节性批判时,他的主要关注点在于,精神分析理论和技术怎样应对正常的理解出现障碍时的危机情境。精神分析解释提供了一个有趣的模式,因为它们涉及了因果性说明和反思性理解。它们求助于无意识和压抑的本能冲动的说明性假设来解释病理性的和反社会的行为。但是,除非通过分析师和患者之间的对话,把这些解释转译成一种形

---

[20] 参见第一章。
[21] *Introduction to the Human Sciences*, SW 1, 268.
[22] *Knowledge and Human Interests*, 197–198.
[23] *Knowledge and Human Interests*, 197–198.
[24] *Knowledge and Human Interests*, 197.

式,让患者能够根据他或她对日常生活的叙事,反思性地利用和理解这种形式,否则,这些说明就不会产生什么疗效。从这个意义上说,精神分析是一种元诠释学意义上的分析。

从病态性的困扰中解放出来需要打破阻碍完全自我成熟的重复行为模式。马克思主义者认为,这种恶性循环不仅仅发生在我们的私人生活中。既然许多公共行为模式,无论是经济上的还是政治上的,往往都揭示出相似的病态,因此。哈贝马斯认为,精神分析的深度诠释学为社会科学提供了一种能够适应其合目的性的批判性范式。对于公共领域,哈贝马斯复兴了马克思主义的语言,即"意识形态上凝结的依赖关系"㉕,这种依赖关系对我们的社会制度抱有幻想。意识形态批判认为,把那些合法表达"社会行为的不变规律"㉖的稳固体制与那些仅仅把现存特权和产生异化的体制分离开来是必要的。

在《知识和人类兴趣》中,哈贝马斯对人类历史的自我形成过程所做的多层次解读,包含了许多令人振奋的见解。然而,它仍然给我们留下了一种有缺陷的诠释学和人文科学概念。把人文科学描述为仅仅以交往行为的实践关注为中心,并把它们的诠释学主要与前批判的"普通语言的自反性"和习惯性实践的"非语言生活表达"相结合,就是要把诠释学的人文科学降低到初级理解的层次。但是,人文科学并不局限于对"习惯性生活行为"和普通话语的关注。它们必须考察人类活动和成就的全部范围,诠释学必须用学科理论分析提供的更高理解的方法论工具才能解决所有人类生活中出现的复杂性和模糊性。

㉕ *Knowledge and Human Interests*,310.
㉖ *Knowledge and Human Interests*,310.

自我反思和批判并不是哈贝马斯"批判"科学及其对扭曲交往的揭露所独有的。批判性反思在人文科学中也发挥作用，因为它们探索了变革性洞察力和选择性实践的可能来源。但是，哈贝马斯认为，人文科学的诠释学仅仅是预备性的和前批判性的，因为它宣称需要一种特殊的深度诠释学来接纳批判。他对精神分析的解放功能的广泛探索指向了一种深度诠释学，这种诠释学从"关于语言结构和行为的元心理学基本假设"中汲取了其批判性依据。[27]在承认他的自我反思性批判求助于"元理论"[28]的要求时，他提供了一个本质上是思辨性的调节性批判模式。在他后来的著作中，这些有关深度诠释学的元心理学推测，被更正式的调节性交往行为的程序取代了。他更多的是强调社会系统的分化，而人文科学的诠释学却仍然停留在前理论知识的层面。[29]

保罗·利科与哈贝马斯的不同之处在于，利科为人文科学的诠释学提出一种更为全面的观点。在超越对习惯性生活和普通话语的基本分析的时候，利科强调了精神分析理论、语言分析和结构主义有可能对诠释学产生的理论进步。然而，在利科那里，意识形态批判与诠释学的关系仍然存在一些问题。一方面，他认为批判是从异化的经验中产生出来的。因此，他同意哈贝马斯的看法，即批判是解放性的，并且它的普遍性来自"不被限制和不被约束的交往的调节性理想"。[30] 另一方面，利科把诠释学描述为源于归属感

---

[27] *Knowledge and Human Interests*, 272.

[28] *Knowledge and Human Interests*, 272.

[29] Habermas, *The Theory of Communicative Action*, vol. 2, trans. Thomas McCarthy(Boston: Beacon Press), 1987, 153.

[30] Paul Ricoeur, *From Text to Action*, *Essays in Hermeneutics*, II, trans. Kathleen Blamey and John B. Thompson (Evanston, IL: Northwestern University Press, 1991), 286.

的经验。这体现他接受了伽达默尔的立场，诠释学以属于传统的经验为基础，并且通过对话和一种视域的融合来确立它自己对普遍性的要求。因此，利科认为，诠释学和批判将永远不同的，但它们绝不能被完全分离开来。

尽管利科似乎满足于把批判看作是诠释学范围之外的一种补充，但是，他在解释中却把"对批判性实例的承认"说成是"诠释学中一种不断被重申的模糊性欲望"。[31] 利科在诠释学中发现的一个解放性批判的对应物就是距离化的技术，这种技术关注的是人类经验的客观化。他认为，狄尔泰晚年的诠释学预见到了这种距离化的技术，那就是通过"把解释的特殊性定位在……由书写固定的现象中，更一般地说由铭文固定的现象中"。[32] 然而，利科却错误地认为，狄尔泰在理解和说明之间确立了一种二分法，把说明排除在人文科学之外。他认为，如果"诠释学要根据它自己的前提描述一个批判性实例"，那么，这一点就必须得到克服。[33]

利科的批评表明了这样一个事实：在早期的一篇关于描述心理学的文章中，狄尔泰把说明与理解对立起来，也隐含着与解释相对立。狄尔泰的格言是"我们说明自然，但我们理解精神生命"[34]，他断言，我们可以描述和理解精神生命的基本结构，而不必首先求助基于自然科学的说明性因果假设。但是，在同一篇文章中，他明确表明，在心理学和其他人文科学中，说明确实发挥作用，只要不把它们看作是基础性的东西。利科还错误地把这一点归咎于狄尔

---

[31] *From Text to Action*, 295.
[32] *From Text to Action*, 297.
[33] *From Text to Action*, 299.
[34] Dilthey, "Ideas Concerning a Descriptive and Analytic Psychology," in *Understanding the Human World*, SW 2, 119.

泰,即"相信任何说明性态度都是从自然科学的方法论中借来的,并且把它不合法地延伸到了人文科学"㉟。一种更恰当的描述狄尔泰的方法的方式,就是,在人文科学中,对理解的反思性关注必须为寻求说明提供框架。任何一种自然科学类型的因果性说明都可能会相应地受到其范围的限制。因此,尽管狄尔泰拒绝承认存在像自然规律一样具有统摄性的历史解释规律的可能性,比如说对于文学,但是,他认为,在特定的社会、经济和文化领域内探索其发展规律是恰当的。他有时甚至提出了独特的人文科学说明的想法。

对于他本人的诠释学立场,利科认为"符号学模型就出现在文本领域……"㊱,这使他相信,所有的说明都不是自然主义的或因果性的说明,而可能是结构性的说明。因此,他提出,语言解释本身就是说明的一种结构形式。此外,他甚至认为,结构性说明可以消除理解的必要性。通过这种说明,我们可以解释语言文本,而不必求助于心理学的理解。㊲

利科的批评忽视了狄尔泰的理解理论的结构性潜力,因为它的发展超越了心理学的起源。利科从解释中删除的理解是试图使心理学行为"与作者的内心生活相契合"。㊳ 然而,狄尔泰本人最终放弃了这样的观点,即理解是为了再生产作者的主观意图,并且明确了理解作者就是确定他们的作品的意义。即使他在后期作品中称之为"重新体验"(Nacherleben)的东西,也不涉及与其他精神

㉟ *From Text to Action*,299.
㊱ *From Text to Action*,299.
㊲ *From Text to Action*,112.
㊳ *From Text to Action*,112.

状态的复制性契合。重新体验被认为是对理解的一种补充，是理解使转向解释成为可能。像克尔凯郭尔一样，狄尔泰声称，理解本身是回顾性的。它要求有能力退一步考虑问题，并扩展人们当下经验的结构性语境，同时考虑到其他的立场。理解包括一种"换位"或对我们经验的语境性的一种重新定位。把重新体验与理解区分开来的就是向前的解释运动。原先向后弯曲的语境化诠释学循环现在是在向前运动。重新体验不是对他人经验的直接再激活，而是对我们自己的理解的一种完成，而这种理解解释了他人的经验。理解和解释都可以被描述为在不同语境中从结构上表达意义的方式。但是，由于这些不同的语境产生了相当分散的话语，诠释学循环将不可避免地发展出参差不齐的边缘，这就需要我们磨合判断性的评估。

当利科认为被当作一种说明方式构想的结构性解释可以免除理解时，他正在考虑的是与语言学相关的结构主义说明。语言学并没有把重心放在句子的意义结构上，而是分析音素和语素之类的元素，而对于这些元素的意义，没有什么东西是必须确定的。或者，如他所写到的，"语言学只考虑有没有适当意义的单元系统，而每一个单元系统都只有根据它与其他所有单元的区别才能得到界定。"[39]这种差异性结构是从内容中抽象出来的，它提供的不是意义，而是一种涉及形式上的，通常是极性关系的可理解性。一位结构主义评论家认为，它的结构是迷宫式的网络，其中的每个节点本身都是一个网络。[40] 每一种关系都会脱离自身，都需要转译或重

---

[39] *From Text to Action*, 113.
[40] 参见 Michel Serres, *Hermes: Literature, Science, Philosophy* (Baltimore: Johns Hopkins University Press, 1982) 16。

新图绘。

由于走向了这种结构主义,利科似乎背离了他本人研究胡塞尔现象学的著作,他在其中采用了一种更加狄尔泰式的与理解意义相兼容的结构性概念。现象学结构和意义结构阐明了我们经验的整体联系,并且是根据生命中所给予的东西而阐释的。一种充满了现象学意味的诠释学从整体上构想了结构的整体性,但是,利科转向结构主义却导致他提出了二元对立的看法,并产生了一种结构极性的辩证游戏。在这里,他所希望的是,"在某些条件下……找到比句子的次序更高的语言单元,显示出与之相当的……比句子的次序更低的单元组织。"[41]这种类似的移情所要阐明的较高单元,就是叙述的和神话的结构。利科承认,这里产生的一些类似物可能是没有什么新意的,是人为的。因此,在从表层解释到深度解释的运动中,结构主义分析必须包含在并降低到一个"有效假设"的阶段。[42]

表层解释与深度解释之间的对立,是利科诠释学的主要极性之一,在他描绘两种诠释学模式之间的对立时,这种对立便以另一种方式表现出来:1)一种恢复性的诠释学,它通过追溯历史来源而丰富理解;2)一种去神秘化的诠释学,它寻求揭示隐藏动机和力量的解释。[43] 在狄尔泰、海德格尔和伽达默尔的著作中,他找到了恢复性诠释学的主要范例,并在马克思、尼采和弗洛伊德的揭示努力中找到了去神秘化解释的最佳实例。后一个群体也被描述为提供了一种怀疑的诠释学。利科提出,去神秘化与恢复的二元对立驱

---

[41] *From Text to Action*,114.
[42] *From Text to Action*,121.
[43] 参见 Ricoeur, *Freud and Philosophy*, trans. Dennis Savage(New Haven,CT: Yale University Press,1970),27。

动着解释本身,并谈到了诠释学的"双重动机":即"怀疑的意愿"与"倾听的意愿"相结合,"严谨的誓言"与"顺从的誓言"相结合。㊸然而,由于他一方面把倾听与顺从结合在一起,而另一方面又使严谨和怀疑对立起来,因此,利科给人的印象是,真正的倾听缺乏严谨,言下之意,这种倾听是非批判性的。但是,用一个开明和训练有素的头脑进行批判性地倾听是有可能的。此外,它限制了我们对严谨的理解,使我们否定性地把它看作一种去神秘化的方式。

利科的怀疑诠释学与解放性批判有一些共同之处,但是,在"诠释学与意识形态批判"一文中,由于他谈到了"把假定的传统置于判断之上"的诠释学筹划与"把反思置于制度化约束之上"的批判性筹划之间存在的"鸿沟",从而削弱了这种关系。㊺通过这一表述,他超越了认为诠释学来自所属传统的经验的一般观点,实际上他与伽达默尔的更强烈的主张相一致,即诠释学是一种服务于传统的模式。现在,诠释学被看作一个回顾性的传统使女,而批判理论则被认为受未来导向的调节性观念所支配。按照利科的说法,它们并不能被某个统摄性的系统所囊括,因为"每个人都站在不同的位置上说话"。㊻

要是说传统凌驾于判断之上,就会忽视判断揭露传统的制度化约束的诠释学潜能。在某一方面,利科确实做出了努力,从而缓和了诠释学与社会批判之间的所谓鸿沟。他非常正确地认为,解放性批判不仅是一个有待实现的调节性观念,而且在过去已经被实践过了。根据利科的看法,存在一种批判的传统,对于这种传

㊸ 参见 *Freud and Philosophy*, 27。
㊺ *From Text to Action*, 290.
㊻ *From Text to Action*, 294.

统,他不仅可以追溯到启蒙运动,而且还可以追溯到圣经。因此,他谨慎地说,"如果把《出埃及记》和《复活》从人类的记忆中抹去,也许就不会对解放有更多的兴趣,也不会对自由有更多的期待。"[47]然而,这只说明了对过去事件和运动的认识如何可能为这一批判性的筹划提供灵感,现在还不知道诠释学本身如何能够对批判做出贡献。

简而言之,哈贝马斯提出的并经由利科改造的解放性批判超越了一种构成性批判,并且由于把一种理想的未被扭曲的交往理想领域,设想成政治解放的条件,从而使这种批判成了调节性的。他采纳了康德的道德个体自律性的观念,他仍然在既定法律和体制权力的约束下发挥作用,并把这种作用扩展为一种不受专横权威限制的理想的公共自由。正如所有理性的调节性运用一样,对未被扭曲的交往的筹划是思辨性的,并且只能做出假设性的决定。不管未被扭曲的交往的理想及其与"未被扭曲的公共领域"[48]的关联性如何可取,它都需要得到诠释学思考的补充,而这些考虑关系到一个给定语境中行之有效的选择方案。这就需要判断了。

以反思性和判断为中心的批判

第三种有待提出的可能性是一种反思性批判,其重点就是判断在解释中的作用。这种批判既不是前诠释学上的,也不是后诠

---

[47] *From Text to Action*, 306.
[48] Habermas, *Between Facts and Norms*, 148.

释学的，而是彻底的诠释学批判，因为没有任何一种理解功能被认为是完全从下面建立起来的，例如根据一种构成性批判，或者完全是从上面被理性地指导的，比如根据一种调节性批判。一种诠释学批判将不会寻求构成所有经验的先验范畴，而是在一个给定经验的可能的解释性语境中对优先性做出反思。因此，狄尔泰《历史理性批判》中仍然隐含着的总体框架，需要具体化为一系列与《历史判断批判》中的理解和解释相关的反思性语境。[49]

当我们从最初的定位走向世界时，为了批判性地评估历史情境以及我们可能的行动，判断就必须在诠释学中发挥核心的诊断性作用。反思性批判的诊断功能，对于运用调节性批判或解放性批判所需要的理论与实践的中介来说，是至关重要的。尽管理论有可能会与现实保持一种假设性或思辨性的距离，而实践有可能会把我们的意志强加给事物，但是，判断和反思使我们有能力对一种情境采取措施，并考虑做出一种恰当的回应。

在走向以判断为中心的诠释学的过程中，我们可以根据它们对反思性批判的相关性，重新阐述康德关于理性的调节性运用的一些观点。因为康德关于合目的性秩序的许多论断都是"调节性的"和"反思性的"，因此，人们通常认为这两个术语所指的大体上是一回事。然而，应当指出，一项要求的调节性的性质与其客观性参照有关，并且其反思性的性质与其主观性的地位有关。一个概念的调节性运用本身就提出了关于该对象的假设性说明的要求。因此，康德的目的论的目的观念是对因果关系的说明性概念的一

---

[49] 这些语境可以说是以它们自身为中心的，就像内在的目的系统一样。但是，由于它们与其他语境相互交叉，如果一种反思性诠释学能够启发性地将它们的语境重新置于中心，那么这些中心语境就不需要被解构主义去中心。

种调节性扩展。但是,当他把有机体描述为具有自我发展和保持的内在目的时,从没有决定性说明的人类反思的角度来看,它们是有意义的。这种对合目的性的反思性理解在主体间性上是合法的,但是,它并没有提出客观性说明的要求。

对于调节性观念和反思判断的力量如何应用于诠释学,所有这一切都提出了一个重要的差异点。尽管调节性观念筹划了广泛的思辨性要求,但是,反思性判断的任务是要考虑某些语境性的具体化是否能够提出更少假设性的要求。因此,对目的概念的反思性具体化不应当提出对自然领域立法的要求,而应当限制它本身所提供的关于人类经验属地的功能性描述。当目的论被应用于个体有机体或社会系统的时候,它的一般观念便可以根据它们随着时间的推移而发展怎样组织自己,怎样面对生存的挑战而进行具体说明。当反思性判断以这样一种更为谨慎的方式拓展我们的思维方式时,它们便可以被诠释学当作合法的解释来占有。

早些时候,我们提到了调节性批判,即针对资本主义经济学中的异化等实际的限制性情境,筹划具有可能性的解决方案。一种反思性批判必须更加具体,同时考虑到人类异化所涉及的特殊情况。尽管调节性批判所提出的解决经济和政治冲突的方法仍然是一种普遍主义的方法,但是,反思性批判必须提供自己的解决办法,考虑到那些遭受异化的人的具体世俗轨迹。最终,在诠释学寻找解释历史现象的适当意义语境时,必须提出广泛的调节性思想和自我约束的反思性判断,共同为诠释学调整其关注点服务。反思性诠释学批判必须充分利用这样一个事实,即有待历史地理解的东西被嵌入到了一系列社会、文化和区域性的语境之中,其中一些东西可以用系统的学科术语来考察,而有些则不能。在媒介研究中,诊断性判断的任务就是要区分这些历史和学科的参照系,并指出它们可能交叉的地方。

对诠释学来说,需要的是一种以判断为基础的批判,这种批判可以反思性地指向调节性理想,而不必接受它们的决定性指导。如果历史和学科的参照框架与这样一个调节性视域相关,那么,批判性诠释学的任务之一,就是把普遍性理想具体化为反思性范例来进行判断,就像用反思性的图式化把规范性的美的理想具体化为个体的范例一样。反思性图式化探索了最适合的特殊语境,这在诠释学上是相关的,它允许我们将传统的文化产品从其偶然的地方性栖居地转移到更大的人类共同体属地,由此,我们便可以评估它们是否值得效仿。

我们还指出,批判性哲学就是反思性的哲学,因为它侧重于优先顺序的确定。因此,一种批判性诠释学必须协调不同的话语领域,并且考虑它们是否能够在这些领域中确定任何优先顺序以考察某一个特定的主题。例如,有人可能会争辩说,在理解美德义务的语言之前,我们有必要先理解法律义务的话语,因为法律的规则确立了权利是什么的最低标准,而这种标准是对善进行反思的基础。

我们已经通过一种扩展的判断理论探讨了合法化的诠释学任务,在这种理论中,规范性把自身表现在评价性判决和决定性判决的行为中。在一个给定的决定性语境中,评价性判决可以简单地决定可用的替代方案。但是,当涉及历史归属时,反思性判断在考虑其他的相关语境时就变得很重要。我们所说的反思性判断主要是在寻找尚未获取的普遍性。然而,正如康德在《逻辑学讲义》中所阐明的那样,对反思性判断所涉及的普遍性探索,可以"1)从一类事物的多个到所有的事物，或者 2)从一类事物中各种事物都一致的许多规定和性质到其余的规定和性质，只要它们属于同一原则。”(50)第一种模式是归纳推理，第二种模式是根据“具体化原则”进行类比推理。(51) 归纳法从许多 x 是 y 的前提到所有 x 都是 y 的结论进行论证，而类比说明则对事物的部分相似性进行反思，以检验进一步的相似性。尽管这两种反思性推论都是指向理性的，但是，它们都是经验性的，并且超越了抽象的普遍性。因此，归纳的反思性判断实际上是从特殊性转向“一般命题而不是普遍命题”(52)，反思性具体化实际上从一个语境整体的某些部分转向其他部分。反思性具体化可以检验一个语境的系统相关性，并导致这个判断，即另一个解释性语境需要对证据做出更充分的描述。

正是这种反思性具体化的经验范围，可以证明对于重新解释经验具有系统的重要性。康德自己补充了他的决定性的构造性筹划，使具体的规律服从更高的普遍性原则，一个反思性的构造性筹划，为了寻求规律之间的一般关系而调整了系统的部分与整体的关系。(53) 最初，普遍性的反思性具体化可能在整体的某些部分之
164 间产生构造性的调整，但是，它也可能迫使修改一个系统的更高层次的规律，从而考虑到新的既有的更低层次的规律性。因此，康德允许通过“引用或考虑普遍性中的多样性”从而使一个普遍性的概

(50) *Lectures on Logic*，626；*Ak* 9：132.

(51) *Lectures on Logic*，626；*Ak* 9：133.

(52) *Lectures on Logic*，626；*Ak* 9：133.

(53) 参见 *Critique of the Power of Judgment*，First Introduction，17；*Ak* 20：213－214。

念变得更加具体。(54) 这样，就超出了通常所认为的假设，即具体化只适用于可能服从一种普遍性的具体性。相反，系统化所涉及的反思性具体化则能够把一种抽象的普遍性转化为黑格尔所说的"具体的普遍性"。

如果反思性判断所寻求的普遍性被证明是一个已经存在的原则，而这个原则需要有它自己的具体说明的内容，那么，反思性具体化就会成为一种自反性的自我具体化。我们将会看到，这种进入自反性的反思性观念，可以为重新评估公认的原则和历史先例提供关键性的杠杆作用。

从反思到自反性

反思性具体化不仅涉及普遍性与特殊性的关系，而且还涉及部分与整体的协调。对于历史解释来说，它本质上是一种间接的理解方式，这些过程是以不同的语境为中介的。历史的复杂性使得我们有必要用不同的解释语境来建构我们对历史的理解，其中的一些语境是通过学科性或系统性的考虑建立起来的，而另一些语境则是以时间性和区域性环境为基础建立起来的。在相关的语境，例如社会和文化系统，在一个特定的历史事件中进行反思性的协调，并且表明是它们相互交叉的时候，我们便获得了一个合法性解释和批判性评估所需要的诊断焦点。

前面的论述表明，任何一种诠释学的意义要求，在寻求其真理

(54) *Critique of the Power of Judgment*, First Introduction, 17; *Ak* 20:215.

性时都不应当免除对所有可用的经验证据和适当语境的考虑。对真理性的这种规范性要求涉及对个人同意与公共同意相协调的期待。(55) 然而，为了获得对一个解释的公共同意而付出的一切努力，
165 都必须根据一个人自己对所占有的解释的总体判断同意来确定。因此，诠释学所要求的判断的批判性模式，不仅在对其他观点保持开放的时候是反思性的，而且在返回它自身的时候也是自反性的。在不同观点之间进行权威性裁决的能力，必须植根于第六章讨论的真实和良知的自我审查。为了肯定这个自我参照性或指示性方面的诠释学考虑，重要的是，必须仔细区分我们所使用的术语“反思”、“反思性的”和“自反性的”。

反思(Überlegung，Reflexion)是一种简单的比较过程，它所关注的是特殊性中的共性，在康德看来，即使是动物也能做到这一点。(56) 可以补充的是，对于人类来说，这种比较性的反思也是经验性概念形成的条件之一。反思对经验领悟的概念性秩序有助益，而**反思性的**(reflektirendes)思想则更进一步，目的是对一般经验进行解释性把握。当判断作为一种定位性的并且最终是推理性的思维方式进行时，它就首先成为了反思性的判断，这种思维方式寻求经验整合和经验规律系统化的一般原则。(57)

在最近一些有关康德的文献中，有人认为“单纯的反思性判断”(58)只不过是经验概念形成的一个条件，因此，把反思性判断简

(55) 参见第五章。

(56) 参见 *Critique of Pure Reason*，A260/B316，以及 *Critique of the Power of Judgment*，First Introduction，15；*Ak* 20：211－212。

(57) 在《逻辑学讲义》中，反思在第 6 节中根据概念形成进行了讨论，而反思判断则在关于推论的第 81—84 节中才得以讨论。

(58) *Critique of the Power of Judgment*，First Introduction，15；*Ak* 20：223.

化为只是一种决定性判断的期待模式。(59) 这样一个立场往往把概念所需要的反思（Reflexion）与判断的反思性（reflektirende）力量相混淆。但是，与最初的实证性认识研究相比，反思性判断的诠释 166
学任务更具有全面性。它把我们的所有反应方式都指向现实，无论是认识的、情感的还是意志的反应。尽管反思有助于深思熟虑的领悟，但是，当我们的思考也考察其范围和假设时它会成为反思性的。而从定位性思维的角度来看，引导我们进入世界的反思性态度，最终必然会让我们在一种自反性的或自我参照的时刻回到我们自身。

虽然我们从狄尔泰那里获得的自反性，最初是任何一种意识行为所固有的自我意识，但是，它也可以成为一种反映各种各样的精神状态的更具有包容性的自我意识。这将是一种通过反思性判断而实现的另一层次的自反性。康德之所以能够把反思性判断与感受到的审美愉悦的能力联系起来，正是因为它能够对我们整体精神状态产生一种自反性意识。当反思性判断与解释中所涉及的规范性考虑相适应时，这种自我意识的自反性就被拓宽为一种评价性的态度。

由于主要关注自反性和反思性的批判，我们现在可以把它们与我们的三个层次的历史理解联系起来：初步理解包含一个**同化**我们的已经存在于经验中的第一层次的**自反性模式**。它包括通过

(59) 参见 Beatrice Longuenesse, *Kant and the Capacity to Judge: Sensibility and Discursivity in the Critique of Pure Reason* (Princeton, NJ: Princeton University Press, 2001), 164, and Henry Allison, *Kant's Theory of Taste* (Cambridge: Cambridge University Press, 2001), 16 - 30。关于这个立场的更多提问，参见 Makkreel, "Reflection, Reflective Judgment and Aesthetic Exemplarity," in *Aesthetics and Cognition in Kant's Critical Philosophy*, ed. Rebecca Kukla (Cambridge: Cambridge University Press, 2006), 223 - 244。

我们的地方性共同体从过去继承下来的东西，并产生了我们称为生命—知识的东西。更高层次的理解则运用概念性反思把经验上被同化的东西，转化为更普遍的具有科学特征的认识模式。这种更高层次的或认识性的理解构成了一种反思性习得，像所有的推理性的表征一样，这种反思性习得是零散的，并且散落在不同的学科之中。最后，在批判性理解中，被占有的经验和概念性认识用来形成一种完整的知识模式，这种模式产生一种第二层次的自反性，在自反性中，具象性的认识走向了具有代表性的规范性判断的层次，从而能够实现一些总体的评估或解释。自反性同化使我们成为人类历史的一部分，在我们的批判性评价中，反思性的自反性占有则使历史成为我们的一部分。批判性占有中的反思性与自反性之间的这种相互作用是一个重要的因素，它将认识到诠释学不仅仅是考察解释规则和解释方法的理论。

回应性诠释学与转变性批判

对于任何一门学科的解释都可以有程序性的解释指南，但是，这并不意味着它们都是诠释学意义上的。在程序性层面上，自然科学和人文科学的方法有某种程度上的重叠，也有某种程度上的分歧。即便在自然科学中，当归纳概括的证据不足以确定结果时，解释就变得必要了。当我们不能诉诸一般的规律来说明自然或历史现象的行为时，我们可以应用详细的描述和统计的相关性来产生解释。在这里，程序性的解释理论扩展了概念性反思的范围，提出了可供考虑的其他的反思性语境。但是，这种反思性的语境化还没有界定什么是诠释学理解的特征，以及人文科学如何能够为诠释学理解做出贡献。

把诠释学与简单的程序性解释理论区别开来，并把它界定为定位性的东西，就是把关于世界的反思与自反性意识联系起来的能力。因此，除非对历史的解释也影响了自我理解，否则，这种解释就不会是诠释学意义上的，理想的解释过程将从初级理解的第一层次的自反性转向对更高理解的反思，从而达到批判性理解的第二层次的自反性。这两个层次的自反性都引入了一种循环，它不仅涉及部分和整体的相互作用，而且还涉及自反性和反思性功能在时间性顺序中的最终逆转。从经验上讲，自反性意识包含一种隐含的理解，因此，必须对它进行反思性阐释。但是，在批判性诠释学理解的层面上，所有被自反性同化和反思性获得的东西都同样需要被合理地占有。在这里，自反性跟随反思性，它成为了对一种解释责任的隐含时刻。反思性在判断的层面上发挥作用，并在更大的范围内对可能性进行比较。自反性是指示性或自我参照的，而不必为理解某种内心自我提供显而易见的路径。但是，当第二层次的自反性也包含着反思性获得的东西时，我们对我们自身立足于这个世界上的地位的认识，也为我们对世界的立场提供一个基础。

当我们获得批判性的方位时，我们采取立场的定位能力就需要对特殊的情况做出反应。作为生命的一个基本特征，反应性不仅意味着对经验给予的东西保持开放性，而且也意味着有改变这些被给予的东西的可能性。生命的反应性是一种活动方式，它既不是康德所定义理解的自发性的简单的自我能动性，也不仅仅是被动的接受。[60] 生命，通常被认为具有创始运动的能力，也必须被足够广泛地理解为对被感动和唤起的各种方式的反应。在有意识

---

[60] 参见 Makkreel, *Imagination and Interpretation in Kant*, 105–106。

的生命中,它可以在审美情感方面得到表达,审美情感引导人们拥有并延长愉快或和谐的心境,用它补偿或克服痛苦和冲突的心境。

从诠释学意义上讲,解释中的反应性必须利用感觉的接受性来抵制任何把外来形式强加给被理解的内容的故意冲动。无论我们在文本中发现什么样的形式,都必须保留一些对其原初语境的参照。以前,在强调诠释学需要在解释一个主题时考虑到不同的语境时,我们勾画了一个反思性的拓扑结构,即通过具体描述对象的相关语境把概念与对象联系起来。[61] 我们的自反性转向也把解释主体语境化了,解释主体必须对情境性语境做出反应,与此同时,承担起学科性语境开始呈现的适用性的评估责任。[62]

如果要在伽达默尔对传统先例权威的依赖与哈贝马斯的社会批判之间探讨出一种批判性的诠释学方法,那么,似乎得从这一点开始,即审美反应成为诊断性反应,并培养解释性的责任感。可能有一种连续性把传统传递给我们的作为正常的东西,与能够被筹划为规范性的东西联系起来,但是,我们必须能够辨别出这两者之间的区别。这种逗留和回应我们背景的能力,对于批判性地占有传统来说是至关重要的。因此,仅仅说传统产生了它自己的变化模式是不够的。[63] 问题是什么样的变化才会得到传统的认可呢?

---

[61] 参见第三章。

[62] 参见 Makkreel, "An Ethically Responsive Hermeneutics of History," in *The Ethics of History*, ed. David Carr, Thomas R. Flynn, and Rudolf Makkreel (Evanston, IL: Northwestern University Press, 2004), 222 – 223。

[63] 这就是艾伦·汉斯在他的文章《共同感的诠释学意义》中所主张的,参见 *International Philosophical Quarterly* XXXVII, no. 2 (June 1997): 146。汉斯正确地指出,我对反思性判断和共同感的诠释学运用,是为了给批评传统留下比伽达默尔更大的空间,即允许我们不仅诉诸传统,而且与传统保持距离。但是,汉斯把我对伽达默尔的立场比作哈贝马斯的"批判理性的程序性描述"(145),因此忽略了我的方法的独特之处。哈贝马斯对伽达默尔的挑战有其自身的合法性,但更适合于我试图补充的定向性和反思性模式的基础性和规范性分析模式。

它是否会为批判性参与的反应创造空间,并对根本性的变化敞开大门呢?为了决定什么样的变化是可取的,哈贝马斯提供的一般程序性标准,需要补充一个更加注重判断的方法。我们不是根据抽象的交往行为语言或解放的调节性理想的乌托邦修辞来描述诠释学与社会现实的这种交叉点,而是必须用一种反思性批判的更具体的诊断重新思考这种交叉点。

解放的诉求涉及到需要摆脱某些限制性的处境,如果相关的限制破坏了参与性的平等或具有内在固有的非人道性,那么,这种需要就显得尤为迫切。但是,调节性的解放理想将仍然是一种空洞的承诺,直到它与一种反思性的诊断相匹配,这种诊断评估实际的处境,从而确定哪些处境可以、哪些处境应该被改变或被克服。为了使诠释学能够成功地设定并重新安排解释历史现象所需要的不同语境,诊断性判断必须把偶然条件和必要条件区分开来,并把变化与人类发展和变革的能力联系起来。

也许,最好把反思性批判与转变的概念联系起来,因为转变包含了内部和外部发展变化的相互作用。解放性批判意味着一种彻底的否定,或者从压制性制度和法典中解放出来。但是,一个更加肯定的、面向变革的批判概念将与更广泛的选择相兼容,包含着更多有限制的否定,这些否定将既有的实践推向新的方向。在这方面,我们看到了这样一个先例,康德拒绝否定权威性的偏见,而是反思性地把它作为有待检验以及潜在的有待修正或修改的假设悬置起来。转变涉及一种与限制性处境有关的被改变的关系,这样,否定性地发挥一种障碍功能的条件,也能够被肯定性地用来作为一种开放性的创造性转变。最伟大的艺术家往往都是那些不把过去的惯例和规则抛到九霄云外,而是通过效仿的过程从中选择那些可以重新思考和赋予新的生命的东西的人。⑭

批判诠释学的完整性

我们既考察了批判性诠释学如何考虑认识的验证条件,也考察了它怎样思考知识的合法化来源,我们还可以解决通常赋予批判的完整性和全面性的要求。尽管有时康德相当谦虚地坚持认为,批判是对哲学实际行为的初步认识,但是,他始终足够大胆地期待,批判能够提供一个完整而全面的有关正确的哲学目的的前见解。其中的一个重要目的是确立能够独立于经验而被认识的东西。另一个目的是确定理性如何协调其理论和实践的需要。他宣称,这些目的"不是武断提出来的",而是源自"理性本身及其纯粹思维"的本质。⑮ 对康德来说,理性的问题是如此完整地联系在一起,以至于如果一个哲学原理甚至没有一个被清楚描述的单一目的,那么,相对于其他目的的可靠性,它也必须受到质疑。完整性必须筹划出有待实现的"每一个目的",而全面性则涉及"同时实现所有目的"。⑯

诠释学筹划的完整性不同于康德的哲学筹划,它并不要求所有目的都一起实现的全面性广度。这种预先表达的密切性会瓦解各种相关背景的特殊性,会阻碍对历史理解的不断完善。诠释学不是以理论理性和实践理性这两个立法领域为中心,而是适应和

---

⑭ 参见第五章关于效仿是超越范例的过程的论述。
⑮ *Critique of Pure Reason*, Axiv.
⑯ *Critique of Pure Reason*, Axiv.

协商与正确理解人类生命和历史世界有关的更加多样的语境。重要的是要牢记,实际的属地、偶然的栖居地、必然的领域以及可能的场域,它们都以不同的方式解释定位性语境。忽视这些差异就会出现语境混乱的风险,而语境混乱被认为是反思性定向的模糊性。在考察战争等历史事件时,人们可以根据政府机构提出的实际属地要求,以及引发具体冲突和宣战的偶然情况来定义这些事件。当它们的结果和解决办法也得到了考虑时,各民族国家所确立的法律领域与国际法场域之间的关系才具有了相关性。最后,经济学和社会学等系统学科,也许能够为这种发展的原因和结果提供一些一般性的解释。

反思性批判并不受推动标准的构成性批判的整体系统性统一体之要求的约束。构成性条件不再被认为给解释提供一种总体的统一体。相反,它们主要表现经验的自反性方面,因为它同化地方性偏见和习俗的共同性。这些生命—知识的语境性条件与我们对影响人类行为和历史事件的事实性和偶然性情况的初步理解有关。

因此,更高层次的理解有助于学科性认识,在学科性认识中,经验的构成性条件是根据科学的调节性理想得到提炼的。在这里,政治、经济和法律方面的考虑,被应用于已经在一个基本层面上得到了理解的有关历史情境的主要特征。因此,更高层次的理解不仅仅是同化性的理解,它还涉及对概念分析和系统重构的方法的反思性习得,以验证经验的意义。但是,每一个系统性学科都有一个相对固定的范围,并且只会以有限的方式增加我们的理解。因此,经验的构成性和调节性条件在多大程度上塑造了人类的理解,这仍然是一个开放的问题。

我们究竟在大多程度上把自然、社会和人文科学的认识工具应用到我们的解释中,这需要一种对反思性判断的诊断性运用。当一个解释不仅包含对有意义的解释的验证条件,而且还包含使其真理性变得合法化的规范性考虑时,它在反思性上才会是完整的。在此基础上,我们进入了反思性—自反性占有(reflective-reflexive appropriative)的解释阶段,在这里,因为在对人类实践的价值及其结果进行属性归因时,评价性的看法会产生影响,所以,一个人要对这种评价性看法承担他的责任。在此,必须有一个广泛的或世俗性的定位,它不仅可以充分地界定解释者的情境性语境,也可以充分地限定正在被解释的具体情况。

因此,诠释学的完整性,将会更加符合基于真实性和良知规范的实用人类学特征化的反思性解释。虽然援引这些规范,是为了强调个体解释者在热门话题中发挥作用所具有的责任,但是,它们不应该被看作对主观主义的一种认可。事实证明,真实性和良知都涉及主体间的参与,我们可以把这看作辩证调和与对话交流这一更具有思辨性理想的反思性诊断的对应物。

我们根据三个调节性理想考察了诠释学合法性所需要的参与性判断同意:即第四章里的科学公共同意的理想、第五章中的单义性审美赞同的理想,以及第六章中的全方位正当性的理想。但是,反思性批判所关注的是处在情境中的个体认识者,对个体认识者来说,康德的这些调节性理想必须得到具体化,同时也界定了与它们的研究相关的语境。因此,康德的公共同意的确定性将被修正为,对共识的信念、单一性赞同转变为相互交往过程的终结性,以及全方位正当化转变为多边合法化的合法性。由于诠释学需要传统为它提供的资源,因此,它必须通过对相关的学科性语境的反思性协调以接近综合性,从而达到批判性地达成它们的目标。任何一种允许这些语境相互交叉的解释方式都必须经过仔细检查,才能够使不同的连接线充分地交织在一起,从而确立最适合语境的东西。其目的将是在不要求多边或最终完成的情况下获得一种全方位完整性。

有些人利用哲学诠释学的观念来坚持一种二分法,一方面坚持对人类存在的基本本体论理解,而另一方面坚持人文科学的认识论和方法论结果。一种反思性批判可以通过表明每一种方法本身都存在不完整性,从而需要把这两种诠释学方法结合起来。

批判性地解决我们的诠释学处境,就是以我们是谁为基础来探索生命—知识——不仅考虑到概念性认识可以通过阐释的方式补充什么,而且也要获得全面的反思性解释。在强调诠释学任务的复杂性时,我们诉诸不同的判断能力以避免反思性的模糊性。除此之外,判断的关键性、肯定性的贡献在于,当从推论性认识考虑转向批判性占有的反思性知识的更具有规范性的关注时,它对重新定位解释所具有的能力。

第三部分 应用与适应

第八章　谱系学、叙事史与诠释学传播

现在,我转向谱系和叙事的历史理论,并根据我们的诠释学方法对它们进行评估。本书提出的定位性和批判性诠释学,是一种运用反思性判断评价人类世界的诊断性方法。在提出这一更为核心的判断作用时,我们考虑了历史属性的归因程度以及怎样把它们合法化。这些属性对事实与价值的传统区分和解释的客观性提出了问题。

对历史解释客观性的一些最根本的挑战来自弗里德里希·尼采关于历史的谱系学概念。这种谱系学方法不是把"事件"当作事实,而是把它当作创造"一种新的解释的控制力量,一种纠正性的重塑(Zurechtmachen),通过这种重塑,任何先前的'意义'和'目的'都必须被模糊甚至被抹去"。[1] 无论什么东西看起来像一个事实,并被描述为对具有某种持久有效性的期待,都将被证明是一种可以被另一种解释所取代的瞬息解释。

与他同时代的狄尔泰一样,尼采期望历史的解释有助于我们

---

[1] Friedrich Wilhelm Nietzsche, *On the Genealogy of Morals*, trans. Walter Kaufmann and R. J. Hollingdale (New York: Vintage Books, 1989), 77(译文有修改)。参见 *Zur Genealogie der Moral*, in *Kritische Studienausgabe*(*KSA*). Band 5. Herausgegeben von Giorgio Colli und Mazzino Montinari. Berlin/New York/Munich: DTV/Walter de Gruyter, 1988。

找到生命中除了任何一种更高层次的目的之外的意义。这两位思想家都从生命的角度看待历史，并寻求解释以便为确定性、因果性说明提供一种替代方案，但是，他们却得出了不同的解决方案。尼采拒绝了因果联系的概念，狄尔泰发展了理解的方法，但他们仍然为因果解释留下了有限的空间。每一个解决方案都将被证明它预示了一种独特的叙事历史。

尼采对历史解释客观性的挑战

对尼采来说，历史解释既不是一种把持久的意义归于事件的认识行为，也不是一种反思性认识，而是一种控制某个情境的任意肯定。解释就是行使权力的意志——某种在生命本身的层面上已经发生的事情。生命即是对权力意志的行使，"每时每刻都会产生它的最终结果"。② 并且，在其生存的驱动力中，生命将压倒所有的对立，并继续通过"暴力行为（Vergewaltigen）、强行改正（Zurechtschieben）、省略、删除、填充、发明、篡改"来重新诠释它自己。③

对于尼采的生命哲学来说，这是最重要的时刻。任何来自过去的东西，如果不对当下时刻的能量有所贡献，都可以被抛弃。因此，尼采的谱系学历史是在意义的转变上兴盛起来的，并对寻找持久的趋势没有任何耐心。它颠覆了普遍历史的观念，特别是用康德和黑格尔的目的论术语构想出来的那种普遍历史观念。在尼采

---

② Nietzsche, *Beyond Good and Evil*, trans. Walter Kaufmann(New York: Vintage Books, 1989)30(译文有修改), *KSA* 5:37。
③ Nietzsche, *Zur Genealogie*, *KSA* 5:400.

看来,历史并没有一种内在的目的,而且它的叙事将会显示出不服从因果说明的偶然性。因为善的东西可以从坏的东西中产生出来,所以,善与恶之间的绝对规范性划分就令人生疑。谱系学的目的就是把历史叙事从对事实和传统规范的过分关注中解放出来。它质疑这种以规律为基础的观念,认为这是现代社会屈服于平等主义标准病态的一个症状。还有什么比这更反康德派的呢?然而,历史学家必须进行批判性判断的观点,在尼采身上依然存在。

谱系学历史似乎是尼采早期文章"论历史对生命的利弊"中倡导的批判历史观念的一种变体。与那种创造未来目标的不朽历史和崇敬过去的古董历史不同,批判历史通过"摧毁"那些导致人类苦难的过去部分来为当下服务。尼采的批判历史在于对过去的判断,并谴责它的反常现象。与康德一样,尼采也提到了"法庭(Gericht)";但是,尼采并没有诉诸理性法庭的合法性和概念性调解的裁决,而是援引了生命本身的直接"裁决(Urtheil)"。批判性历史不仅是判断性的和评价性的(beurteilend)历史,而且是谴责性的(verurteilend)和破坏性的(vernichtend)历史。④

尼采和狄尔泰都是过渡性的人物,他们都诉诸生命的观念来重新诠释现实。他们认识到了传统哲学对生命的复杂性的评估所存在的不足。

尼采把生物性的生命及其严酷的偶然性作为他的出发点。在他看来,生命是一种力量,无情地消除它不再需要的东西。成为健康的人需要我们忘记许许多多的过往,确实值得记住的东西往往都需要得到重新评估。这就是为什么他的叙事强调谱系的非连续

---

④ 参见 Nietzsche,*Untimely Meditations*, trans. R. J. Hollingdale(Cambridge: Cambridge University Press,1986),76;*KSA*,2:270。

性和新开端的原因。对尼采来说,解释始终都是重新解释。

正如我们所看到的,狄尔泰更关注人类的历史生命及其社会文化星座。在他看来,生命就是维持和恢复的力量。这就是为什么狄尔泰强调在生成连续性的基础上寻找历史意义之可能性的原因。这些连续性可以定位在作为生命体验的个体层面上,定位在作为结构性系统的社会互动层面上。变化被认为是分化过程的一种功能,而历史解释需要进一步阐明已经被含蓄地理解了的东西。诚然,历史中也有非连续性,但它们往往只是一种沉淀的作用,允许我们忘记那些被掩盖了的东西。

接下来,我建议思考从尼采和狄尔泰的生命哲学以来发展起来的一些历史叙事观念,并在反思性的诠释学批判和语境性定位的解释潜力的基础上采取相应的措施。只有我们认识到了历史作品中所提供的叙事如何把与人类互动相关的独特意义语境交织在一起,我们才能洞察历史。对这些正规性语境的协商需要一种不断的叙事重构。同样,为了确定历史叙事已经从过去吸收的内容究竟有多少受到了认识性习得和批判性占有的考验,也需要对历史叙事进行分析。

历史的叙事方法

按照叙事理论家的说法,最好把历史学家们对过去事件的描述看作阐述一个故事情节或叙事。他们没有诉诸历史规律,也没有假定某个总体的历史终结,而是认为历史性叙事有其自身的秩序和可理解性,而不需要确定性的解释。于是,问题就出现了,一个叙事如何获得其特殊的可理解性呢？狄尔泰已经说过，历史的联系是我们参与其中的生命联系的一种表达，也是我们从内部来理解事件联系性的一种表达。这种方法是由威廉·德雷和大卫·卡尔等叙事理论家发展起来的，他们是我所说的生成性或连续性叙事主义者的代表。

这种连续性的看法遭到了海登·怀特和路易斯·明克等理论家的反对，他们认为，叙事结构并非植根于生命事件，而是有一个被发明的起源。我认为，他们是重构性的或非连续性的叙述家。在他们看来，这种叙事的可理解性，并不是在那些可以被描述为富有启发的形式感中发现的。他们拒绝一种从内容中展开的内在形式的观念，而认为叙事把虚构的形式强加给无形的生命。怀特的《元历史》认为形式是一种文学建构，通过辨析在他们的著作中发挥作用的四种基本的文学修辞来分析19世纪伟大历史学家们的重建风格：隐喻、转喻、提喻和反讽。[5] 明克的一系列文章也探讨了历史与文学叙事概念之间的关系。我将把重点放在明克收集在《历史理解》一书中的那些文章上，因为很显然，这些文章从历史分析哲学兴起的短暂时期便开始了重要的哲学讨论。[6]

对于像明克等非连续性叙事主义者来说，"故事不是活着的而是讲述出来的。生命没有起点，没有中间，也没有终点……叙事的品质从艺术转移到了生命。"[7]，这种叙事的文学概念，使任何故事

---

[5] 参见 Hayden White, *Metahistory: The Historical Imagination in Nineteenth-Century Europe* (Baltimore: Johns Hopkins University Press, 1973), 31–42。

[6] 另见 Arthur Danto, *The Analytic Philosophy of History* (Cambridge: Cambridge University Press, 1968)。

[7] Louis Mink, "History and Fiction as Modes of Comprehension," in *Historical Understanding*, ed. Brian Fay, Eugene O. Golob, and Richard T. Vann (Ithaca, NY: Cornell University Press, 1987), 60。

情节都成了一种想象的产物,这可以追溯到萨特在《恶心》里表达的对故事讲述的生存论态度。在这部小说中,萨特写道,每个人"都尽力过自己的日子,仿佛他在讲述一个故事。但是,你必须选择:活着还是讲述"。当你活着的时候,"什么都不会发生"⑧,因为生命是一系列单调乏味的事件,它没有开端,也没有结尾。只有当你讲述一种生活的时候,它才会变成一种激发想象力的冒险:"一切都会改变……事件在一个方向上发生,而我们却以相反的方向讲述它们。"⑨

虽然我们可能无法在任何一个生存论时刻同时既活着又讲述,但是,我们所过的生活肯定不会像萨特所认为的那样被动。在某种程度上,我的心里面带着某种结构在行动,我正期待着我的生活有一些故事情节。事情的结果可能正与我所期待的有所不同,但是,这只是意味着我本该讲述的故事现在必须修改。我们不应该忘记,叙述者也总是随着他们讲述故事的回顾性终点的改变而修改他们的故事。

对于卡尔这样的连续性叙事主义者来说,我们在生活中所做的实际决定标志着,胡塞尔式的生活世界的前主题性叙事的开端和筹划的结束。如果说叙事的开端需要想象力,那么,这种想象力就在日常生活中发挥作用,并且可以通过现象学的描述获得。卡尔写道,故事"是在被生活中被讲述,并在被讲述中被激活的"。⑩

---

⑧ Jean-Paul Sartre, *Nausea*, trans. Lloyd Alexander (New York: New Directions, 1969), 39.

⑨ 《恶心》,在亚历山大的早期译本中引用过,见 *The Philosophy of Jean-Paul Sartre*, ed. by Robert D. Cumming (New York: Random House, 1965), 58–59,该书有罗伯特·卡明所写的导论。

⑩ David Carr, *Time, Narrative, and History* (Bloomington, IN: Indiana University Press, 1986), 61.

当然,对生活故事的这种自反性讲述,就是使自传成为可能的东西。对于萨特和明克这样的理论家来说,自传应该是有问题的,因为在这种历史中"理解[生命历程]的人和创造它的人是一样的。"⑪对于书写完整历史的可能性来说,这种自传的反省视角具有重要意义,因为它揭示了人类生命直观地把握它自身的基本方式。即使一个故事还没有完成,我们也有机会停下来反思一下我们迄今所做的事情,并表达一些联系。在谈到一般性自传的时候,狄尔泰声称:

> 追求他自己生命故事的总体连贯性的同一个人,已经根据不同的视角产生了一种生命联系,即他以这样一种方式感受到了他自己的生命价值,实现了生命的目的,制定了一个生命计划,无论是在遗传上往回看,还是从筹划上期待一种最高的善的时候,都是如此。这些产生生命联系的不同方式现在都必须作为一种生命历史来表述。这个人的记忆突出和强调了那些被体验为具有重要意义的生命时刻;其他的东西则被允许陷入遗忘之中。关于他的生命意义的一时错误将来是会得到纠正的。因此,领悟和阐述一种历史关系的最初任务已经由生命本身解决了一半。⑫

当然,我们在我们的生命体验中发现的最初意义可能是错觉,也可能需要加以纠正。但是,我们自己的生命已经纠正了其中许多的错误的印象,并使我们修改了我们的叙事。因此,卡尔写道:"按照

---

⑪ Dilthey,*The Formation of the Historical World*,SW 3,221.
⑫ *The Formation of the Historical World*,SW 3,221.

一个故事被激活的事件现在被当作另一个故事的一部分。"⑬尽管不可避免,自传的作者没有时间从其结局的角度来反思和叙述他或者她自己的一生,但即便是后来的传记作家也永远找不到一个关键点,从而超越个人价值和意义无法得到解释的东西。如果一个人是有影响力的,那么,他或者她死了之后的生产性历史(Wirkungsgeschichte)就永远不可能被确定性地封闭起来。即便是那些名誉扫地的艺术家或科学家也永远不会被完全抛弃,从而排除对他们重新产生兴趣的可能性。然而,一位历史学家如果确信某一个主体具有最终的重要性,可能就会选择对为什么他或她的同时代人认为这个主体是重要的进行反思。这会产生一个自相矛盾的结果,即给予他们的主体一个持续性的半衰期——不是赋予他们真正的重要性,而仅仅是认识到他们具有代表性的意义。这与彼得·谢弗为几乎被人们完全遗忘的作曲家安东尼奥·萨利里撰写的剧作《上帝的宠儿》并没有什么不同。但是,认识到萨利里在他自己的时代里被认为是一个重要的作曲家,并不能保证他的名声将会得到恢复。相反,谢弗的剧作通过猜测萨利里对莫扎特的阴谋而使他变得声名狼藉。

不可通约的语境与普遍主义历史的可能性

历史的诠释学方法可以包括叙事理论的连续性和非连续性两个概念。尽管历史叙事是从回顾性角度展开的,但是,我们坚持认

---

⑬ *Time, Narrative, and History*, 76.

为,历史经验最初是通过借鉴与我们当前的语境有关的传统的连续性而被同化的。同化提供了一种基本的历史性语境,我们在这个语境中确定我们的理解。因此,这种按照编年顺序产生或所继承的基本的理解语境,可以根据我们通过更高的理解所获得的学科性语境进行回顾性的重构。

然而,像明克这样的叙事非连续性理论家指出,当人们以当代认识语境为基础去阐述来自一个早期语境的概念时,可能会存在不可通约性。他写道:

> 概念在两个方面属于人类行为的叙事:一方面,有告知我们对过去事件的理解的概念;另一方面,有些概念至少在一定程度上构成了过去行为的一部分,从这个意义上说,它们必然涉及主体对他们所做事情的理解。没有命运(moira)这一不属于我们的概念体系的概念,没有文化这一不属于他们的概念体系的概念,我们就无法理解希腊文明。[14]

明克用这种不可通约性反驳普遍历史的观念。但是,尽管可能确实不存在中立或普遍的观点,通过这种观点,我们就能够对古代的 moira 或命运观念与受启蒙运动启发的文化观念进行直接比较,可是,假如我们考虑到命运的概念怎么样,以及在什么样的语境中会与我们现代的因果关系概念相冲突,那么,我们就可以超越简单的不可通约性。我们至少可以比较和对比命运和因果关系的概念所包含的内容是什么。尽管现代因果关系理论可以避免命运

---

[14] Louis Mink,"Philosophical Analysis and Historical Understanding,"in *Historical Understanding*,141.

这个概念,但是,对于希腊人经验的历史理解却仍然需要考虑他们对命运的信仰。

182　我们对审美评价和解释的分析拓展了可交流性的观念,它不仅包括概念性的中介,而且包括语境性的重构。⑮ 这意味着,即使在不同语境中所求助的概念不能得到直接地调和时,它也有对语境进行重新界定和重新构造的可能,允许它们之间进行解释性的转换,并对非基督教命运概念做出某种理解。也许,求助于命运在科学上站不住脚,但是,我们仍然可以通过我们经验中的某些方面把它联系起来。事实上,根据我们处理和组织经验的三种方式——从生命—知识到概念性认识再到反思性知识——我们可以说,"命运"是指生命—知识,"因果"是指概念性认识,而"文化"则徘徊在概念性知识与反思性知识之间。⑯

命运的语言在今天仍有意义,因为我们自己的生命经历让我们理解它指的什么,让我们感觉到某些不可避免的东西。这并不是意味着希腊人的生命—知识和我们是一样的。在某种程度上,常识表达的生命—知识反映了基本的科学变化,今天,我们大多数人都认识到太阳并不是真的绕着地球转,尽管它看起来仍然是那样。因此,地球不再像希腊人那样被认为是宇宙的中心。他们的宇宙是更为有限的宇宙,众神也有限,在那里,神秘的命运隐约可见。在我们的被扩展了的宇宙中,那种以不可思议的方式影响我们的盲目的命运观念,一方面因为我们对科学说明的不断增强的信心而被消除了,另一方面也由于犹太教—基督教—穆斯林教的遗产依然让许多人相信,没有任何一件事情可以违背一个拥有无

---

⑮　参见第五章。
⑯　参见第一章和第四章。

比强大力量的上帝的旨意而发生。然而,我们不能否认,当我们感到强大而深不可测的力量在发挥作用时,我们的生命中会存在这样的时刻。从这个意义上说,我们的生命—知识可以为理解希腊的命运概念提供一种原初性的途径,因此,这是人文科学的认识方法可以试着去分析和阐释的内容。

如果一个事件与当代科学所知道的东西在因果关系上可能发生冲突,也可能不发生冲突,那么,历史学家可能会质疑希腊人对这个事件的原初理解。但是,无论他们如何重新诠释过去的意义,他们都不应该忽视原初主体和参与者的自我理解。即使这些主体被蒙蔽或者没有被充分地表达出来,他们的观点也会对他们做过的事情和没有做过的事情产生影响。

在任何一种历史叙述中,这些线索是怎样结合在一起的,需要从人文科学使之成为可能的不同系统角度进行判断。明克提到,这些概念可以从不同的文化系统进行历史性的具体阐述,这为理解人类的行为和筹划提供了框架。这些筹划的成功或失败,反过来也可以参照自然因素进行解释。因此,一支军队战胜另一支军队,可能不仅是由于军事战术家的才智,而且可能也是因为有一些不可预测的因素,比如天气或其他环境条件。

如果一个故事的各个线索的可理解性是令人信服的,而不仅仅是具有说服力的,那么,我们就必须把每一个潜在的相关背景条件都考虑在内。这些背景条件或者可能指向理解的历史世界,或者可能指向自然世界,在这里,因果说明往往都是有效的。在这两种情况下,我们都求助于某种超出叙事本身的东西。在这一点上,叙事学家们完全排除因果关系的解释就适得其反。当狄尔泰在"诠释学的兴起"的附录中写道,"当把理解推到它的极限时,理解与说明就没有什么区别,只要后者在这个领域是可能的"时,这一点被考虑到了。⑰ 在首先对理解和说明做出区分之后,他现在认为,理解与说明在某些情境下也可能会聚合在一起。

我们可以用两种不同的方式来设想理解和说明的这种联系。第一种或较弱形式的联系只是承认,对人类生命的全面理解,也必须考虑到对所涉及的外部语境因素的说明。在这里,说明可以继续意味着对于狄尔泰来说它所指的什么:即从自然科学中发现的一般因果规律推导出具体的实例。然而,也有可能狄尔泰正在考虑一种人文科学的独特说明模式。从这个角度来说,说明将是把我们所知道的外部语境因素带到有待理解的内心过程的一个过程。这就是下面这段话所表明的东西,狄尔泰接着写道:"在那里,一般的洞察力被有意识地和有系统地应用,从而把单个的东西带给全面的认识,'说明'这个表达在单个事物的认识中找到了它的位置。只有当我们仍然意识到,我们绝不能让单个的东西完全淹没在普遍性的东西中,这才是正当的。"⑱

第一种说明模式使特殊性从属于普遍性,但仍然是对理解人类活动意义及其客观化过程的一种外部补充。第二种说明模式,在诠释学上激发的说明模式会使具体的系统性学科对局部情况产生影响,比如经济学和社会学。在这里,差异的部分可能在于语境所涉及的性质。第一种类型的说明模式是因果性说明,其中普遍性是支配自然领域本身的规律或归纳性的概括。第二种类型的说明模式将涉及反思性具体化的功能系统。因此,当狄尔泰谈到普

---

⑰ Dilthey, "The Rise of Hermeneutics", in *Hermeneutics and the Study of History*, SW 4:253.
⑱ *Hermeneutics and the Study of History*, SW 4,257.

遍历史时,他指的是对一定时间范围内可以协调的主要生命系统方面所进行的研究。

从诠释学的角度看,我们可以谈论一个普遍主义(universalist)历史,而不是一种普遍性(universal)历史。这将不涉及对世界历史总体性的包罗一切的思辨性研究,而是会涉及把一般的系统性反思运用于所划定的历史领域。这样一种普遍主义历史并不求助于压倒一切的历史规律,而是允许在具体特殊性和文化体系中建立起来的更为有限的规律关系被诊断性地产生影响,以便尽可能接近使解释具有客观性的理想。

普遍主义历史的可能性并不要求对某个整体语境有一种单义性的同意,在这个语境中,一切都可以得到评估。如果我们有在不同的语境中进行转换的能力,以及诠释学能够提供反思性的指导路线使这些应该被理解为相互交叉的语境变得有序,那么,有限形式的普遍主义历史就可能是站得住脚的。此外,诠释学不必排除因果分析在某些方面的应用。

界定历史解释中的因果诉求

尼采挑战了因果关系的标准概念,他质疑因果关系受规律支配并且是机械论的这一基本假设。通过质疑任何规律都能够保证得出同样的结果、都会遵循同样的原因这一观点,他解构了机械论因果关系的科学合法性。在《超越善与恶》一书中,他写道:"人们应该把'原因'和'结果'只当作……传统小说为了命名和交流而使用的——而不是为了说明。就其'自身'而言,没有什么'必然性'

的'因果关系'……不存在任何关于'规律'的规则。"[19]

按照尼采的看法,自然规律的概念本身有一种道德根源,而没有一种科学根源,这是我们强加给我们自己的东西,是被误导了的现代意识形态的一部分,即认为所有的人都应该得到平等的对待。一个原因必然等同于结果的类似科学主张,导致了一种持续的时间性联系的错觉,在这种错觉中,我们期待一个原因"会极力促使并推动它,直到它'影响'它的结果。"[20]相比之下,在谱系的世界里,每一种力量都会瞬间得出它的结果。在这样一个世界上,没有任何原因能够保证持久的结果。我们从这个角度来看这个观点,就是解释的意志力图压倒先前的解释。

其他人不是拒绝因果关系,而是通过限制自然规律的范围和适用性,重新评估因果关系在历史中的作用。狄尔泰认为,历史现象之间的类似规律关系,只能存在于特定的社会和文化系统之中。这意味着,标准的因果说明在人类历史中只有一个有限的位置。在他对叙事作用的权威性研究[21]中,利科寻找一种对历史事件的因果分析,而这种分析能够在普遍的因果规律和具体描述之间提供一个中间地带。利科对历史因果关系的描述注意到了马克斯·韦伯的论点,即一种受宗教启发的工作伦理对资本主义的兴起是必要的。既然不存在任何一种把发生在英国、美国和荷兰等新教国家的资本主义兴起等事件一般化的方式,那么,利科就只是提到了

---

[19] *Beyond Good and Evil*, 29.
[20] *Beyond Good and Evil*, 29.
[21] Paul Ricoeur, in *Time and Narrative*, 3 vols. (Chicago: University of Chicago Press, 1984),该书提供了一个广泛的叙事理论讨论,拒绝先前区分为两个阵营的简单分类。

"单一的因果归因"。[22] 而且,由于历史并不为所发生的事情提供选择方案,单一的因果归因程序就必须使选择方案的理想建构成为检验其结果的方法。因此,只有考虑到基于不同相关因素的反事实情况,如技术、法律、政治和商业进步等,才能检验资本主义对宗教工作伦理的依赖性,以辩称这些因素本身并不足以导致资本主义的形成。根据利科的说法,这种因果归因所涉及的是一种概率计算的比较性要求。

基于一种比较性的要求,我们可以把利科的单一因果归因比作一种反思性判断。"归因"一词的使用,把似乎是因果关系的说明与我们强调的具有文化和历史理解特征的归属和属性评价联系起来了。显然,单一的因果归因缺乏经典因果说明的论证严谨性,但是,当仅限于对特定情境的诊断时,它能够有助于历史叙述。因此,必须强调的是,只有在它们被一种诠释学的理解确定的范围内,这种单一的因果归因才可能具有一种说明性的力量,而这种理解将反思性判断定位于相关的解释性语境。正是这种不同语境之间的判断,才使反思性判断具有了诊断性功能。

原因与影响

如果涉及的变量数量有限,因果说明就被认为是明显具有客观性和普遍有效性的。在自然科学家建立的实验室系统和实验中,许多变量都被排除在外,以允许结果得到控制和重复。当理解

---

[22] *Time and Narrative*, vol.1, 192.

历史变化的复杂性时,这是不可行的。历史事件中相互交叉的众多影响因素都需要狄尔泰所说的"生成理解"。㉓ 可以认为,影响和生成的语言把对历史的理解与对因果因素的考虑联系起来,而不必期望有一个完全确定的说明。但是,路易斯·明克认为,任何形式的因果归因都与他的叙事历史的理想格格不入。

明克的目的是通过用一种发展意义上的"系列、行为、性格……理解、可理解性、叙事、生成……变化"的历史系统,取代可重复的连续意义上的"因果、规律、事件、说明、预测……和变化"的科学系统来重建历史叙事。"㉔明克的这两个系统恢复了对说明与理解的区分,它不是在诠释学意义上,而是更接近狄尔泰的前辈古斯塔夫·德罗伊森的绝对二元论方式,德罗伊森试图把决定论从他所认为的历史道德领域中排除出去。㉕ 然而,与其辩证地把历史和自然变成对立的两个领域,不如诊断性地把历史看作是一个与自然的规律性领域以及其他特定的社会和文化语境相互交叉的领域。

明克认为,像"影响"和"生成"这样的术语应该运用于历史叙事中,而不应该赋予它们任何因果意义。这使他在考虑弗里德里希·施莱格尔将重要性加之于他读过席勒的一篇文章时,对如何应用"影响"这个词给出了一个非常狭窄的说明。明克写道:"严格地说,影响施莱格尔的并不是席勒的文章,而是施莱格尔本人对它的解读;影响施莱格尔的也不是席勒文章中的思想,而是施莱格尔

㉓ Dilthey, "The Eighteenth Century and the Historical World," in *Hermeneutics and the Study of History*, SW 4:363.

㉔ Mink, *Historical Understanding*, 216.

㉕ 明克承认,他的两个系统可能不是"完全独立的",但为了历史的理解,不需要参照任何原因、规律和事件。参见 *Historical Understanding*, 216。

对这些思想的理解。"㉖在这里，明克理想主义地把影响看作是一种内在的精神关系，从而违背了他的柯林伍德传统。但是，如果不承认一种外部依赖性，一种来自外部资源的涌入，人们就不能说自己受到了一篇文章的影响。理解席勒的句子的意义并评估其真理性的过程，可能是从理想主义角度来设想的，但是，这与确定席勒可能已经具有的影响并不一样。理解涉及的是文章的内容；确立影响是通过考虑它是否把施莱格尔引入了新的观念中，还是引导他在衡量这篇文章的力量时改变了他先前持有的观点。只有在同时考虑这两个因素的时候，人们才能知道一个作者是否具有影响力。可以肯定的是，一种影响并不像一个原因决定它的效果那样决定它的结果。通过阅读席勒的作品，人们可能会受到影响，而无须完全分享他的观点。承认一种影响只不过是接受一个人已经以某种方式受到了影响而已。

因果关系不能仅仅通过把历史重新设定为一个精神发展的领域，把因果关系从历史叙事中排除出去，在这个历史领域中，必然事件的语言被明克所说的"从可能性的黑暗中显现出来的现实之光"的"冒险"取代了。㉗ 在因果决定的事件与有意识理解的冒险之间划出一条清晰的界限是不可能的。然而，明克声称，"因果链结束于感知"，而"影响开始于……感知和意识之间的边界上"。㉘他认为，在一本书中感知到一页是因果关系的，但是，把它当作一个文本来阅读，却会引发一系列新的影响和生成发展。但事实上，阅读同时包括感知文本的物质性字母以及把它们理解为具有可理

㉖ *Historical Understanding*, 221.
㉗ *Historical Understanding*, 115.
㉘ *Historical Understanding*, 221.

解的意义。这是一种反应性的理解方式,它承认意义不仅仅是一种个人的心理结构,而且是用公共语言预先表达了的某种东西。语言既有一种意义,又有一种力量影响他人的思维。明克忽视了意义如何能够传递的语境性条件,这个条件使得阅读不仅仅是一种心理事件。阅读并不是一种完全自主的理解方式,而是要对外界的影响保持开放。与初步理解一样,阅读是一个同化的过程,在这个过程中,鲜明的内与外、自我与他者的区别没有什么意义。

当我们分析康德如何处理影响我们的认识和审美偏见时,我们探讨了同化过程的语境化性质。现在,我们可以进一步区分通过传承吸收的东西与通过阅读和教育等更主动吸收的东西。从诠释学意义上讲,我们也可以通过认识性习得和批判性占有把它重新语境化,从而接受任何一种被同化了的影响。

意图论说明与诠释学的语境化

在《说明与理解》一书中,G. H. 冯·赖特指出了区分说明与理解的两种方法,这两种方法为它们的合作提供了可能性。当在历史和社会科学中无法获得标准的因果说明时,我们仍然可以寻求目的论的说明,目的论说明的依据是人类行为主体的信念,即它们可以干预某种情境以产生某种结果。这些的目的论说明并不是关于某个整体的历史目的,而仅仅是诉诸行为主体的意图来理解冯·赖特称为实际推论的东西。他为这样一个推论提供了如下模式:"A 意图产生 p。/A 认为除非他做 a 否则他不能产生 p。/因此 A 设定他自己要做 a。"㉙在一个实际推论中发现的说明力是，A 认为 a 对 p 是必要的。A 也可能认为这个 a 在因果上足以产生 p。但结果可能是，a 既不必要也不充分；如果它不是必然的，那么 A 可以选择另一种方法。一个好的目的论说明的一个重要方面就是要证明，为什么 A 选择了 a 而不是 b 或 c。事实上，那些用语言哲学来论证"情欲"或以问题为基础说明模式的人，都会要求知道为什么没有采用替代 a 的方法。㉚

从目的论角度解释历史上的具体事件，预先假设了我们可以把所发生的事情当作行动而不是行为。冯·赖特区分了两种理解：一种是对某物"是什么样"的描述性理解，另一种是对某物"意味或表示什么"的意图论理解。㉛ 因此，他认为，第一种或描述性理解"是对因果关系……说明的一种特征性初探"㉜，第二种或意图论理解为目的论说明做准备。意向论—目的论方法允许历史学家提供叙述性的描述，用行动的语言代替因果性的语言。但是，冯·赖特和狄尔泰一样，并没有完全排除因果条件：我想把手臂抬起来的意图总是有可能与导致手臂抬起来的生理状态相吻合。㉝ 他也不愿意排除"欲望或愿望可能会对行为产生因果影响。"㉞

冯·赖特调和理解和说明的尝试是有用的，但是，它最终使理解只是对说明的初步探索。原因是，他认为理解提供了一种描述，

㉙ Georg Henrik von Wright, *Explanation and Understanding* (Ithaca, NY: Cornell University Press, 1971), 96.

㉚ 参见 Mark Risjord, *Woodcutters and Witchcraft: Rationality and Interpretive Change in the Social Sciences* (Albany: SUNY Press, 2000), 66 – 72。

㉛ *Explanation and Understanding*, 135.

㉜ *Explanation and Understanding*, 135.

㉝ 参见 *Explanation and Understanding*, 129。

㉞ *Explanation and Understanding*, 95.

为因果说明或启动目的论说明的意图奠定了基础。在这两种情况下,他都假定说明可以取代和超越理解。

虽然意图确实是初步的,但它们并不一定为目的论说明提供基础。重构意图的尝试往往是高度思辨性的。历史的行为主体很少表达他们的真实意图,并且,当我们确实发现它们被表达出来时,它们往往是自私的,甚至可能是基于自欺欺人。然而,把理解的重点放在意图上的最大问题是,即使当它们被真诚地表达出来时,它们也具有心理学上的根源,往往只在社会环境中得到了部分实现。历史学家还必须考虑到的往往是相互抵触的意图和抵制性的体制力量。在这些情况下,可能的解决办法是一种更具包容性的描述性理解,而不是一种具体的目的论说明。

我们看到,冯·赖特是用一种预期的手段—目的关系来阐述行动为主体的意图。但是,对意图的这种抽象理解需要一个更全面的描述,从而得出构成意图形成的环境。对这种描述性理解的要求不应该只是初步的,仅仅是为研究确定最初的术语和假设。人们一旦决定用眨巴眼儿来形容某人闭上眼睛,似乎这是一种需要用因果关系来说明的行为;如果它被描述为眨巴眼儿,那么它就被认为是一种有意的行为,有人试图发出某种信号。但是,描述性理解的许多价值都来自更大的开放性和贯穿解释过程的包容性。叙述者应该描述一个人的行为,而无须对它是一种自由的行为还是被规定的行为做出初步的决定。但最重要的是,描述性理解必须是暂时性的,因为它还必须包括语境性环境,以便继续为评估所提供的任何说明的有效性提供框架。[35] 一个说明只能

---

[35] 参见第四章区别"初步的"和"临时的"的方式。

和正在进行的描述中的理解一样,而这种描述就是对有待说明的内容的描述。

正如许多其他为说明在社会科学中具有的作用进行辩护的尝试一样,冯·赖特并没有证明,目的论说明足以描述一种历史性结果。这主要是为了弄清楚为什么行为主体 A 开始做 a 是为了产生 p。德雷把历史性说明与卡尔·亨佩尔的涵盖规律的说明区分开来的努力,也具有类似的局限性。亨佩尔认为,所有的历史性说明都必须遵循自然科学说明的引导。人们期望历史学家应该找到与事件相关的规律,以便通过从相关规律以及先前的事件推断出能够得到说明的结果。在承认还没有发现恰当的历史规律的同时,亨佩尔还提出了他的演绎—法理学理想的归纳性概率变体。

然而,德雷认为,演绎模型和归纳模型都忽略了历史学家实际所做的事情。他反驳说,历史叙事不必求助于规律,从而说明事情为什么发生。这是因为,他们最关心的是说明到底发生了什么。在这样做的过程中,他们提供了"一种形式的说明,'这是一个某某'。"㊱当历史学家把一次具体的起义归类为"资产阶级革命"时,他们提供的是一个概念,而不是一个原因。德雷的历史性说明实际上是概念性说明。

冯·赖特的目的论说明和德雷的概念性说明都是有限制的,因为它们不能完全解释历史的结果。我把它们看作是通过提供可理解的图式来集中理解的叙事尝试。诠释学的理解本身不能满足于这种还原的图式化,它必须能够在更大的语境中定位人类的意图,目的是为历史性反思和判断提供规范性定位的属性特征化。

㊱ William Dray,"'Explaining What' in History," in *Theories of History*, ed. Patrick Gardiner (New York: The Free Press, 1959), 403.

诠释学的语境化允许我们把历史事件诊断为许多因素的一系列关联事件，包括那些被认为不相关的因素。如果通过排除与一般化探索不相关的因素，说明就倾向于排他性和从属性，那么，通过诊断不同影响链在特定情况下如何相互作用，理解就应该是包容性和协调性的。说明主要是理论上的建议，它可以像具体的假设一样得到检验。然而，理解并不是像假设那样提出来的某种东西。它是我们所拥有的某种东西，要么作为一种根植于生活中的传承性评估，要么作为一种随后的反思性成就。说明在一个明确定义的层面上产生联系；而理解则在许多层面上揭示相互之间的联系性。

正如我们所看到的，历史的诠释学方法必须发展一种对具有相互关联性的自反性的反思性理解，以便为更集中的学科性解释提供框架。即使在仅仅描述所发生的事情的时候，也总是有必要根据历史行为主体在其中发挥作用的语境，诊断性地界定他们的行动和结果。人类常常试图在一个行动过程中满足多种利益、多种关切和多种忠诚。即使是同一个主体的意图也不能仅仅通过心理学做出恰当的理解，因为它们是由各种相互关联的背景条件塑造的。

规范性判断还是常规化谱系

我们突出了历史理解的反思性层面，强调了历史属性的规范性层面。历史行为的属性特征化将着眼于不同学科来理解人的能动性，因为要明智地把责任归因于历史的能动性，就要求历史学家对可能影响到他们的所有相关文化和社会制度做出反应。

我们初步比较了属性归因的规范性判断和它们从严格界定的

法律界限获得权威的法庭判决。因此,它们的合法性得到了重新构造,并适用于人文科学更为广泛的语境。然而,米歇尔·福柯在他对公正如何在社会中得以实施的分析中认为,实际上,人文科学已经侵蚀了法庭判决的规范合法性,因为它们引入了执行这些判决的实践。在《规训与惩罚》一书中,福柯提出了一个"惩罚权从中获得其依据、理由和规则的现行科学法律复合体的谱系"。㊲ 这一谱系考察了人文科学怎样把法律判决和裁决的执行转变为一种规训性的刑罚制度,最终控制那些因违法而受到惩罚的人的命运。我们已经应用并且适应了人文科学的属性判断的规范合法性的理想,这种属性判断由于人文科学实践强化了常态性的制度标准而遭到了破坏。福柯把规范性的东西对仅仅是正常的东西的这种侵蚀与18世纪末人文科学的兴起联系起来。他把这些新的人文或人类学科学与规训和控制人类的现代技术的出现联系起来。但是,这种联系到底得到了多么彻底的理解呢?

康德认为他的实用人类学是在促进一种人类合作的精神;狄尔泰认为人文科学是在拓宽我们对生命的理解,加深我们对个性的欣赏;而福柯则认为这些新的科学主要是一套技术,它把调查人作为个案研究,目的是使越轨者变成正常人。审判室里的法律的惩罚性判决,由刑事机构管理者转变为"可能正常化的技术处方"㊳,这样,规范性(normative)法律约束就被降低为常规化(normalizing)限制。因此,我们的扩展了的诠释学判断的规训性拓扑结构,将在常规化判断的狭窄的规训性技术方面有它自己的制度

㊲ Michel Foucault, *Discipline and Punish: The Birth of the Prison* (New York: Vintage Books, 1979), 23.

㊳ *Discipline and Punish*, 21.

性对应物。我们所依赖的反思性学科通常根据解放性理念进行定位,而对越轨者的行政处罚减少了对管制技术的广泛管制。对越轨者(无论他们是犯罪的人还是精神错乱的人)的行政性规训则把广泛的调节性内容还原为控制性调节技术。

福柯的目标之一是要证明,行政和监督惩罚使用的制度是一种规训化的权力,即使是法庭法官也必须向这种权力弯腰低头。因此,他写道:"法官……要求对他的评估进行强制性和纠正性的监督。"[39]因此,法庭法官的裁决失去了其最终的光环,并且必须通过"医疗—司法处理"对制度进行重新评估。[40] 人文科学被赋予了一种新的技术和"预测性"[41]的判断能力,它不再关注对责任和公正的评价,而是关注怎么样最好地对囚犯进行管理。最初关于某人应该服刑多久的法律决定,可能会由那些决定怎样管教囚犯的精神病医生和其他匿名专家修改。因此,福柯认为,法庭法官的指令性权力被法律之外的预测性因素削弱了,这些因素包括,是否最好让越轨者重新融入社会,或者让他们永远与世隔绝。

定位性和批判性的诠释学可以为限制司法裁决的原始权威提供一种诊断性方法,而不一定通过预测新技术颠覆它们。福柯的谱系学主张为强调获得历史判断的复杂性提供了进一步的方法,它们应该把人文科学限制在承认行政机构作为系统发挥作用的非个人方式上。但是,人文科学和社会科学的贡献并不局限于监视和惩戒这样的作用。同样,对法律判断和历史判断来说,我们表述的规范性的合法性也不能简化为常规化的技术,即使它们偶尔会在现实生活中被混为一谈。

---

[39] *Discipline and Punish*, 247.
[40] *Discipline and Punish*, 22.
[41] *Discipline and Punish*, 19.

诠释学与历史性传播

像福柯这样的谱系学描述指出,过去的实践是如何通过适应当前的政策和做法而被剔除的。这种谱系学描述反对伽达默尔派的看法,后者实际上把传统((Überlieferung)的观念理解为把过去传递给(überliefert)我们的东西,这是继续滋养着我们的东西。调解这些对立看法,需要一个更加有力的诠释学传播概念,它可以描述历史解释的给予和接受。尽管历史的叙事理论在诉诸影响而非原因的时候仍然可以要求是说明性的,但是,历史的诠释学方法必须为雅克·勒·戈夫所说的"代代相传的'记忆'"提供更加灵敏的解释性空间。[42]

叙事性影响的观念被用来把历史的事件或"事件的出现"带到体验性的时间层面上。然而,从诠释学意义上讲,必须把历史的传递看作是在更深层面的"接受过程"中发生的,这个过程自反性地吸收和选择性地消化它的来源。正如自反性意识是个体意识的自身存在一样,记忆的诠释学传播也是具有历史意识的存在,在那里,被吸收的内容也被认为是正在被接替的东西。通过把经验看作是一种把过去保存在当下的联系,我们期待一种诠释学的传播概念。现在,我们可以应用我们的同化、习得和占有[43]的概念,进一步把它们阐述为传播的三个阶段,在这三个阶段中,被影响或被

---

[42] Jacques Le Goff, *History and Memory* (New York: Columbia University Press,1992),92.

[43] 参见第四章和第七章。

决定的作用逐渐地减弱了,并被我们的反应能力所取代。

我们同化了制约和影响我们的东西,无论这些东西涉及的是传承的习俗和信仰,还是涉及一个更积极的进程,比如说,不断地参与到我们的共同体中。同化作为诠释学传播的一种方式,保留了过去与当下的经验仍然有关的东西。同化可以被认为是一个生成过程,允许我们把历史经验当作一种向前运动的关系来体验,而这种关系指向的是当下和未来的行为。但是,在对人文科学的更深层次的认识理解中涉及的习得将更加集中,而且往往会受到特定意义的关注点的引导。正是这个更为集中的过程把内隐的记忆转化成为外显的记忆。

一种诠释学的方法,不是通过把当下的经验指向存储在一个叫做记忆的特殊地方的散乱无章的条目中来理解它,而是把每一次新的经验都看作是由一个总体的意义语境来界定的,而这种意义语境是随着时间的推移而获得的。这个获得的框架能够像一个程序那样发挥作用,它不断地接收、排序和重新组织数据及其关系。一个人的意识所获得的联系,不仅仅是一种被动的或单独数据的积累,它不仅包括经验的内容,"而且也包括在这些内容之间建立起来的联系"。㊹ 狄尔泰强调:"这些联系就像内容一样真实。它们被当作表现性内容之间的关系、彼此之间的价值关系以及目的和手段之间的关系而激活和体验。"㊺个人发展出一种独特的后天经验联系,为他们对世界的反应提供参照框架。这是一个体现了后续经验重要性的选择性网络。

选择性习得的东西是一个调节性的认识系统,它为参与诠释

㊹ Dilthey, *Poetry and Experience*, SW 5, 72.
㊺ *Poetry and Experience*, SW 5, 72.

学占有所包含的反思性认识提供背景。正是在这第三个阶段,我们认识到了这样一种习得性联系的相互性——让我们不仅能够评估过去经验对后来经验的重要性,而且能够在当下经验的基础上重新评估过去的经验。历史学家们除了忠实于过去保存下来的东西外,还应该考虑到它的重要性,因为我们存在于当下的生活中,并且面向未来。它们不仅通过能够整合人文科学的独特的共时性系统的叙事以表现过去,而且还要努力对人类历史的重要性做出有代表性的判断。

早期的狄尔泰提出了一个历史语境,并且用以描述他自己的尝试从而获得具有代表性的历史评价,而这种评价所体现的就是"一代人"的评价。由一种共享的接受性所标志的一代人,不仅接受来自于过去的智力影响,而且也接受当代的条件。狄尔泰撰写的施莱尔马赫传记,就把这位神学家的生活和著作放在他重要的哲学和文学的同时代人的语境中。施莱尔马赫出生于1768年,但是,狄尔泰把他看作是新一代人的核心,直到1796年施莱尔马赫来到柏林的时候才具体化了。正是在这个时间点,他与黑格尔、谢林、施莱格尔等同时代人开始相互交往,并确定他们本身不同于已经同化的前一代人莱辛、康德和费希特。狄尔泰的鸿篇巨作《施莱尔马赫传记》㊻确保这前一代人的贡献被纳入到一个持续性的传播和修正过程中。

除了对可以构成历史意义的各种语境进行区分外,一种反思性

㊻ 狄尔泰的《施莱尔马赫传》(*Leben Schleiermachers*)尚未译成英文,但他的手稿《施莱尔马赫的诠释学体系与早期新教诠释学的关系》(*Schleiermacher's Hermeneutical System in Relation to Earlier Protestant Hermeneutics*),原计划成为传记第二卷的一部分,已被翻译在狄尔泰的《解释学与历史研究》一书中,Dilthey, *Hermeneutics and the Study of History*, SW 4,33 - 227。

的历史诠释学理论也必须认识到同化、习得和占有把过去的内容传递给新一代的各种方式。我们可以利用这些方式获取我们的遗产的所有权,勾勒出一个生成性的历史概念,它至少可以描述有限的延续性,尽管人们对普遍性历史提出了一些具有合法性的怀疑。

根据我们构想的历史传播的三种方式,我们可以看到,最直接的延续性适用于同化,而同化植根于一个地方性传统的不那么广泛的共同性。同化指的是一代人在当地风俗、习惯以及培养它的传播方式基础上从过去继承下来的东西。对于初步理解来说,每一件事都来自我们对共同性的看法,并且仍然可以包括从前辈人那里继承而来的偏见。从过去吸取的东西,往往提供了关于生命—知识或共同实践经验的简单确定性,很少能够获得在认识上习得的东西所具有的差异性认识特征。

因此,认识性的习得把生命的共同联系分析为具体的系统,每一个系统都建立一个潜在的普遍性视域。当共同生活被区分为相互交叉的社会、文化、经济、政治和法律结构之时,初步理解就会为更高的人文科学理解特征开辟道路。这种向概念性认识和更高理解的转变,可以发生在共同生活的传承媒介与我们的正常预期的不相符合的时候。一个并不完全符合我们生命的熟悉模式的特性,可能需要通过把我们重新定位到另一个或者更广泛的语境中才能得到描述。更高层次的或认识性的理解并不受一代人所继承的生命—语境的偶然性参数的限制,而是试图重新定位可能的框架,用普遍性术语对历史进行概念化。但是,与普遍性学科语境对更明确地理解——甚至说明——历史上发挥作用的东西同等重要的是,它们并不能自然地或理性地连贯起来从而产生一个完整的理解系统。这就促使我们重申,普遍主义历史的视角不能是一种总体化历史的视角,而是一种利用一系列被界定的但具有普遍适用性的学科语境来阐释的历史视角。

最后,对历史情境或事件的诠释性占有,需要运用一种反思性判断的诊断方法,使最相关的语境对历史叙事中正在被解释的内容产生影响。正是在这第三个层次的占有中,我们才能试图对历史生命进行一种批判性理解。但是,这里的诠释学反思也是自反性的反思,使得这种反思成了个体解释者的责任。通过同化和习得而被诠释学上传递的东西往往是与一代人共享的东西,但是,完成诠释学筹划的反思性占有最终需要做出个人的判断。正是在这个层次上,解释中的范式转换才有可能出现。

第九章　艺术语境化：从原始语境到媒介语境

到目前为止，我们提出的定位性诠释学分析了解释的基本反思性条件和图式。它提出了一个典型语境的样板，用于定位与一般历史和文化现象有关的批判性解释实践。在这最后一章里，我将从这些一般性的语境形式转到对更具体的语境的考虑，这些具体语境在解释具体作品时发挥作用。这对于艺术作品的理解尤其重要，因为艺术作品往往具有独特的形式和内容。为了阐述这种个性化的形式，艺术的解释者多半会寻找一种通常以艺术家为中心的原始语境。

那些认为文本的意义内容是由作者的意图决定的人，援引了这样一个原始语境的相对简单的实例。早在18世纪的乔治·弗里德里希·迈耶以及最近的E. D.赫施等思想家，都一直坚持一种原始的意图语境的标准。在《解释的有效性》中抨击伽达默尔的时候，赫施写道："意义是一种意识的事件，而意识的事件又是人的事件，并且文本解释中所涉及的人就是作者和读者。"①

在这个范围的另一端，即内容的接受者——从批判性读者到普通的受众——都是意义的仲裁者。在信息数字化和传播几乎没

---

① Hirsch, E. D., *Validity in Interpretation* (New Haven, CT: Yale University Press, 1967), 23.

第九章 艺术语境化:从原始语境到媒介语境

有限制的今天,这种情况变得越来越普遍,这样,我们就可以很容易地忽略原始的来源和语境。然而,对于伽达默尔来说,艺术家和接受者都不能决定一件艺术作品的意义。相反,这种意义被认为是通过作品本身的生产性或效果历史(Wirkungsgeschichte)发展而来的。伽达默尔指出,一场正在进行的古典悲剧的演出是富有意义的作品的存在。"创造性艺术家的存在,表演者的存在,观众的存在都不具有任何自身的合法性。"② 它们都被吸收到一个开放的、不断展开的传统的时间性语境中。

把定位诠释学描述为一种恰当语境化的反思性艺术之后,我们当下的任务,是为艺术作品的解读设定一个更为独特的语境。传统上,这些努力主要是针对个别作品的意义内容,无论是迈耶以表现性方式构思的,还是康德通过表达理论构想的意义内容。有了这个表达理论,康德就超越他对感性的审美可交流性的更普遍的关注,转向艺术家如何传达他们独特的情感和观念的问题。然后,狄尔泰重新把表达视为对生命的表现,他指出,这个表达的过程也包括一些更普遍的世俗性方式的表达。随后,海德格尔拒绝赋予世俗性意义以首要地位,并且认为应该对奠定艺术基础的世俗材料给予同等的关注。为了恰当地定位和语境化艺术的客观化,我们将重新审视在康德那里发现的大地与世界的区别,并看看它怎样与海德格尔在他对艺术作品的解释中面对大地与世界的方式相一致。

本章最后一节集中讨论艺术作品的物质性媒介对艺术的语境化做出的贡献。艺术家和他们的受众在我所说的"媒介语境"中是

---

② Gadamer, *Truth and Method*, 128.

相互关联的。在当代文化中,媒介的物质性已经扩展到了包括对有意义的交流具有重要影响的技术传播手段。因为,理解信息是如何得到交流的具有更广泛的意义,所以,艺术媒介语境将会得到考虑。由于今天的媒体也体现了数字革命的影响,因此,诠释学不会忽视媒介语境。

迈耶论表现性符号及其意向性语境

迈耶通过把诠释学扩展到包含审美解释,提供了一个有用的出发点。③ 在他对《一种解释的普遍艺术的尝试》(1757)中,迈耶把理性解释与审美解释区分开来,这与他的老师亚历山大·鲍姆加登在概念认识和感性认识之间所做的区分相类似。鲍姆加登认为,感性认识不仅仅是概念认识的一种不完善的形式,而且可以有它自己的审美完善。鲍姆加登重新思考了笛卡儿赋予概念认识的显著性,他认为这是一种"强烈的清晰性",这种清晰性把事物的表现性的内在区分包含在它们的一般性标志中。感性认识的完善包括一种"广泛的清晰性",它显示出整体的个性化的表现形式,并赋予它们一种语境性的决定性。④

按照鲍姆加登对认识的这一新的分析,迈耶的诠释学任务就是考虑认识的清晰性赋予符号的独特模式。迈耶把一个符号定义

---

③ 关于迈耶在诠释史上的地位的更一般性的讨论,见 Jean Grondin, *Einführung in die philosophische Hermeneutik* (Darmstadt: Wissenschaftliche Buchgesellschaft, 1991), 73-78。

④ 参见 Makkreel, "The Confluence of Aesthetics and Hermeneutics in Baumgarten, Meier and Kant," *The Journal of Aesthetics and Art Criticism* 54:1(1996), 66。

为"一种手段,由此其他事物的现实性便能够得到认识"。⑤ 当一个符号和它所指定的事物之间的关系是自然关系的时候,迈耶便在一个理性的、系统的语境中为它指定了一个位置。当这种关系被建立在一个思维存在的自愿选择的基础上的时候,那么,我们在一个更为有限的人类语境中就有了一个任意的感性符号。正是后一种关系需要在美学上加以澄清,并赋予语境性以确定性。

获得对人类文本意义的广泛澄清的诠释学任务,使迈耶高度重视作为被解释的符号来源的作者个性。迈耶把诠释学意义上的自发性符号的真正意义,界定为"作者使用符号的意图或目的"。⑥作者的主要目的界定了迈耶所说的符号或言语的"直接意义"(它有别于由更遥远的目的界定的中介意义)。这种非常重要的直接意义与字面意义有所不同,字面意义建立在语言的一般用法基础上。但是,作者栖居地的普遍运用可能会在客观语境中留下合适的若干可能的意义。在使用现有的语言和历史手段时,一种解释可能是恰当的(eigentlich),但是,除非它揭示了作者直接的主观感觉,否则它就不是真实的(eigen, authentisch)。⑦ 真实性,最初是语文学批评对古代文本真实性的关注,现在,被迈耶用来定义对任何文本的正确解释。对文本原始存在的实证性考察,被一种对正确表达其原始意图意义的关注取代了。

迈耶的感性诠释学的主要原则是"公平或合理(Billigkeit)"⑧,合理性可以视为理性的审美对应物。根据这一原则,人们必须把

---

⑤ Meier, *Versuch einer allgemeinen Auslegungskunst* (Düsseldorf: Stern-Verlag Jannsen & Co., 1965), 4.

⑥ *Versuch einer allgemeinen Auslegungskunst*, 9.

⑦ *Versuch einer allgemeinen Auslegungskunst*, 52.

⑧ *Versuch einer allgemeinen Auslegungskunst*, 107.

人类创造的符号解释为适合主题事件的,直到相反的情况能够得到证明。正如自然符号在理性世界中被认为是完全合适的一样,如果我们要从人类发明的符号中获得清晰的意义,我们就必须假定它们已经是被合理选择了的东西。

按照迈耶的看法,关注作者的意图最初是有"充分的理由"的。不这样做将是"不公平的(unbillig),因为它假定了作者说话和写作没有运用他的智力或没有理解他自己。因此,解释者必须把真实的解释看作是真实的,直到作者明显地改变了他的意义,并且有了比他所说的更多的意义"。⑨ 迈耶对合理性的诉求就是对公平的一种要求,这确立了某种类似于奎因和戴维森的宽容原则,⑩但是,这并不是对一种意义不确定性的承认,而是把它当作一种解释清晰性的美学标准来运用。

真实解释的观念意味着抵制对文本的过度解读。它反对教义解释,因为教义解释允许宗教文本在适应传统制度的观点时产生意义。但是,迈耶对"比作者的理解思考得更多"⑪的实践所进行的抨击,毫无疑问,也可以延伸到受康德启发的格言,即比作者理解自己更好地理解作者,赫尔德、施莱尔马赫和狄尔泰的诠释学任务,就是要开启这种理解的可能性。

既然迈耶把作者的意图当作决定文本意义的主要因素,那么,可以说,他犯了意图主义的谬误。然而,他并不排除解释者随后会做出相反的决定,因为他认识到,作者之外的其他人可能会更好地

---

⑨ *Versuch einer allgemeinen Auslegungskunst*,75–76。
⑩ 参见 Willard Van Orman Quine,*Word and Object*(Cambridge:MIT Press,1960),59n.,以及 Donald Davidson,*Inquiries into Truth and Interpretation*(Oxford:Oxford University Press,1984),153。
⑪ *Versuch einer allgemeinen Auslegungskunst*,70。

理解文本的含义。此外,迈耶承认,对于一个作者来说,"要想被正确理解,解释者也不必像作者所想的那样去思考作者所想的东西。"⑫思想必须是相同的,但是,思考它的方式可能有所不同。解释赋予一个文本以意义,不能比作者赋予文本的意义更多,也不能赋予它更少的意义。⑬ 如果普通语言用法允许的字面意义所提供的,不仅仅是体现作者意图的直接意义,那么,我们必须进行限制性的解释。只有在字面意义提供的意义较少的特殊情况下,才需要一种"被扩展的解释(erweitende Auslegung)"。⑭

康德与表达无法表达的东西

康德关于真实解释的观念可能受到了迈耶的影响,但有所不同的是,康德的真实解释并不那么直接地依赖于个体主体和他们的地方性栖居地。真实性仍然是主观构想的,但是,正如我们在第六章中看到的,对真实性的界定不能不参照其他的东西,必须有更广泛的属地范围。另一个重要的变化是,康德更关注对所表达的东西的理解,而不是关注被表现的东西。我们也应该注意到,迈耶认为,被扩展的解释是一个特殊的或补救性的情况,对康德来说,这一观点成为了所有解释的必要条件。判断的反思性或解释性力量与"运用一种扩展了的思维模式(erweiterde Denkungsart)"⑮相

---

⑫ *Versuch einer allgemeinen Auslegungskunst*,70.
⑬ 在这里,赫施把作者意图赋予文本的意义与文本语言可能赋予其他人的意义作了更有用的区分。
⑭ *Versuch einer allgemeinen Auslegungskunst*,100.
⑮ *Critique of the Power of Judgment*,175(译文有修改);Ak 5:295。

关,其目的在于使真实性成为主体间的理想。因此,一种解释的真实性不能根据作者意图的主观标准得到充分的衡量。此外,当我们转向康德的艺术天才理论时,有意识的意图这个概念本身就会遭到质疑。他写道,"一个作品的作者把这个作品归功于他的天才,但是,他自己并不知道这些想法是如何产生出来的",并且这些想法不能"随意地"产生出来。⑯ 天才的特殊艺术任务就是表达以前无法表达和从来没有料想到的意义。

康德把他的表达理论发展为他的成就努力的一部分,即描述那些前所未有的和不可表现的天才思想怎样能够传达给更广大的观众。天才是一种原始语境或者"天生的智力秉赋"⑰,它引导想象力游戏性地扩展到一个给定的理解概念,从而揭示"对理解来说大量没有开发出来的材料,而后者并没有在它的概念中考虑过。"⑱对理解概念的这样一种想象性扩展的产物就被称为审美观念。在《判断力批判》第49节中,康德将审美观念界定为"一种想象力的表达,即在没有任何确定性思想,即概念的情况下,许多思维都有可能满足它的需要,因此,没有任何一种语言能够获得完全理解或能够完全使人理解"。⑲ 作为想象力的一种不确定性表达,审美观念没有可用的概念或语言表达来传达它。

但是,假如天才的力量不仅仅是主观上的秉赋,那么,它就需要通过表达似乎不可表达的审美观念,从而使它能够与他人进行交流。或者,如康德写到的,天才必须借助精神或精神的能动原理,在其精神状态中"表达((auszudrücken)不可命名之物",并"使

---

⑯ *Critique of the Power of Judgment*,187;Ak 5:308.
⑰ *Critique of the Power of Judgment*,186;Ak 5:307.
⑱ *Critique of the Power of Judgment*,186;Ak 5:317.
⑲ *Critique of the Power of Judgment*,194;Ak 5:314.

其成为普遍可传达的东西"。⑳ 这种精神上的表达能力,就在于"领悟审美观念中所包含的迅速传递的想象力游戏",并且"把它统一成一个概念"。㉑ 天才能够被更充分地定义为,通过"发现"一个暗示一种可能性领域的审美观念,想象性地扩展一个可利用的理解概念的能力,随后,其中的一些可能性就在一个新的概念中被表达出来。由此产生的概念就是"原创性的,并且……揭示了一个新的规则,而这一新的原则不能从任何先前的原则中推导出来"。㉒ 因此,以前无法表达的东西现在能够"在没有规则约束的情况下进行交流"。㉓

在这里,创造性的表达艺术就是以某种方式期待一个新的概念,这种方式与反思性判断如何从特殊性发展到一个尚未得到的普遍性相类似。可以把由此产生的概念称之为一个反思性概念。这样一个概念超越了已有的概念和规则的限制,引入了康德在别的地方说过的没有确定性规律的合规律性。

早些时候,我们区分了1)使用推论性概念的正常交流和2)涉及趣味判断的审美可交流性,这种判断扩展了我们感受到的精神状态,从而无须诉诸我们现有的任何概念而能够被人们所分享。在相关的诠释学语境是可能性的场域时,以概念为基础的正常交流就会受到逻辑规则的支配;当我们寻求对实际经验属地的一致性时,它也会受到超验规则的支配。当交流被限制在一个更加地方性的栖居地时,经验规则或惯例可能就足够了。

---

⑳ *Critique of the Power of Judgment*, 195; Ak 5: 317.
㉑ *Critique of the Power of Judgment*, 195; Ak 5: 317.
㉒ *Critique of the Power of Judgment*, 195; Ak 5: 317.
㉓ *Critique of the Power of Judgment*, 195; Ak 5: 317.

最具有确定性的概念交流模式存在于一个科学共同体中,当它能够为自然领域立法时——任何潜在的理性智力都必须承认这些规律具有客观性的约束力。审美可交流性以主体间的有效性为目标,并且只关注那些具有人类情感的理性人。通过对情感的反思性参与,我们可以概括出,在我们自己的有限语境中什么是有价值的,并要求它对所有人类存在的更广阔的属地都有效。康德随后对天才和艺术家精神状态所做的讨论,补充了正常交流和审美可交流性的表达方式,使我们能够以一种新的、反思性的方式交流那些对我们来说重要的东西。审美判断扩展了我们思维的语境性范围,而表达的艺术功能则确定或阐明了这样一种类比关系,我们用这种类比关系把我们所知道的熟悉语境与我们只能抽象表达的语境联系起来。㉔ 在一个完整的有机系统和他理想中的共和政体之间,康德提出了间接的反思性类比,艺术家可以通过象征化把这种反思性类比更直接地表达出来。因此,我们可以把这第三种交流方式称为"象征性的"。

狄尔泰论生命的表现及其解释性语境

为了更深入地探讨表达的语境性范围,我们将考虑作为客观化的表达怎样被归入更为广泛的范畴,即狄尔泰所说的"生命的表现"中。因为通常所认为的表达是受有意识的意图支配的,狄尔泰在他的后期著作中谨慎地使用了"表现(Ausdruck)"一词,而且更

㉔ 参见第三章和第五章。

经常地是指"生命的表现(Äußerungen)"。㉕ 在迈耶和康德看来，表现(manifestations)不如表达(expressions)本身那么个人化，从而使人们更加远离了对意识的关注。由于把生命看作是现实的整体语境，"生命的表现"便成了所有需要反思性解释和语境性定位的史料的总称。

狄尔泰区分了三类生命表现。第一类包括命题性判断和其他的纯粹思想形态。它们以最抽象的方式表现生命，在我们看来，它们的相关定位语境要么是一个逻辑性的场域，要么是一个受规律支配的自然领域。㉖ "在这里，理解针对的……仅仅是逻辑性内容，它在每一种语境中下都是同一的，而且，比任何其他生命表现形式都要完整。"㉗理论判断的目的是传达概念性思维，但它们表达的并不是提出概念性思维的个体。思想形态"已经脱离了它们产生的生命体验，它们具有已经适应逻辑规范的共同基本特征。这就在思想语境中给了它们一种独立于它们的立场的自我同一性"。㉘ 命题判断的目的是，客观地呈现关于世界的普遍有效的关系：其意义不是在人们表达它的主观表现中被确定的。

第二类生命表现形式是实践行为。就其本身而言，行为最初并不是意在普通的交流，但是把它们与目的联系起来的方式，可以揭示那些执行它们的人的某些东西，并体现出他们共同生活的价值观和目标。如果一个行为确实揭示了任何关于行为主体的精神状态的内容，那么，它只是作为"情境性限制的条件"，而不是对"精

㉕ Dilthey, "The Understanding of Other Persons," SW 3, 226.
㉖ 关于"场域"和"领域"的定义，见第三章，下一段中使用的术语"属地"和"栖居地"也是如此。
㉗ "The Understanding of Other Persons," SW 3, 226–227.
㉘ "The Understanding of Other Persons," SW 3, 226.

神状态所依靠的生活关系本身"㉙的整体表达。当历史学家解释实践行为时,最相关的意义语境,要么是熟悉的地方性事物的栖居地,要么是一个更普遍共享的人类生活属地。反思性判断的任务就是确定诸如社会和文化系统的中介语境,它们规定了人类的公共角色,并且界定了对历史事件的解释。㉚ 对于伦理上有争议的行为,康德的普遍性的道德法则领域也应该发挥作用。

只有包括艺术作品在内的第三类生命表现形式,才被称为"生命体验的表达",它由充分汲取生活经验的表达形式构成,这些表达形式可以在信件、回忆录、宗教著作、哲学沉思以及艺术创作中找到。它们不仅对理解提出了最大的挑战,而且也为误解提供了更多的机会。与其他的两类生命表现相比,生命体验的表达更难以解释,因为它们既不受普遍性理论目标的指导,也不受普通共同实践的指导。在解释艺术作品时,这一点狄尔泰表达得特别清楚。在这里,判断必须确定艺术家的传记在多大程度上可能是或者可能不是一个相关的解释性语境,并想一想还有哪些情境性因素需要我们考虑到更为全面的生命一语境。这一点很重要,因为艺术作品的个性化风格既反映了艺术家,也反映了他们的时代。一件作品的风格表现了艺术家的生命体验,但是,它也清楚地表达了那种体验中所蕴含的世界联系。

在谈到音乐作品时,狄尔泰指出,作曲家在音乐中表达的情感并不是首先通过内省找到的,然后转化为声音。他们的情感从一开始就是音乐性的,并且是在一个音调范围内产生出来的。在这

㉙ "The Understanding of Other Persons," SW 3, 227.
㉚ 参见第三章和第六章。

里,表达并没有被视为精神的心理状态的外在化。他认为,没有任何一部音乐作品"不表达被体验到了的东西,但是,一切都不仅仅是表达。因为这个具有调性之美和意义之无限可能性的音乐世界总是存在于……历史中,它能够无止境地发展。而音乐家就生活在这个世界上,而不是生活在他的感情中"。㉛

音乐天才不在于表达一种精神上的审美观念,并像康德所设想的那样赋予它一种可交流的形式,而在于表达调性领域的任何居民都能够隐含地感受到的东西。艺术创造性作为赋予他人非确定性地感觉到的东西以决定性的力量,使表现进入了意义的表达。在这里,我们认为,主要是使一种精神的内心状态外化的意向性过程,也是一种表达一件作品的过程,这样,它的各个部分就可以被理解为彼此之间具有内在的联系。作为一个过程的两个方面,表现是把内在的东西与外在的东西联系起来,而表达则把部分与整体联系起来。

生命体验的艺术表现不仅仅反映了创造者的精神生命,而且如前所述,它也突出了一种能够使"本身具有真理性"㉜的结果。在这个更深刻的意义上,具有真理性的诗歌作品获得了它自己的连贯性,并构成了一种与诗人的内心过程"可以分离开来"㉝的联系。它所产生的关联性并不涉及亚里士多德所要求的戏剧情节具有不可避免的结局的类似领域的必然性(Notwendigkeit)。相反,作品的内在发展带来了一种事情"不得不如此(Soseinmüssen)"㉞

㉛ "The Understanding of Other Persons,"SW 3,242.
㉜ 参见第二章。
㉝ *The Formation of the Historical World*,SW 3,107.
㉞ "The Understanding of Other Persons,"SW 3,242;GS VII,211.

的感觉。这种非理论意义上的正确性把它自己揭示为"审美价值的现实化"㉟,而它的发展是人们没有预料到的,但是,它让人们感觉到天衣无缝。在音乐发展的情况下,当奏鸣曲的音乐主题发生变化和被重新演奏,并最终回到主调上时,这种不得不如此的感觉就具有了语境的连贯性或感觉的恰当性。

海德格尔"艺术作品本源"中的大地—世界冲突

我们已经表明,从迈耶到康德和狄尔泰,他们对艺术作品原始语境的诠释学关注有所下降。海德格尔通过在解释中淡化心理因素而继续了这一趋势。在《存在与时间》(1927)一书中,海德格尔认为,他自己的诠释学哲学是康德对世界定位以及狄尔泰对理解我们历史情境的筹划的进一步发展。显然,对存在的理解所关注的是我们的在世存在(being-in-the-world),而《存在与时间》甚至把表达的筹划主题化为这样一种方式,即对于我们世俗性参与,解释把已经前理解了的东西变得可以理解了。《存在与时间》的首要关切是我们的生存论的处境性,但是,没有证据表明,艺术作品能够从这种世俗性参与中汲取灵感,但指向了一个颠覆这个世界的本源。

然而,在海德格尔后期的艺术哲学中,他把世界与大地之间的争执(Streit)确立为艺术语境化的两个对立框架。在1935—1936年的"艺术作品的本源"一文中,他继续认为世界是寻找意义的语

㉟ "The Understanding of Other Persons," *SW* 3,242.

境,但是,他现在认为大地把那些仍然无法理解的东西封闭起来,并且成为了诠释学的一种限度。大地的包容性使他的诠释学框架变得更为复杂,但是,它也有助于挑战艺术作品的本源通常所指的东西。对于海德格尔来说,这个本源与艺术存在的意图或者一种生存论的存在体验几乎没有任何关系。这是因为,他认为艺术家卷入了我们所认识的世界与大地之间的对立之中,而大地既建立又抵制这个世界。

到目前为止,诠释学定位主要是参照世界作为理论、实践和反思性关注的整体领域来讨论的。但是,康德并没有忽视世界与大地的关系。我们看到,康德对大地和世界进行了相对意义上的对比,由此,大地的内容提供了经验上的限度,这些限度原则上可以转化为可理解的世俗性界限。虽然所有的定位性诠释学语境都是世俗性的,但是,属地和栖居地很显然保留了人世间的一些踪迹。人类的栖居地仍然让我们想起了我们的世俗之根,而作为一个共享环境的属地则假定大地有能力被培植。我们看到,康德把大地说成是一个在自然状态下拥有共同属地的领域。只有在一个共同的公民国家的基础上,个人对这一属地上的任何一部分的拥有才能在世界范围内得到合法的证明。但是,这种从大地到世界的逐渐过渡却被海德格尔拒绝了,相反,他认为世界和大地之间将存在一种永远不能完全克服的内在对立。

在"艺术作品的本源"一文中,海德格尔指出,希腊神庙是"建立(auf-stellen)一个世界"和"制造(her-stellen)大地"。㊱ 神庙开启一个意义的世界,但同时,它"又使这个世界回到大地,而大地本

㊱ Heidegger,"The Origin of the Work of Art,"in *Poetry*,*Language*,*Thought*,trans. Albert Hofstadter (New York:Harper and Row,1971),46.

身也因此只是作为原生地出现”。[37] 按照海德格尔的看法，被神庙“去蔽”的世界“努力超越”大地，因为“作为自我开启，它不能忍受任何封闭的事物。然而，作为庇护和遮蔽的大地，却总是倾向于把世界拉回它自身，并把它保存在那里。”[38]因此，任何被艺术作品的世俗性质“去蔽”或揭示的真理，都是时间性的真理，并且受到大地将其拉回自身的力量的威胁。大地不仅仅是黏土或大理石这样的物质性介质，而且体现了一个原始的隐蔽领域，它把我们与真理隔绝开来。艺术家们通过他们的作品可以做出贡献的东西，就是在大地和世界之间建立一个时间性的林间空地，从而产生对存在之本质的洞见。

海德格尔关于艺术作品本源的论文，最初发表在一部题为《林中路》的文集上。这本书的开头几行写着：“林是树林的古名。林中有小径，它们通常杂草丛生，并突然断绝在杳无人迹之处。”[39]这样的林中路就像是一块时间性的林中空地，它可以远离世界，指向未知的地带。这些林中空地必须得到保存，如果它们不被本地植物生命的过度生长和重新恢复的话。林中空地所激发出来的思想，并没有指明通向科学和文化交流世界的直接路径。但是，即使蜿蜒的林中小路不引导我们去任何地方，但只要我们被要求从这个尘世的死胡同里绕回来，这种经验仍然可以具有诠释学的价值，并且会间接地增加我们对世界的理解。

从利奥塔的观点看，可以说，海德格尔的立场认为用世俗的方式大地是不“可呈现的”。但这是否意味着大地本来就是“不可呈

---

[37] “Origin of the Work of Art,”42.

[38] “Origin of the Work of Art,”49.

[39] Heidegger, *Holzwege*(Frankfurt am Main: Vittorio Klostermann, 1963), 3.

现"的呢？或者，用利奥塔的话来说，它们能够被理解为"呈现本身的不可呈现"？⑩不可呈现之物可以用纯粹形式和否定地想象出来，正如康德所设想的崇高，它超越了所有的人类尺度。但是，对利奥塔而言，后现代是现代的一个时刻，它允许扰乱性的内容被呈现出来，"而不考虑整体的统一性"。㊶康德的现代崇高将不可呈现的东西投射到了超感性的领域，而后现代崇高则意味着不可呈现的东西可能是潜意识的，并被淹没在大地的神秘角落里。把利奥塔式的语言与海德格尔思想联系起来的这种方式表明，大地不需要仅仅代表被遮蔽的和不可呈现的事物本身，而需要代表这个世界上的可呈现之物的一种不可呈现的时刻。

即使在海德格尔的描述中，艺术作品也并没有保持其世界起源的自我封闭或遮蔽。正如世俗性意义上的内容往往高于世俗性物质，大地最终也将"穿越世界"。㊷大地找到了一种呈现或显现自己的方式，即便它仅仅可能间接地以症候的形式出现。大地不能表达自身，但是，它所能够维持的植物生命给了我们一些它的潜在特征的迹象。

正如大地没有完全与我们隔绝一样，世界也并非完全是开放和透明的。诠释学的世界是由多个语境构成的，这些语境的独特功能，可以通过更高的理解过程得到或多或少的理解。但是，这个世界也包括更加根深蒂固的、更难以辨别的体制性网络。它暴露了社会、经济和文化系统之间的张力，而这些系统就是为了应对时

---

⑩ Jean-Francois Lyotard,"Answering the Question: What is Postmodernism?," in *The Postmodern Condition: A Report on Knowledge* (Minneapolis: University of Minnesota Press,1984),81.

㊶ "Answering the Question: What is Postmodernism?,"80.

㊷ "Origin of the Work of Art,"49.

代的变化需求而形成的,更为根深蒂固的体制则继续在幕后发挥它们的力量。关键的问题是认识到,与解释相关的不同语境都可能会相互加强或抵消。不同的语境可以在不同的理解层次上表现它们自身,从初级到高级再到批判性的理解,都强调了在确定最适合的解释性语境时需要判断的自由裁量权。

不管是否认为一件艺术作品植根于大地,它显然都可以对整个世界表明它自己的尺度。它可能会间接地表达或呈现最初不可表达或者不可呈现的东西,从而为我们所能理解的东西标明一个极限点。对于作为人类文化发展的一部分的艺术,其所面临的诠释学挑战,就是要找到使内容可能变得可表现和可交流的恰当语境。这可能需要一个新设定的语境或者一种新的方式,从而把现有可用的世界语境联系起来。

然而,海德格尔研究艺术的解释方式,似乎脱离了任何一种文化历史语境,并且立足于更原初的基础。我们期望每一件作品都把我们抛回到事物的本源。正如海德格尔所写到的,"每当艺术发生时……历史要么开始,要么重新开始。"人们一直认为这一点以及他所声称的艺术"创建历史"[43]给社会经验提供了一个基础。[44] 但是,如果艺术对海德格尔来说有一个社会维度的话,那么,它就不是一种公共参与。几乎没有证据表明,他对人们经常认为的艺术具有建立共识的功能感兴趣,或者对狄尔泰和伽达默尔认为艺术家对他们的前辈及其同时代人做出回应的方式感兴趣。海德格尔对这些更加人性的艺术经验互动方式似乎没有什么

---

[43] "Origin of the Work of Art,"77.
[44] 参见 Kai Hammermeister, *The German Aesthetic Tradition*(Cambridge: Cambridge University Press,2002),184。

兴趣。相反,海德格尔的艺术哲学所指的是,艺术利用他所说的"人的禀赋"的方式。㊺ "禀赋"是对"ein Mitgegebenes"的翻译——即被赋予的东西。海德格尔运用禀赋的观念,认为诗人把他们的民族精神隐含的东西当作他们的命运表现出来。但是,我们可以用一种不那么麻烦的方式运用艺术禀赋的观念。"赋予"并引导艺术家进行创作的相关背景,既不是源自海德格尔的民族主义意识,也不是可以被还原为康德把它归因于个人精神状态的"先天秉赋(ingenium)"㊻。要界定创造性艺术家的禀赋和最初的定位,我们必须更仔细地审视艺术家究竟如何运用他们的媒介。

艺术作品的媒介语境

到目前为止,把艺术与其他主题区分开来的东西就在于,艺术确立了它们自己的语境,用它们独特的方式聚焦和框定世界。因此,我们需要用适合艺术创造性条件的解释性概念来补充那些用于解释历史世界的一般性的、反思性的语境。通过对艺术内容的考察,诠释学应该能够认识这些内在的语境。

传统上,艺术内容主要是根据意义内容(Gehalt)来构想的,但是,艺术作品也以它表现物质性内容的方式(Inhalt)而引人注目。一般认为,后者是表达意义的"媒介"或物质性基础。人们普遍认

㊺ "Origin of the Work of Art," 77. 伯纳斯科尼注意到,在这篇文章的后期版本中,海德格尔"删去了对民族、决断和'伟大艺术'本身的所有参考",参见 Robert Bernasconi, *Heidegger in Question* (Atlantic Highlands, NJ: Humanities Press International, 1993), 116。

㊻ *Critique of the Power of Judgment*, 186; Ak 5:307.

为，意义内容给物质内容赋予了最初的形状。然而，在艺术作品中，意义内容和物质内容的融合，从一开始就被更恰当地理解为呈现在一种我称为"媒介语境"的东西中，正是这种语境把艺术家导向了他们的作品。

"媒介"语境的观念具有双重含义，它既作为一种物质实体，同时也作为一种表现方式或手段。也就是说，艺术媒介不仅仅是一种物质性载体或基础，而且也是在艺术作品中表达或传达的内容的传播手段。无论媒介是惰性的物质材料，如大理石、黏土和油漆，还是文字和音调的活的语言，媒介的功能都已经受到了文化的制约，并有可能传达意义。媒介语境可以为任何艺术形式的物质性内容和意义性内容的融合提供参照框架，也可以根据赋予艺术作品以独特表现方式存在的整体风格特征来考虑这种融合。

艺术家与其作品之间的关系，不仅仅是把精神内容转移到物质性媒介上的关系。艺术家沉浸在一种想象性的媒介语境中，这个语境不仅包括了随着时间的推移而被同化的东西，而且还考虑到了当代的条件和发展。在某种程度上，一种媒介语境似乎可以与海德格尔所说的"赋予"艺术家的"禀赋"相提并论，但并不是一个民族的精神作为艺术家的命运降临到他们的身上。媒介语境可以被接受、被修改或者被拒绝。即使当画家接近他们的空白画布，意识到当前的惯例、风格倾向以及其他视觉期待时，他们也可以自由地完善它们，甚至蔑视它们。

媒介语境具有赋予客观精神表现方式的一些共性，[47]但是，它们缺乏这种传统表现方式所蕴含的惯例的稳定性。在一个共同体

---

[47] 关于客观精神的阐述，见前面的第一章和第七章。

中,艺术媒介语境很少有制度性基础,也没有达到通常依附于人文科学所规定的一般社会文化系统的学科性地位。就像继承共同性的表现方式一样,艺术的媒介语境是定位性的语境。但这是一个更加非正式的语境,它侧重于审美敏感性和艺术创新性。媒介语境在技术上引导艺术家,并且对于诠释学来说,它为辨别风格创新提供了背景性的参照框架。⑧ 然而,这种伴随着观众和艺术评论家对艺术作品解释的媒介语境的风格运用,不一定会带来任何像当代美学所讨论的"地位授予"的社会制度那样被组织起来的东西。⑨ 艺术的媒介语境有一个自我界定的中介范围,并且在本质上是非正式的,这使得所有的一切都与我们的时代具有更多的相关性,在这里,新媒介正在探索之中。

我们在狄尔泰的建议中看到了对艺术媒介语境的一种暗示,即音乐天才的衡量是根据全神贯注于"调性领域中的能力,仿佛它独自存在一样"。⑩ 先前描述的音乐作品的语境连贯性,可以说现在成为了体现作曲家沉浸于一种发展中的媒介语境。作曲家不仅仅寻找外在的声音来表达内心的情感,而且使用了一种调性媒介,包括关于和谐与不和谐的惯例,而这些惯例至少在一定程度上是

---

⑱ 另见 Makkreel, *Dilthey, Philosopher of the Human Studies*, 399 – 413, 在那里, 艺术作品的风格被描述为用以表达某个时间和地方的客观精神的一种确定性、不确定性品质。媒介语境的观念与客观精神的总体范围联系较少, 但是可以考虑相关的背景惯例。

⑲ 参见 George Dickie, *Introduction to Aesthetics: An Analytic Approach* (New York: Oxford University Press, 1997), 84 – 86。乔治·迪基对艺术的惯例分析, 把艺术世界定义为一"捆"社会系统和更非正式的子系统, 这些子系统可以通过把一件人工制品视为潜在的"欣赏候选者"而赋予它以艺术作品的地位。迪基的惯例框架并没有认可艺术作品实际上就是值得审美欣赏的。这使它区别于媒介语境, 它所讨论的主要是审美惯例和期待。

⑳ "The Understanding of Other Persons," *SW* 3, 242.

随着时间的推移而被传承和被传递的。

作曲家表达的情感从一开始就是音乐性的，是在调性的媒介中产生的。他们提供给我们的不仅仅是再现或表现：他们提供了一种新的以媒介为中心的回应世界的方式。无论被表现的内容是什么，都已经被一个完整的联想网络所贯注，并且通过艺术家的创造性，可以获得一种新的形态。在一部重要作品中表达的内容构成了这个网络的进一步表达，并赋予其独特的风格形式。表现和表达之间的这种联系，可以用来说明一种媒介语境怎样影响艺术的生产性以及如何受到艺术生产性的影响。

我们可以把艺术作品的媒介语境称为物质传递性和意义交流性的领域。它们的整体统一性在诗歌语言和音乐语言中表现得最
214 为突出。随着日益受到现代技术和数字革命的影响，视觉艺术中的意义性内容和物质性内容之间的关系也变得越来越密切。虽然画布上的颜料是惰性的，但是，数字图像的像素却是可以传输的。数字化产生了一种与富有意义的交流平行的物质传递性。这只是当今视觉艺术中物质性内容和意义性内容日益融合的一个例子，下面将进一步讨论这个问题。要理解此种正在探索中的媒体新融合不断变化的艺术场景，更重要的问题是在媒介语境方面定位我们对它们的理解。随着艺术越来越不注重表现世界的整体性，意义的媒介呈现已经成为艺术交流的中心问题。(51)

当前的媒介传播可以与可交流性问题进行比较，因为这个问题已经被考虑了。在第五章里，我们根据启蒙运动关心的普遍趣

(51)　作为一种活动的媒介呈现一直是芭蕾舞等传统艺术的核心，在芭蕾舞中，运动中的舞蹈者身体就是表演一个作品的媒介。今天我们也有视觉表演艺术家，他们用自己的身体作为创作的媒介。

味标准对艺术进行了探讨,同时,也找到了使审美鉴赏者能够超越他们的地方性栖居地的狭隘情感的一些方式。以康德的世界性场域为背景,我们的讨论指向了人类交流和文化系统属地的更具有一般性的语境。康德关心的是,当我们所继承的自然语言使我们变得无能时,我们就要描述共享情感的可能性。纯粹的审美情感意味着通过把我们带到外面的整体世界,使我们的眼界变得更加广阔。尽管艺术表现可能是独特的,但是,康德的假设是它回指到了共同的来源,尽管是效仿而不是模仿它们。

在我们更具历史局限性的艺术媒介语境中,可传达的和可交流的东西开启了一种更大程度的复杂性。19世纪的历史主义让人们越来越认识到存在着各种各样的传统,并且对共同的来源丧失了信心。我们所继承和吸收的东西可能会有各种各样的甚至互不相容的来源。今天的世界是全球性的世界,因为正在使用的媒介的传播性增加了,但是,这只会加剧承认共同性的困难。更广泛的信息获取允许现代艺术家的媒介语境变得更加折衷,并受制于不断变化的潮流。在这种氛围中,艺术生产性的关键与其说是模仿或追赶潮头,不如说是强调什么是新奇的东西,或者用另一种风格视角呈现熟悉的东西。

没有任何一种艺术形式比20世纪的绘画更具有风格的创新性,从立体主义开始,接连不断地从结构主义、几何抽象主义、抽象表现主义、超现实主义走向更为新生的运动。绘画一直都是装饰性或再现性的艺术,但是,把我们的注意力重新集中到画布上的拼贴运用,直到20世纪初才变得流行起来。纸张、沙子和木头等媒介被粘在油画画布上,由此中断了其往常的再现性功能。但是,我们可以把这种更加关注表现方式的绘画方法,追溯到保罗·塞尚的伟大风景画。他风景画中的独特性以及使它们具有开拓性的东西,就是它们所具有的使整个场景成为浮雕的力量,这种力量把一切都吸引到可以称之为一种媒介的可视性平面上。他的画作把人们能够感知到的东西凸现为一个结构性但也是碎片化的整体,呈出尖角与曲线、静态与动态的相互作用。在这里,可用于有意义呈现的媒介语境在表现方式的物质存在中得到了表达。

我们在前面谈到了自反性意识是经验的自我参照层面,它可以把一个人的反思性语境与他自己联系起来。同样,也可以说,艺术作品的媒介语境赋予了其意义内容一种具有自身性的自反性或索引性,这种自身性就构成了它的在场。这种自反性在诗歌中体现得尤为明显,我们不仅要注意词语的意义,还要关注声音的表达方式。当诗歌语言的这两个方面相互加强的时候,我们就会继续逗留并允许反思性意义被自反性地感受到。尽管一部小说的文学性平铺直叙可能达不到这种诗意的内在存在的自反性强度,但是,它却可以唤起一种更为广泛的想象性在场。很少有艺术在场的方式能够像舞台上的戏剧表演那样引人入胜。而现在,我们可以通过电影版本也可以通过印刷品获得小说和戏剧,它们获得了一种属于自己的生命,在这种生命中,个人的想象力与一种更为公开的呈现方式融为一体。胶片媒介的光学和技术可复制性赋予它们的虚拟领域一种前所未有的前景。

但是,在所有艺术中,建筑最具体地说明了一种媒介语境存在的观念,它把世界吸引到它自己身上,并以一种可以固定我们的方式创构世界。建筑材料的使用以及计算机投影和计算的技术进步,使建筑师们能够用他们的体量巨大的摩天大楼从远处吸引我们的注意力。但是,他们通过寻求迎合周边建筑的巧妙而富有创造性的方式,使建筑物变得更富有创新性。像勒·柯布西耶这样的建筑师已经能够赋予他们的建筑物一种流畅的动感,并把建筑物改造为一种被扩展了的环绕着我们的雕塑媒介。弗兰克·劳埃德·赖特利用这种适应性,在古根海姆博物馆的展览空间的结构与在那里陈列的艺术之间引入了一种视觉张力。弗兰克·盖里对建筑材料的非正统使用,让曲线形状和表面光泽之间产生了一种令人振奋的相互作用。更一般地说,当代建筑已经让我们能够以各种新的方式栖居在这个世界上,同时也使它的产品与它们的大地之根融合在一起。

毫不奇怪,一些建筑师对海德格尔的论文"建筑·栖居·思"很感兴趣,因为它的中心主题之一,即为建筑是把我们与大地联系起来的一种栖居形式。[52] 然而,建筑作品的媒介存在既指大地,也指世界。海德格尔召唤的希腊神庙,已经不仅仅是大地与世界之间的一块时间性的林中空地;它也确立了把它们结合起来的一种媒介空间。从更一般的意义上讲,建筑作品的媒介语境就是在创造性张力中同时展现出物质性内容和意义性内容。

庸常之物在当代艺术中的媒介呈现

在本章中,我们把本质上作为一种个性化自我表达形式的传统的艺术表达概念,当作公共或世俗表达过程的一部分放在了更为广泛的语境中。当这样做的时候,我们就越来越多地从艺术的

---

[52] 参见 Pavlos Lefas, *Dwelling and Architecture: From Heidegger to Koolhaas* (Berlin: Jovis Verlag, 2006)。

表达和表现功能转向了对表现和媒介呈现的功能的思考。

鲁道夫·阿恩海姆是一位力图保持艺术表现中心地位的人,他的做法是通过超越个人情感指向表现性的普遍意义。他写道:"只有当我们在表现中体验到的东西比我们自己的情感共鸣更多的时候,对表现的感知才能完成它的精神使命。它允许我们认识到,在我们自身中所唤起的力量,只是在整个宇宙中发挥作用的相同力量的个别范例。"[53]按照阿恩海姆的看法,自然对立的表现力,如上升与下降、支配与服从、和谐与不和谐等等,都直接呈现在知觉上。阿恩海姆的格式塔心理学所提出的身体向下的力量和精神压抑的倾向之间的同构,实际上体现了一种我们前面归因于艺术媒介语境的心理—生理的一般化,即上述艺术媒介语境所赋予的物质性内容和意义性内容之间的共鸣。这种同构的结果是要扩展艺术创造力的媒介语境,赋予自然和人类表现性的形式以同等重要的作用。

对阿恩海姆来说,艺术的功能就是重新占有在我们这个科学时代已经看不见的生命的普遍表现力。然而,在当代艺术中,更为突出的趋势是远离了那些把我们引向整个世界的普遍方式,而将注意力集中在弥漫于我们日常生活方面的庸常模式上。我们认为理所当然的以及几乎心不在焉的实用性的普通人类产品和手工艺品,为了引起我们的注意而被呈现出来了。摄影媒介通过展示枯燥无味的场景和特写镜头来突出人工制品的各种细节尤其鼓励了这一趋势,比如开罐器、可乐瓶等。

例如,雅克·朗西埃曾经把这称为摄影的平等主义美学。这种朝着日常现象的转向,以及现成品和发现物品的呈现,都可以看

---

[53] Rudolf Arnheim, "The Expressiveness of Visual Forms," in *Art and Visual Expression* (Berkeley and Los Angeles: University of California Press, 1966), 434.

作朗西埃所说的"对庸常之物的占有"(54)的一部分。阿瑟·丹托也用他自己的方式,通过把所谓的当代艺术中的"庸常之物的变形"而使庸常之物主题化了。艺术作品在物理上与庸常之物很可能"无法分辨",但是,它们可以被赋予一种艺术认同的"是"。(55) 这样一种赋予一个庸常之物以艺术的行为,把审美鉴赏从单纯的感知性层面转移到了解释性层面。

尽管如此,对于这两位批评家来说,接受庸常之物有着不同的含义。朗西埃赞同庸常之物在政治上就是艺术的民主化。在这个意义上,我们可以把他与沃尔特·本雅明联系起来,本雅明是第一个注意到技术的可复制性怎样把艺术品从因其独特性而备受推崇的限制性语境中删除的人之一。艺术的"原创性使用价值"来源于它们与古代宗教崇拜和仪式的关系。这种传统的功能赋予艺术以独特的"韵味",使它与日常生活分离开来。(56) 即使这些宗教功能 218
已逐渐地减少,但是,通过本雅明描述为"世俗化仪式"的"美的崇拜"(57),艺术继续保持着它的特殊韵味。最终,这一传统被后工业技术打破了,使事物变得容易被复制,并且催生了新的艺术形式,如摄影和电影等,它们能够把所有的一切带到我们眼前。"在世界历史上,技术复制性第一次把艺术作品从对仪式的寄生性依赖中解放出来,"他写道,"并开始以另一种实践——政治为基础"。(58)

---

(54) Jacques Rancière, *The Politics of Aesthetics*, trans. Gabriel Rockhill(London/New York: Continuum, 2006), 33.

(55) Arthur Danto, "The Artworld," in *Philosophy Looks at the Arts*, ed. Joseph Margolis(Philadelphia: Temple University Press, 1978), 138 - 139.

(56) 参见 Walter Benjamin, *Das Kunstwerk im Zeitalter seiner technischen Reproduzierbarkeit*(Frankfurt am Main: Suhrkamp Verlag, 1970), 20。

(57) *Das Kunstwerk*, 20.

(58) *Das Kunstwerk*, 20.

本雅明欢迎这种新的艺术与更广泛政治领域的关系，但是，他也认识到了潜在的风险。尽管像电影这样的新媒介可以给艺术家一种政治上的开放和探索变革的手段，但是，它们也同样容易导致对独裁者和现状的审美粉饰。

丹托没有审视大众传媒的广泛公共性，而是关注艺术世界的行家以及他们对20世纪60年代波普艺术的反应。他写道，只要一个人"掌握了大量的艺术理论以及足够多的(20世纪中叶)纽约绘画的历史"，就能够把沃霍尔的《布里洛盒子》当作一件艺术作品来欣赏。(59) 简言之，它需要熟悉作为一种制度性语境的纽约画廊场景，这就培育了必要的复杂性，确定劳森伯格的命名为"床"的装置是不是一件艺术品，而不是简单地把它看作是一张覆盖着油漆条纹的普通的床。把它当一件艺术品来欣赏，取决于我们把普通生活重新语境化的能力。这种新的态度可能包括进入丹托所说的那种制度性的"艺术世界"(60)，但是，它也可以不那么正式地根据我们称之为艺术媒介语境的东西来思考。

当代艺术家越来越让我们面对已经脱离了其正常生活语境并且需要对一种媒介进行重新定位的诸多现象。这一点在马塞
219 尔·杜尚第一次引入的现成品中表现得最为明显，他将小便器从其正常使用环境中分离出来，展示其原始的瓷器表面。为了创造他的《自行车轮子》，杜尚从自行车上拆下一个轮子并把它固定在凳子上。在凳子上平衡一个自行车轮子，就可以把它从通常的功

(59) "The Artworld,"142.

(60) 丹托和迪基都对艺术的制度性语境感兴趣，但与迪基不同的是，丹托认为艺术作品不仅仅是潜在的欣赏对象。迪基认为"艺术欣赏和非艺术欣赏"在种类上没有什么区别(*Introduction to Aesthetics*, 440)，而丹托认为有区别。

能环境中分离出来,允许它在媒介语境中重新定位,轮子的黑色的优雅与凳子的白色的坚固形成对比。沃霍尔的《布里洛盒子》不是现成品,却是一种非语境化的、商店货架上随处可见的商品陈列。他所画的布里洛盒子给了我们一种人造物的呈现,而这种呈现定义了它自己的媒介语境。

但是,媒介的重新定位并不局限于庸常之物的呈现。我们可以在乔治·布拉克和巴勃罗·毕加索等伟大的立体派画家引入的美学重新定位中找到它的先例,他们解构了物体,以便使用一种能够提供多个视点的方式对它们进行重新组合。作为生命有机体的一个组成部分的具有代表性意义的脸,同时被看作是一个可以分离的和在几何上可以分割的物体。抽象表现主义者弗朗茨·克莱因完全放弃了绘画的再现性功能,他可以将书法碎片引入作品,不是因为它们发挥书面语言的意义功能,而是因为它们所具有的形象品质。同样,贾斯帕·琼斯绘画中的数字从数学语境中移除了,并被控制在物质性体现的层面上。

通过允许一种语境对另一种语境进行游戏性的评论,当代艺术家常常引入混杂的媒介语境,在这种语境中,允许个人技术和非个人技术为达到艺术效果而被融合在一起。再有,沃霍尔之所以脱颖而出,就在于他有效地利用了广告媒体的潜能,强调玛丽莲·梦露这样一个偶像形象的连续可复制性,可以通过它自身的重复被展示出来。在这里,珍贵的原作和不那么值钱的复制品之间的传统区分似乎正逐渐消失,正如本雅明所认为的在摄影和电影中所体现的那样。[51] 沃霍尔创作的丝网印刷品,其目的是获得一种装配线的效

---

[51] 参见本雅明对电影的评论,*Das Kunstwerk*,23-32。

果,给每个重复的图像大致相同的信息价值。韦德·盖顿最近的画作使画布本身服从于数字技术,并邀请观众考虑"今天机器、人类和图像是如何断断续续相互作用的"。[62] 中国艺术家艾未未反过来利用信息技术"展现"他呈现材料的方式。通过视频和博客的使用,他的目的是展示这些材料"所具有的语义性文化参照"。[63]

纵观对当代场景的这一现场解说,我们看到了一些通过技术创新改变艺术生产性的方式,这些技术创新使艺术的物质性内容更容易传播。这就在审美的媒介语境中建立了一种张力,即物质性内容的可传递性与意义性内容之间的张力,前者主要是在被同化为基本理解的内容的层面上起作用,后者的目的是达到更高层次的理解。[64] 在这种语境中,艺术创造性的作用是提供一种非正式的启发性理解,这一理解超越了初步理解的假设,无须致力于更高理解的学科性结论。艺术中的这种启发性的艺术意义培养提供了一种以技术为基础的挑战惯例和实验新选择的模式。

过渡性的理解方式

本书的基本目的始终在于证明定位性语境对解释的根本意义。以初步理解为特征的常识性参照框架,并不像科学的学科性

---

[62] 引自惠特尼美国艺术博物馆的一则说明,2012年12月。

[63] 参见 Lotte Philipsen,"De Pont: Ai Weiwei"(Tilburg, the Netherlands: De Pont Museum), www.scribd.com/doc/106791564/ePDF-aiweiwei-V3-ny。另见 Hans Ulrich Obrist, *AI WEIWEI SPEAKS with Hans Ulrich Obrist*(London: Penguin Books,2011)。

[64] 关于通常被同化为初步理解的东西与通过学科手段获得的更高理解之间的区别,参见第一章和第七章。

语境或哲学的反思性参照框架那样，它总是需要修正。在传统的假设和公认的惯例正在受到挑战的过渡时期，诠释学把这些语境联系起来的努力变得尤为迫切。在这一章里，我们追溯了一种从赋予艺术具象性或表现性功能的早期看法到那些同样发挥艺术表达性和呈现性功能的看法的运动。

每当需要扩展现有的理解概念工具时，我们就会证明反思性判断对于开辟新的意义性语境具有的重要意义。这种扩展的判断方式也有区分不同定位语境的能力，并考虑与它们有关的最合适的方式。我们从康德在《判断力批判》一书开头所介绍的场域、属地、领域和栖居地四种解释性语境开始，这四种解释性语境都参照了我们对自然的认识途径。其中一些语境也被应用于审美鉴赏。尽管普通的感知把经验的属地与必然规律的理论领域联系在一起，但是，我们已经证明，审美鉴赏把这种相同的属地与偶然令人愉快的事物的栖居地联系在一起。这四种语境中的每一种语境，都有助于提出一种独特的透视世界的模式，并且，在解释历史生命和人类生产性时，我们需要用反思性评价判断究竟哪一种语境处于优先地位。同时也表明，康德不断赋予有机体以内在的合目的性，使我们能够把有机体解释为功能上自我调节的类似于领域的系统。因此，人文科学后来为了深化对历史的理解而阐述的社会文化系统，被具体化为既是认识性的也是规范性的组织化语境。

最后，这里介绍的各种艺术媒介语境提出了不那么正式的、以技术为基础的理解事物的方式。我们也可以用这些类似于网络的语境来说明一些创造性的方法，它们涉及当今世界技术创新的流动性。因此，可以说，媒介语境提供了一种过渡性的理解。

当代艺术世界一直表现为转型中的一个领域，只有很少的东西是或者看起来属于这样的情形。在这里，叙事性理解所需要的语境的反思性协调，往往被那些看似任意的并置取代了。无论认为艺术从传统语境中"解放"出来是政治上的解放，还是认为艺术只是丹托在谈到"艺术理论氛围"时所指的探索性的解放，[65] 这种效果始终都会产生一种反应，在这种反应中，审美魅力往往被证明比反思性和批判性鉴赏更为重要。这种新的媒介艺术世界使得艺术鉴赏依赖于对某些陈述性和表演性姿态的承认，而这些姿态是需要得到受众同意的。

在第四章和第五章里，我们谈到了偏见所涉及的狭隘的前判断同意，它能够通过更广泛的经验和更高的理解逐渐地转变为合法的批判性同意。最初默许的习俗和信仰，要么得到我们的判断同意，要么被其他明确的信念所取代。今天，艺术场景的观众被要求给予一种不同的同意，这种同意干脆利落地抛弃了传统的偏见，并没有更进一步激励反思性判断同意的目的。这种对开明的临时性同意的期待，目的是激发人们的思考——与其说是为了达成一种堪称典范性的共识，不如说是为了悬置那些一直被认为理所当然的东西。

我们从多个共识层面分析了个人同意与公共同意可以在美学中融合的程度，并用以质疑康德的启蒙思想，即良好趣味的培养最终会导致单一认同。相反，他的美学理论的持续价值在于，它具有把认识能力的和谐相互作用与精神状态的可交流性联系起来的力量。这使一种反思性的协调成为了可能，而这种协调并不需要全方位的理由，却能够接近我们所倡导的那种多边合法性。[66] 我们

---

[65] "The Artworld," 140.
[66] 参见第六章。

拥有超越我们自身的辽阔情感的能力,也可以把它应用于需要我们做出临时性同意的艺术媒介领域。

然而,在负责任地探求对人类生活挑战及其成就的解释时,诠释学必须超越审美协调,必须考虑到什么样的共识才是可行的。在本书中,世界性定位的思维贯穿始终,它考虑了地方性的共同性在多大程度上能够导致更加广泛的共同性。然而,这种整合过程是有局限性的,为了认识到这一点,诠释学必须探索与人类生活和文化解释相关的各种定位性语境,并考虑到这些语境在多大程度上有可能重叠。艺术的独特贡献在于它提供了一种媒介语境,而这种语境能够使不同观点相互交叉的时刻成为焦点,让它们悬而未决。归根结底,诠释学的任务并不是要融合不同的看法,而是要考虑不同学科方法在多大程度上可以共存,并有助于理解。如果两种学科方法产生了冲突的结果,那么,就必须对每一种方法进行重新审视。也许,这两个结果都需要有所限定。最好的结果是让不同的方法相互加强,从而提供一种差异化的关联性。

尽管诠释学是一个以多学科方法进行的合作性工程,但是,解释者个人有责任保证他的解释的合法性。这是一项规范性的任务,美学被证明在这项任务中发挥着中介作用,因为我们从经验性同化和认识性习得发展到了反思性占有。在有关叙事历史的那一章里,我们认为同化、习得和占有是历史传播的三个阶段。然而,显而易见的是,我们越来越依赖由于信息技术而变得可能的当代传播能力。我们今天积累的有关生命—知识的优势,不是来自我们的文化遗产,而是来自通过不断围绕着我们的一切传播媒介所能够获取的信息。互联网让我们进入了一个虚拟世界,这个虚拟世界可以轻而易举地用未经认真审查的数字生成信息压倒我们。

从 Google 等搜索引擎上下载的东西提供了各种来源的集合，其结果使恰当的同化变得更加困难，并且使认识性习得的可能性变得更小。

现在，人文科学的学科性语境必须与更具有客观性的和技术性的媒体驱动语境相抗衡，这一事实使诠释学批判的筹划变得复杂了。因为通过大众传媒传播的大部分信息都没有得到分类整理，都是不可靠的，所以，在更高层次上理解的学科成果变得更加难以获得。在一个重视即时回应性的时代，很少有时间对恰当的判断性语境做出负责任的考虑。尽管如此，我们已经看到，在促进从初级理解向高级理解的过渡中，聚焦媒介语境的想象性能力能够发挥一种启发性作用。解释的另一项任务是，从更高层次的理解绕回来，确定它是否对初步理解做出了公正的解释，以及在多大程度上需要改变其中体现的常识。但是，最终的任务是把诠释学循环扩大到批判性理解的领域，并把反思性判断带回到这个图景之中。

当前的艺术场景通过产生想象性媒介领域，探索把自己重新定位到我们周围世界的技巧，在初级理解和高级理解之间起到一种过渡性的作用。艺术允许我们以新的方式看待世界，并通过一种基本的重新理解的可能性增强初步理解，我们曾把这种基本理解称为启发性的理解。此外，艺术在促使我们从认识性探究所能够达到的更高理解水平，转向第三种更具有反思性的批判性理解水平的过程中始终发挥着中介作用。因此，文学艺术对于塑造我们的整体世界观尤为重要。为了获得这种更加全面的理解或知识，所有在媒体呈现领域取得的当代进步，都必须与艺术创造性的另一个方面相匹配，即敏锐的洞察力。在这里，把康德的美学阐述为反思性图式和象征性呈现的方式,仍然与以往一样相关。艺术所能做出的最大贡献就在于拓宽我们的视野,提出怎样调整我们熟悉语境中的直觉关系,并阐明我们不太熟悉的其他语境中的关系。这种创造性想象的运用所产生的反思性类比,不仅仅具有一种审美价值:一种定位性诠释学有能力和责任去探索它们所具有的更普遍的意义。

参 考 文 献

Allison, Henry. *Kant's Transcendental Idealism: An Interpretation and Defense*. New Haven, CT: Yale University Press, 2004.
——. *Kant's Theory of Taste*. Cambridge: Cambridge University Press, 2001.
Ameriks, Karl. *Interpreting Kant's Critiques*. Oxford: Clarendon Press, 2003.
Arendt, Hannah. *Lectures on Kant's Political Philosophy*. Edited by Ronald Beiner. Chicago: University of Chicago Press, 1992.
——. *Responsibility and Judgment*. Edited by Jerome Kohn. New York: Schocken Books, 2003.
Aristotle. *Poetics*. Princeton, NJ: Princeton University Press, 1985.
Arnheim, Rudolf. *Art and Visual Expression*. Berkeley and Los Angeles: University of California Press, 1966.
Baumgarten, Alexander Gottlieb. *Aesthetica*. Hildesheim: Georg Olms, 1961.
——. *Reflections on Poetry*. Translated by Karl Aschenbrenner and William B. Holther. Berkeley: University of California Press, 1954.
Benjamin, Walter. *Das Kunstwerk im Zeitalter seiner technischen Reproduzierbarkeit*. Frankfurt am Main: Suhrkamp Verlag, 1970.
Bernasconi, Robert. *Heidegger in Question*. Atlantic Highlands, NJ: Humanities Press International, 1993.
Bleicher, Josef. *Contemporary Hermeneutics: Hermeneutics as Method, Philosophy and Critique*. London: Routledge and Kegan Paul, 1980.
Bourdieu, Pierre. *An Invitation to Reflexive Sociology*. Chicago: University of Chicago Press, 1992.

Brandom, Robert. *Making It Explicit: Reasoning, Representing and Discursive Commitment*. Cambridge, MA: Harvard University Press, 1994.

Carr, David. *Time, Narrative, and History*. Bloomington, IN: Indiana University Press, 1986.

Chignell, Andrew. "Belief in Kant." *Philosophical Review* 116, no. 3 (2007): 323–360.

Cohen, Alix. *Kant and the Human Sciences: Biology, Anthropology and History*. New York: Palgrave Macmillan, 2009.

Crowell, Steven. *Husserl, Heidegger, and the Space of Meaning: Paths toward Transcendental Phenomenology*. Evanston, IL: Northwestern University Press, 2002.

Damasio, Antonio. *Looking for Spinoza: Joy, Sorrow and the Feeling Brain*. San Diego: Harcourt Inc., 2003.

Danto, Arthur. *The Analytic Philosophy of History*. Cambridge: Cambridge University Press, 1968.

——. "The Artworld." In *Philosophy Looks at the Arts*, edited by Joseph Margolis 132–144. Philadelphia: Temple University Press, 1978.

Davidson, Donald. *Inquiries into Truth and Interpretation*. Oxford: Oxford University Press, 1984.

Derrida, Jacques. *Specters of Marx*. New York: Routledge, 1994.

Dickie, George. *Introduction to Aesthetics: An Analytic Approach*. New York: Oxford University Press, 1997.

Dilthey, Wilhelm. *Das Erlebnis und die Dichtung*. Göttingen: Vandenhoeck & Ruprecht, 1970.

——. *Die Jugendgeschichte Hegels*. Vol. 4 of *Gesammelte Schriften*. 26 vols., 1904—2006. Göttingen: Vandenhoeck & Ruprecht, 1963.

——. *The Formation of the Historical World in the Human Sciences*. Selected Works (SW) 3. Edited by Rudolf A. Makkreel and Frithjof Rodi. Princeton, NJ: Princeton University Press, 2002.

——. *Hermeneutics and the Study of History*. SW 4. Edited by Rudolf A. Makkreel and Frithjof Rodi. Princeton, NJ: Princeton University Press, 1996.

——. *Introduction to the Human Sciences*. SW 1. Edited by Rudolf A. Makkreel and Frithjof Rodi. Princeton, NJ: Princeton University Press, 1989.

——. *Poetry and Experience*. SW 5. Edited by Rudolf A. Makkreel and Frithjof Rodi. Princeton, NJ: Princeton University Press, 1985.

——. *Understanding the Human World*. SW 2. Edited by Rudolf A. Makkreel and Frithjof Rodi. Princeton, NJ: Princeton University Press, 2010.

Dray, William. "'Explaining What' in History." In *Theories of History*, edited by Patrick Gardiner, 403 – 408. New York: The Free Press, 1959.

Ferrara, Alessandro. *Reflective Authenticity: Rethinking the Project of Modernity*. London: Routledge, 1998.

Flynn, Thomas. *Sartre, Foucault, and Historical Reason*. Chicago: The University of Chicago Press, 1997.

Forster, Michael. *Kant and Skepticism*. Princeton, N.J.: Princeton University Press, 2010.

Foucault, Michel. *Discipline and Punish: The Birth of the Prison*. New York: Vintage Books, 1979.

Frank, Manfred. *Das individuelle Allgemeine, Textstrukturierung und Textinterpretation nach Schleiermacher*. Frankfurt am Main: Suhrkamp Verlag, 1985.

Gadamer, Hans-Georg. *Hegel's Dialectic: Five Hermeneutical Studies*. Translated by D.C. Smith. New Haven, CT: Yale University Press, 1976.

——. *The Relevance of the Beautiful and Other Essays*. Translated by Nicholas Walker. Edited by Robert Bernasconi. Cambridge: Cambridge University Press, 1986.

——. *Truth and Method*. 2nd revised ed. Translation revised by Joel Weinsheimer and Donald Marshall. New York: Crossroad, 1992.

——. *Wahrheit und Methode*. 2nd ed. Tübingen: J.C.B. Mohr, 1965.

Gallagher, Shaun. "Hegel, Foucault, and Critical Hermeneutics." In *Hegel, History and Interpretation*, edited by Shaun Gallagher, 145 – 166. Albany: SUNY Press, 1997.

Gasché, Rodolphe. *The Idea of Form: Rethinking Kant's Aesthetics*. Stanford, CA: Stanford University Press, 2003.

Ginsborg, Hannah. "Thinking the Particular as Contained under the Universal." In *Aesthetics and Cognition in Kant's Critical Philosophy*, edited by Rebecca Kukla, 35 – 60. Cambridge: Cambridge University Press, 2006.

Gjesdal, Kristin. "Between Enlightenment and Romanticism." *Journal of the History of Philosophy* 46, no. 2 (April 2008): 285 – 305.

Grondin, Jean. *Einführung in die philosophische Hermeneutik*. Darmstadt: Wissenschaftliche Buchgesellschaft, 1991.

——. "The Neo-Kantian Heritage in Gadamer." In *Neo-Kantianism in Contemporary Philosophy*, edited by Rudolf Makkreel and Sebastian Luft, 92 – 110. Bloomington, IN: Indiana University Press, 2010.

Guyer, Paul. *Kant and the Claims of Taste*. Cambridge, MA: Harvard University Press, 1979.

——. *Kant and the Experience of Freedom*. Cambridge: Cambridge University Press, 1996.

Habermas, Jürgen. *Between Facts and Norms: Contributions to a Discourse Theory of Law and Democracy*. Cambridge, MA: MIT Press, 1996.

——. *Knowledge and Human Interests*. Translated by Jeremy J. Shapiro. Boston: Beacon Press, 1972.

——. *The Theory of Communicative Action*. Vol. 2. Translated by Thomas McCarthy. Boston: Beacon Press, 1987.

Hammermeister, Kai. *The German Aesthetic Tradition*. Cambridge: Cambridge University Press, 2002.

Hance, Allen. "The Hermeneutic Significance of the Sensus Communis." *International Philosophical Quarterly* XXXVII, no. 2 (June 1997): 133 – 148.

Hegel, Georg Wilhelm Friedrich. *Enzyklopädie der philosophischen Wissenschaften im Grundrisse* (1827). Vol. 19, *Gesammelte Werke*. Hamburg: Felix Meiner Verlag, 1989.

——. *Phenomenology of Spirit*. Translated by A. V. Miller. Oxford and New York: Oxford University Press, 1979.

——. *Science of Logic*. Translated by W. H. Johnston and L. G. Struthers.

London:Allen and Unwin,1961.

———.*Vorlesungen über die Philosophie der Religion*.*Werke*.Vols. 16 and 17.Frankfurt am Rhein:Suhrkamp Verlag,1978.

———.*Wissenschaft der Logik*.*Werke*.Vols.5 and 6.Frankfurt am Rhein:Suhrkamp Verlag,1976.

Heidegger, Martin. *Being and Time*. Translated by J. Macquarrie and E. Robinson.New York:Harper & Row,1962.

———.*Holzwege*.Frankfurt am Main:Vittorio Klostermann,1963.

———."The Origin of the Work of Art."In *Poetry, Language, Thought*. Translated by Albert Hofstadter, 17 – 87. New York: Harper and Row, 1971.

———."Phänomenologische Interpretationen zur Aristoteles(Anzeige der hermeneutischen Situation)."Edited by Hans-Ulrich Lessing. *Dilthey-Jahrbuch* 6(1989).

———.*Sein und Zeit*. *Tübingen*:Max Niemeyer Verlag,1979.

———.*Supplements*.Edited by John van Buren.Albany:SUNY Press,2002.

———*Unterwegs zur Sprache*.Pfullingen:Verlag Günther Neske,1959.

———."Wilhelm Diltheys Forschungsarbeit und der gegenwärtige Kampf um eine historische Weltanschauung."Edited by Frithjof Rodi. *Dilthey-Jahrbuch* 8(1993).

Hirsch,E. D. *Validity in Interpretation*. New Haven, CT: Yale University Press,1967.

Kant,Immanuel. "An Answer to the Question: 'What Is Enlightenment?'" Translated by H. B. Nisbet. In *Kant: Political Writings*, edited by Hans Reiss,54 – 60.Cambridge:Cambridge University Press,1991.

———.*Anthropology from a Pragmatic Point of View*.Translated by Robert B. Louden.Cambridge:Cambridge University Press,2006.

———.Bemerkungen in den"Beobachtungen über das Gefühl des Schönen und Erhabenen."*Herausgegeben und kommentiert von Marie Rischmüller*. Hamburg:Felix Meiner Verlag,1991.

———.*Critique of Pure Reason*.Translated and edited by Paul Guyer and Allen W.Wood.Cambridge:Cambridge University Press,1998.

——. *Critique of the Power of Judgment*. Translated and edited by Paul Guyer and Eric Matthews. Cambridge: Cambridge University Press, 2000.

——. "Idea for a Universal History with a Cosmopolitan Purpose." In *Kant: Political Writings*, 41-53.

——. *Kant's gesammelte Schriften, herausgegeben von der Preussischen Akademie der Wissenschaften zu Berlin*. 29 Vols. Berlin: Walter de Gruyter, 1902—1997.

——. *Lectures on Logic*. Edited by J. Michael Young. Cambridge: Cambridge University Press, 1992.

——. *The Metaphysics of Morals*. Translated by Mary Gregor. Cambridge: Cambridge University Press, 1996.

——. "On the Miscarriage of All Philosophical Trials in Theodicy." In *Religion within the Boundaries of Mere Reason and Other Writings*, translated and edited by Allen Wood and George Di Giovanni, 15-30. Cambridge: Cambridge University Press, 1998.

——. *Prolegomena to Any Future Metaphysics*. Translated by Paul Carus. Edited by Beryl Logan. London and New York: Routledge, 1996.

——. *Reflexionen zur Logik*. In *Kant's gesammelte Schriften*. Vol. 16. Berlin: Walter de Gruyter, 1902—1997.

——. "What Does It Mean to Orient Oneself in Thinking?" In *Religion within the Boundaries of Mere Reason and Other Writings*, translated and edited by Allen Wood and George Di Giovanni, 1-14. Cambridge: Cambridge University Press, 1998.

——. "What Is Orientation in Thinking?" Translated by H. B. Nisbet. In *Kant: Political Writings*, edited by Hans Reiss, 237-249. Cambridge: Cambridge University Press, 1991.

Kisiel, Theodore. "Hegel and Hermeneutics." In *Beyond Epistemology*, edited by Frederick Weiss, 197-220. The Hague: Martinus Nijhoff, 1974.

Kneller, Jane. *Kant and the Power of Imagination*. Cambridge: Cambridge University Press, 2007.

Korsgaard, Christine. "Reflective Endorsement." In *The Sources of Normativity*, edited by Onora O'Neill, 49-89. New York: Cambridge University

Press, 1996.

Kukla, Rebecca, ed. *Aesthetics and Cognition in Kant's Critical Philosophy*. Cambridge: Cambridge University Press, 2006.

Le Goff, Jacques. *History and Memory*. New York: Columbia University Press, 1992.

Lefas, Pavlos. *Dwelling and Architecture: From Heidegger to Koolhaas*. Berlin: Jovis Verlag, 2006.

Lessing, Hans-Ulrich, Rudolf Makkreel, and Riccardo Pozzo, eds. *Recent Contributions to Dilthey's Philosophy of the Human Sciences*. Stuttgart-Bad Cannstatt: Problemata, frommann-holzboog, 2011.

Longuenesse, Beatrice. *Kant and the Capacity to Judge: Sensibility and Discursivity in the Critique of Pure Reason*. Princeton, NJ: Princeton University Press, 2001.

Lyotard, Jean-Francois. "Answering the Question: What Is Postmodernism?" In *The Postmodern Condition: A Report on Knowledge*, 71–82. Minneapolis: University of Minnesota Press, 1984.

———. *The Differend: Phrases in Dispute*. Translated by Georges Van Den Abbeele. Vol. 46, *Theory and History of Literature*. Minneapolis: University of Minnesota Press, 1988.

Makkreel, Rudolf A. "The Cognition-Knowledge Distinction in Kant and Dilthey and the Implications for Psychology and Self-Understanding." *Studies in History and Philosophy of Science* 34(2003): 149–164.

———. "The Confluence of Aesthetics and Hermeneutics in Baumgarten, Meier, and Kant." *The Journal of Aesthetics and Art Criticism* 54, no. 1 (1996): 64–75.

———. *Dilthey, Philosopher of the Human Studies*. Princeton, NJ: Princeton University Press, 1975. Revised with a new afterword, 1992.

———. "From Authentic Interpretation to Authentic Disclosure: Bridging the Gap between Kant and Heidegger." In *Heidegger, German Idealism, & Neo-Kantianism*, edited by Tom Rockmore, 63–83. New York: Humanity Books, 2000.

———. *Imagination and Interpretation in Kant: The Hermeneutical Import* of the "*Critique of Judgment.*" Chicago: University of Chicago Press, 1990. Revised 1994.

——. "Kant, Dilthey, and the Idea of a Critique of Historical Judgment." *Dilthey-Jahrbuch für Philosophie und Geschichte der Geisteswissenschaften* X(1996):61 – 79.

——. "Life-Knowledge, Conceptual Cognition and the Understanding of History." In *Dilthey und die hermeneutische Wende in der Philosophie*, edited by Gudrun Kühne-Bertram and Frithjof Rodi, 97 – 107. Göttingen: Vandenhoeck & Ruprecht, 2008.

——. "Reflection, Reflective Judgment and Aesthetic Exemplarity." In *Aesthetics and Cognition in Kant's Critical Philosophy*, edited by Rebecca Kukla, 223 – 244. Cambridge: Cambridge University Press, 2006.

——. "The Role of Judgment and Orientation in Hermeneutics." *Philosophy & Social Criticism* 34, no. 1 – 2(2008):29 – 50.

Marx, Karl. *Theses on Feuerbach*. In *The Marx-Engels Reader*, edited by Robert Tucker, 107 – 109. New York: W. W. Norton & Co., 1972.

Meier, Georg Friedrich. *Anfangsgründe aller schönen Wissenschaften*. Vol. 1. Halle, 1755 Hildesheim: Georg Olms, 1976.

——. *Versuch einer allgemeinen Auslegungskunst*. Düsseldorf: Stern-Verlag Jannsen & Co., 1965.

Mink, Louis. "History and Fiction as Modes of Comprehension." In *Historical Understanding*, edited by Brian Fay, Eugene O. Golob, and Richard T. Vann, 42 – 60. Ithaca, NY: Cornell University Press, 1987.

——. "Philosophical Analysis and Historical Understanding." In *Historical Understanding*, 118 – 146.

Mensch, Jennifer. *Kant's Organicism*. Chicago: University of Chicago Press, 2013.

Munzel, G. Felicitas. *Kant's Conception of Moral Character: The Critical Link of Morality, Anthropology, and Reflective Judgment*. Chicago: University of Chicago Press, 1999.

Nagel, Thomas. *The View from Nowhere*. Oxford: Oxford University Press, 1986.

Nancy, Jean-Luc. "Sharing Voices." In *Transforming the Hermeneutic Context: From Nietzsche to Nancy*, eds. Gayle Ormiston and Alan Schrift. Albany: SUNY Press, 1990.

Nietzsche, Friedrich Wilhelm. *Beyond Good and Evil*. Translated by Walter Kaufman. New York: Vintage Books, 1989.

——. *On the Genealogy of Morals*. Translated by Walter Kaufman and R. J. Hollingdale. New York: Vintage Books, 1989.

——. *Untimely Meditations*. Translated by R. J. Hollingdale. Cambridge: Cambridge University Press, 1986.

——. *Zur Genealogie der Moral*. In *Kritische Studienausgabe*. Band 5. Herausgegeben von Giorgio Colli und Mazzino Montinari. Berlin/New York/Munich: DTV/Walter de Gruyter, 1988.

Nuzzo, Angelica. *Ideal Embodiment: Kant's Theory of Sensibility*. Bloomington, IN: Indiana University Press, 2008.

Obrist, Hans Ulrich. *AI WEIWEI SPEAKS with Hans Ulrich Obrist*. London: Penguin Books, 2011.

O'Neill, Onora. "Experts, Practitioners and Practical Judgement." *Journal of Moral Philosophy* 4, no. 2: 154 – 166.

Palmer, Richard E. *Hermeneutics: Interpretation Theory in Schleiermacher, Dilthey, Heidegger and Gadamer*. Evanston, IL: Northwestern University Press, 1969.

Pasternack, Lawrence. "The Development and Scope of Kantian Belief." *Kant-Studien* 102(2011): 290 – 315.

——. "Kant's Doctrinal Belief in God." In *Rethinking Kant*. Edited by Oliver Thorndike. Newcastle upon Tyne: Cambridge Scholars Publishing, 2011.

Philipsen, Lotte. "De Pont: Ai Weiwei." Tilburg, the Netherlands: De Pont Museum. www.scribd.com/doc/106791564/ePDF-aiweiwei-V3-nyePDF_aiweiwei_V3_ny.

Pippin, Robert. *Hegel's Idealism: The Satisfactions of Self-Consciousness*. Cambridge: Cambridge University Press, 1989.

Quine, Willard Van Orman. *Word and Object*. Cambridge, MA: MIT Press, 1960.

Rancière, Jacques. *The Politics of Aesthetics*. Translated by Gabriel Rockhill. London/New York: Continuum, 2006.

Redding, Paul. *Hegel's Hermeneutics*. Ithaca, NY: Cornell University Press, 1996.

Ricoeur, Paul. *Freud and Philosophy*. Translated by Dennis Savage. New Haven, CT: Yale University Press, 1970.

———. *From Text to Action, Essays in Hermeneutics*, II. Translated by Kathleen Blamey and John B. Thompson. Evanston, IL: Northwestern University Press, 1991.

———. *Time and Narrative*. 3 Vols. Chicago: University of Chicago Press, 1984.

Risjord, Mark. *Woodcutters and Witchcraft: Rationality and Interpretive Change in the Social Sciences*. Albany: SUNY Press, 2000.

Rodi, Frithjof. *Das strukturierte Ganze: Studien zum Werk von Wilhelm Dilthey*. Weilerwist: Velbrück Wissenschaft, 2003.

Royce, Josiah. "The Doctrine of Signs." In *The Problem of Christianity*, 343–362. Chicago: University of Chicago Press, 1968.

———. "Perception, Conception, and Interpretation," In *The Problem of Christianity*, 273–296.

———. "The Will to Interpret." In *The Problem of Christianity*, 297–320.

Sartre, Jean-Paul. *Critique of Dialectical Reason*. Vol. 1. Translated by Alan Sheridan Smith. Vol. 1. London: Verso, 1991.

———. *Nausea*. Translated by Lloyd Alexander. New York: New Directions, 1969.

———. *The Philosophy of Jean-Paul Sartre*. Edited, with an introduction by Robert D. Cumming. New York: Random House, 1965.

Schleiermacher, Friedrich. *Die christliche Sitte nach den Grundsäzen der evangelischen Kirche im Zusammenhange dargestellt*. Berlin: G. Reimer, 1843.

———. *Hermeneutics: The Handwritten Manuscripts*. Edited by Heinz Kimmerle. Translated by James Duke and Jack Forstman. Missoula, MT: Scholars Press, 1977.

———. *Hermeneutik und Kritik*. Edited by Manfred Frank. Suhrkamp: Frankfurt, 1977.

Serres, Michel. *Hermes: Literature, Science, Philosophy*. Baltimore: Johns Hopkins University Press, 1982.

Sgarbi, Marco. *Kant on Spontaneity*. London: Continuum International Publishing Group, 2012.

Shell, Susan Meld. *The Embodiment of Reason: Kant on Spirit, Generation and Community*. Chicago: The University of Chicago Press, 1996.

Vico, Giambattista. *The New Science of Giambattista Vico*. Edited by Thomas Goddard Bergin and Max Harold Fisch. Ithaca, NY: Cornell University Press, 1948.

Waldenfels, Bernhard. *Antwortregister*. Frankfurt am Main: Suhrkamp, 1994.

White, Hayden. *Metahistory: The Historical Imagination in Nineteenth-Century Europe*. Baltimore: Johns Hopkins University Press, 1973.

Wright, Georg Henrik von. *Explanation and Understanding*. Ithaca, NY: Cornell University Press, 1971.

Zammito, John. *The Genesis of Kant's "Critique of Judgment."* Chicago: The University of Chicago Press, 1992.

Zuckert, Rachel. *Kant on Beauty and Biology: An Interpretation of the "Critique of Judgment."* Cambridge: Cambridge University Press, 2007.

索　引

（索引页码为原书页码，参见中文本边码）

acquisition,习得,获得,83,131,148,188,194—197,222—223;
　vs. appropriation,～与占有,9,83,194,197; vs. assimilation,～与同化,9,83,194—195;of conceptually mediated cognition,概念性中介认识的～,9; and higher understanding,～与更高理解,144—145,171; and historical narratives and,历史认识与～,177; reflective,反思性～,166,167,171;and scientific cognition,～与科学认识,114

adjudication,判决,7,123;and hermeneutics,～与诠释学,5,123—127

advents and events,出现与事件,186,187,194

aesthetic consensus:Kant and,审美共识:康德与～,102;levels of,～层面,102—107,109; and reflective consensus,～与反思性共识,102

aesthetic differentiation,审美区分,38,40

aesthetic ideas,审美观念,42,111,203—204,207

Alexandrians,亚历山大学派,17—18,26

allegorical interpretation,寓意解释,18

Amadeus(Shaffer),阿马迪斯（谢弗）,180

amphiboly:of concepts of reflection,歧义性:反思性概念的～,62,75; Kant and,康德与～,62,75—77,144; of moral reflection,道德反思的～,75—77,143,144;of reflective orientation,反思性定位的～,74—78,170,172; of "sensitivizing" concepts and "intellectualizing"appearances,"感性化"概念和"理智化"表象的～,62

appropriation,占有,2,9,80,83,132,133,168; vs. acquisition,～与习得,9,83,194,197; vs. assimilation,～与同化,9,83,194,197;of cognition as knowledge,作为知识认识的～,90—91; of the commonplace,庸常事物的～,217; critical,批判性～,126,166,177,188;and critical understanding,～与批判性理解,144—145,

166,197; Dilthey and,狄尔泰与～,9,24—25; Heidegger and,海德格尔与～,24—25; and historical narratives,～与历史叙事,177; of historical situations,历史处境的～,and events,～与事件,177,190,196,197; moment of,～的时刻,131—132; of prejudices,偏见的～,103—104; reflective,反思性～,83,133—134,144,145,154,197,222; of reflective judgments,反思性判断的～,162; and reflective knowledge,～与反思性知识,9,83,114,145,172,195; reflective-reflexive,反思性～,166,167,171; and transmission,～与传递,194,196

archetypes,原型,111,112

Arendt,Hannah,汉娜·阿伦特,109n30

Aristotle,亚里士多德,18,25—26,207

Arnheim,Rudolf,鲁道夫·阿恩海姆,216—217

art: medial contexts of works of,艺术:～作品的媒介语境,211—216; medial presentation of the commonplace in contemporary,庸常事物在当代的媒体呈现,216—220

articulation,表达,78,208; from conceptual classification to judgmental,从概念分类到判断的～,81—84; and expression,～与表现,37,199,207,213; and interpretation,～与解释,32; reflective,反思性表达,140

arts: contemporary,艺术:当代～,217—219,221; "The Origin of the Work of Art"(Heidegger),"艺术作品的本源"(海德格尔),207—211

artworld,艺术世界,217—218,221

ascriptive and attributive modes of imputation,归属和属性的归因模式,7,53,127—130,138,140,145

ascriptive imputation,归属归因,142,186

assent,同意,104; aesthetic,审美～,100; and consent,～与一致,5,100,109,118—119,164,221—222; of conviction,信念的～,90—91; defined,界定的～,87; judgmental,判断的～,5,84,87,89,94,97,101,109,164—165,171,221—222; and reflective judgment,～与反思性判断,100,221—222; subjective modes of,～的主观模式,91—92; universal,普遍～,102

assimilation,同化,吸收,2,9,83,194,196,222—223; vs. acquisition,～与习得,9,83,194—195; vs. appropriation,～与占有,9,83,194,197; defined,界定的～,196; and elementary understanding,～与基本理解,188,220; less and more active modes of,或多或少主动的～模式,188; and life-knowledge,～与生命—知识,83,188; and reflective knowledge,～与反思性知识,83; reflexive (mode of),～自反性(模式)166,167,170

assimilative understanding, 同化性理解, 9

Ast, Friedrich, 弗里德里希·阿斯特, 15

attributive characterizations, 属性特征, 191, 192

attributive evaluations, 属性评价, 186

attributive imputation, 属性归因, 7, 53, 127—130, 133, 138, 140—143, 145, 171, 186, 192

attributive judgments, 属性判断, 129—130, 192

Auslegung, 解释, 42, 45—47, 63, 134. 另见 interpretation

authentic interpretation, 真实解释, 143, 144, 171, 201—203; and intersubjective legitimacy, ～与主体间合法性, 133—137

authentic self-understanding, 真实的自我理解, 126, 136

authentic theodicy, 真正的自然神论, 135, 136, 142. 另见 theodicy

authentic understanding, 真实理解, 25—27, 32, 93; defined, 界定的～, 25

Being and Time (Heidegger), 《存在与时间》(海德格尔), 24—25, 27—30, 208

Benjamin, Walter, 瓦尔特·本雅明, 217, 218

Bernasconi, Robert, 罗伯特·伯纳斯科尼, 211n45

Bible and biblical interpretation, 圣经与圣经解释, 14, 15, 44, 46, 160. 另见 God

boundaries (Grenzen): vs. limits (Schranken), 边界 (Grenzen): ～与限度 (Grenzen), 62—63, 67—69, 72—74

bounds (Grenzen), 约束, 62—63; vs. limits (Schranken), ～与限度, 5, 67—68, 72—74, 77, 80, 121, 127, 130—131, 146, 151 (另见 under limits (Schranken)); philosophy and the reflective specification of, ～的哲学与反思性规定, 69—74; as positive, 积极～, 62—63, 67, 144; and reflective judgments, ～与反思性判断, 5, 67, 68

Brandom, Robert, 罗伯特·布兰登, 110n32

Braque, Georges, 乔治·布拉克, 219

Carr, David, 大卫·卡尔, 178—180

categorial cognitive validity claims, universal, 范畴认识的有效性要求, 普遍性要求 97

categorial concepts, 范畴性概念, 65

categorial conditions, 范畴性条件, 146, 147

categorial critique, 范畴性批判, 147. 另见 critique: as constitutive and categorical

categorial rules, 范畴性规则, 146

categorial schemata, 范畴性框架, 112

categorial structures, 范畴性结构, 148

categories, 范畴, 5, 31—32, 84—86,

92;Dilthey's,狄尔泰的~,31—32,147,149—151;of human sciences,人文科学的~,31,147,149,151;Kant's,康德的~,15,61,84—86,92,147,150—151;of life,生命的~,32,149—151;of natural sciences,自然科学的~,149

causal and non-causal explanation,因果和非因果说明,8,154,157,175—176,183—189

causal imputation,因果归因,185—186

causality,因果关系,134;and conceptual cognition,~与概念认识,182;Dilthey on science and,狄尔泰论科学与~,148—149;and fate,~与命运,181,182;historical,历史的~,181,185,187;Kant on,康德论~,85,148;Kant on purpose and,康德论目的与~,161;Nietzsche on,尼采论~,184;schema of,~的图式,70,86

causes and influences,原因与影响,186—188

certainty:apodictic,确定性:无可置疑的,91,93,98;Dilthey on,狄尔泰论~,154;empirical vs. rational,经验与理性的~,93—94;Kant on,康德论~,43,44,87—94,97,98,132,142,171;vs. reliability,~与可靠性,22,83,88,89;subjective,主观~,22,83

Cézanne,Paul,保罗·塞尚,215

character:empirical and intelligible,性格:经验和可理解~,141—142;Kant on,康德论~,139—141;physical and moral,身体和道德~,139—140

character formation,性格形成,140

characterization:attributive,特征:属性~,191,192;vs. description,~与描述,139;Kant on,康德论~,64,139—144,151;pragmatic,实用~,137—143,171

charity in interpretation,解释的宽容,201

Chignell,Andrew,安得烈·齐内尔 89

Chladenius,Johann Martin,约翰·马丁·克拉顿尼乌斯,14

cognition,认识,56;Baumgarten and sensible,鲍姆加登与感性~,200—201;Dilthey on,狄尔泰论~,18—19,21—22,24,25,42,117,119,149,183;Heidegger and ontical,海德格尔与本体论~,25;and hermeneutics,~与诠释学,3,5,25,80,117,169,172,200;historical,历史~,19,28;is not possible without inquisitive interest,没有好奇的兴趣~是不可能的,120;Kant on,康德论~,4,42,64,71,84—98,101,104,107,112,134,147;prejudices as productive of,作为生产性~的偏见,50;and reflection,~与反思,58;science,higher understanding,and,科学,高级认识,与~,3;scientific,科学~,80,84,112,114;symbolic,象征性认识,42. 另见 conceptual cognition

cognition(Erkenntnis)and knowledge

(Wissen), distinction between, 认识与知识, ~的区别, 3, 28, 82—98; cognition appropriated and legitimated as reflective knowledge, 作为反思性知识被占有和合法化的认识, 145; in Dilthey, 狄尔泰的~, 13, 20—22, 82, 116; in Kant, 康德的~, 84, 87, 91—92, 116—117, 147

cognitive exchange and communal conspectus, 认识交流与共同感知, Josiah Royce on, 约西亚·罗伊斯论~, 55—59

commonality vs. universality, 共同性与普遍性, 28, 29, 32, 74

commonplace: appropriation of the, 庸常事物: ~的挪用, 217; prejudice as, 作为庸常事物的偏见, 93. 另见 under medial presentation

communal consent, 共识, 5, 91, 171

communal conspectus and cognitive exchange, Josiah Royce on, 55—59, 共同感知与认识交流, 约西亚·罗伊斯论~

communal sense as orientational principle for reflective judgment, 作为反思判断定位原理的共同感, 102

communal truths, 共同真理, 35, 41

communicability, 可交流性, 可传达性, 90, 104, 213—214; aesthetic, 审美~, 102, 107, 109, 114—116, 182, 199, 204, 222; Kant and, 康德论~, 90, 102, 106, 107, 108n27, 115, 199, 203, 204, 207, 222; and meaning, ~与意义, 199, 212—214, 220; and persuasion, ~与说服, 89; of representations, 表象, 再现的~, 44; and Royce, ~与罗伊斯, 108n27; of states of mind, 精神状态的~, 107, 222; universal, 普遍~, 89

communication: dialogical, 交流: 对话~, 51—52, 55, 171; symbolic, 象征~, 204—205; and transmission, ~与传递, 9, 74, 97, 199, 212—214

communicative action, Habermas on, 交往行为, 哈贝马斯论~, 16

completeness: and comprehensiveness in critique, 完全性: ~与批判的领悟, 170; in critical hermeneutics, 批判诠释学的~, 169—172

conceptual cognition, 概念认识, 9, 20—23, 27—29, 42, 58, 83, 166, 196; epistemology as the analysis of, 作为~分析的认识论, 22; and life-knowledge, ~与生命—知识, 22, 27, 83, 98, 123, 172, 182; and objective spirit, ~与客观精神, 28; reflective consciousness as a necessary condition for, 作为~必要条件的反思性意识, 122; sensible cognition, 感性认识, 200

concrete universal, 具体普遍的, 164

conscience, defined, 良知, 被定义的, 143

conscientiousness and truthful interpretation, 良知与真理性解释, 141—143

consensus: four levels of, 共识: ~的四个层面, 222. 另见 aesthetic consensus consent,一致,97,116,164;and assent,~与同意,5,100,109,118—119,164,221—222;communal,共同~,5,91,171;external,外部~,131;formal,形式~,133;hermeneutic,诠释学~,133;implied,隐含的~,104;judgmental,判断~,101,145;normative,规范性~,104,110;prejudgmental,前判断~,109;provisional 暂时性~,222;public,公共~,164—165,222;univocal,单一性~,184

constraint vs. restraint,约束性与限制性,7,121. 另见 limits(Schranken);vs. bounds(Grenzen)

contemporaneity vs. simultaneity,当代性与同时性,40

content:material,内容:物质~,8,212,214,220;meaning,意义~,9,85,96,198,199,210,212—218,220

contexts:interpretive,语境:解释~,72,112,113,150,161,163,164,186,205—207,220—221,224. 另见 meaning contexts;medial contexts of works of art;orientational contexts;referential contexts/spheres of reference contextual reconfiguration,10,114;reflective schematization,105—108

contextual reorientation,语境性重新定位,158

contextual type,语境类型,112

contextualization,语境化,71,73,83,167,191,199,208

continuity vs. discontinuity,连续性与不连续性,82. 另见 under narrative histories;narrative theory conviction,87

Corbusier,Le,勒·柯布西耶,216

countertypes,反类型,112—113

critical appropriation,批判性占有,126,166,177,188

critical hermeneutics,批判诠释学,14,33,52,147,162,163,167,168,175,193;completeness in,~的完全性,169—172

critical interpretation,批判性解释,40,123,198

critical reflection,批判性反思,155

critical sciences,批判科学,154,155

critical understanding,批判性理解,18,123,144—145,166—167,197,223

critique:as constitutive and categorial,批判:作为构成性和范畴性的~,146—151;of historical judgment,历史判断的~,xi,7,161;of historical reason,历史理性~,18,117,147,161;as reflective and judgment-centered,作为反思性和以判断为中心的~,4,7,33,161—164,169—172,177;as regulative and emancipatory,作为规范和解放的~,7,151—161,169. 另见 specific topics

Danto,Arthur,阿瑟·丹托,213n49,217,218,218n60,221

Davidson,Donald,唐纳德·戴维森,201

demystifying hermeneutics, 去神秘化的诠释学, 159

depth hermeneutics, 深度诠释学, 152, 154—156

depth interpretation, 深度解释, 159

Derrida, Jacques, 雅克·德里达, 28n43

description vs. characterization, 描述与特征化, 139

descriptive vs. intentionalist theoretical understanding, 描述的与意图主义的理论理解, 189

determinant judgments, 决定性判断, 109, 133, 141;

defined, 界定的～, 6; Kant and, 康德与～, 2, 5—7, 27, 59, 61, 66, 84, 94, 112, 129, 137, 138, 163—165; and reflective judgments, ～与反思性判断, 2, 5, 6, 59, 60, 66, 78, 84, 94, 98—99, 104, 106, 112, 115, 127, 129n25, 129n35, 130, 137, 138, 145, 163—165

determinant schematization, 决定性的图式化, 110—112

dialectical reconciliation, 辩证协调, 47, 55, 171. 另见 dialectics

dialectics, 辩证法, 17, 55; Gadamer and, 伽达默尔与～, 48—50; Hegel and, 黑格尔与～, 34, 45—50; tension between hermeneutics and, 诠释学与～之间的张力, 45

dialogical approach to human understanding, 人类理解的对话方法, 55

dialogical communication, 对话交流, 51—52, 55, 171

dialogue, Gadamer and, 对话, 伽达默尔与～, 34, 48—49, 51—52, 115, 156

Dickie, George, 乔治·迪基, 218n60

differend, 纷争, 52

digital technology, 数字技术, xi, 9, 214, 219

dijudication, 判决, 7, 128, 129, 142, 144, 163

Dilthey, Wilhelm, 威廉·狄尔泰, 3, 6—8; on cognition, ～论认识, 18—19, 21—22, 24, 25, 42, 117, 119, 149, 183; on cognition-knowledge distinction, ～论认识与知识的区别, 13, 20—22, 82, 116; on human sciences, ～论人文科学, 1, 17, 19—22, 25, 49, 50, 147—151, 157, 183, 192; on knowledge, ～论知识, 13, 21, 23; on manifestations of life and their interpretive contexts, ～论生命的表现及其解释语境, 205—207; on understanding (Verstehen), ～论理解(Verstehen), 27, 59, 150—151. 另见 specific topics

disciplinary approaches, 学科方法, 58—59, 69, 80, 222

disciplinary cognition, 学科认识, 171

disciplinary consciousness, 学科意识, 29

disciplinary contexts, 学科语境, 9, 98, 145, 168, 172, 181, 196—197, 223

disciplinary differentiation and coordination, 学科区分与协调, 81

disciplinary discourse, 学科话语, 29,

125—126

disciplinary explanations,学科说明,191

disciplinary frames of reference,学科参照框架,162

disciplinary standards and norms,学科标准与规范,133

disciplinary topology of hermeneutic judgment,expansive,诠释学判断的学科拓扑学,扩展的～,193

discipline,culture of,学科,～文化,138

Discipline and Punish:The Birth of the Prison(Foucault),《规训与惩罚:监狱的诞生》(福柯),192

disciplining techniques of normalizing judgment,规范化判断的规训技术,193

distanciation,technique of,距离化,～的技术,156

doctrinal determinacy,教义决定论,136

doctrinal vs. authentic modes of interpretation,教条的与真实的解释模式,134—135,201

dogmatic determination,教条决定,136

domain(s),领域,4,65—67,75,83,106,170;defined as a context,界定为语境的～,4,5,64—66,220—221;and Dilthey's thought formations,～与狄尔泰的思想形成,205;Kant on,康德论～,64—66,73—75,132,151,170,206,221;and law,～与法律,4,5,8,65—67,73—75,79,106,114,124,132,133,162,170,184,187,204—206,221;and other referential contexts/spheres of reference,～与其他参照语境/参考领域,4,64—66,75,170,220—221

Dray,William,威廉·德雷,178,190,191

Droysen,Gustav,古斯塔夫·德罗伊森,186—187

Duchamp,Marcel,马塞尔·杜尚,218—219

earth and world,大地与世界,130—131;Heidegger on,海德格尔论～,199,208—211,216;Kant on,康德论～,199,208.另见 worldly orientation

earthly limits:Kant on,世间限度:康德论～,5,62—63,68,130—131.另见 worldly bounds

elementary understanding;and assimilation,初步理解和同化,188,220;and objective spirit,～与客观精神,29,98,122

empirical vs. rational certainty,经验与理性确定性,93—94

emulation,效仿,169;and exemplarity,～与范例,108—111,115

endowment,禀赋,211—212

Epicurus,伊壁鸠鲁,20

epistéme (determinate observational understanding),认识(确定性观察理解),26,27,32

epistemology(Erkenntnistheorie),认识论(Erkenntnistheorie),22,153—

154; vs. theory of knowledge(Theorie des Wissens),～与知识理论(Theorie des Wissens),22; transcendental,超验～,98

Erlebnis(lived experience),体验(生命体验)35,38—41; vs. Erfahrung (experience),～与经验,38

events and advents,事件与出现,186,187,194

explanation: causal and non-causal,说明:因果与非因果～,8,154,157,175—176,183—189; causal vs. structural,因果与结构～,157; conceptual,概念性～,191; as framed by understanding,以理解为框架的～,8,186; in human sciences,人文科学的～,6,154,157—159,183—184,186,188—189; intentionalist,意图论～,188—191; teleological,目的论～,161,176,188—191; vs. understanding,～与理解,6,157—158. 另见 imputation: causal

Explanation and Understanding (Wright),《说明与理解》(赖特),188—189

expression,表现,表达,199,203—207,216; and articulation,～与表达,37,199,207,213; and manifestation,～与表现,1,14,37,141,199,205,206

feelings, self-absorbed vs. world-oriented,情感,自我专注与世界定位,35

Fichte, Johann Gottlieb,约翰·戈特利布·费希特,16,56,196

field(s),场域,64—65,72; defined as a context,界定为语境的～,4,64—66,220—221; Kant and,康德与～,4,64,75,210,214; logical,逻辑～,65,205; of logical possibility,逻辑可能性的～,66,67,75,79,133,203—205; and other, referential contexts/spheres of reference,,～与其他参照语境/参考领域,4,64—66,75,170,220—221; of the supersensible,超感性～,210

Flacius, Matthias,马提亚斯·弗拉西厄斯,14

Foucault, Michel,米歇尔·福柯,80,192—194

Gadamer, Hans-Georg,汉斯-格奥尔格·伽达默尔,1,34,39,40,51—52,93,116,159,160,199; and aesthetic differentiation,～与审美区分,38; Dilthey and,狄尔泰与～,38—40,42,48,50; Habermas and,哈贝马斯与～,124,168,168n63; Hegel and,黑格尔与～,35,41,43,44,48—49; Heidegger and,海德格尔与～,1,5,13,26—27,34,49,50,93,116; on interpretation and dialogue,～论解释与对话,34,48—52,115,156; Kant and,康德与～,35,42,43,49,51,95; Paul Ricoeur and,保罗·利科与～,156,159; on prejudice,～论偏见,48—50,93,

95,116;Schiller and,席勒与~,51;*Truth and Method*,《真理与方法》,34,42,51

Gehry,Frank,弗兰克·盖里,216

generation,一代人,195—197

generative(continuity) narrativists,生成性(连续性)叙事家们,178.另见 under narrative histories

genius:creative,天才:创造性~,16;defined,被界定的~,203;Dilthey on,狄尔泰论~,213;Kant on,康德论~,203,204,207;musical,音乐~,207,213

Ginsborg,Hannah,汉纳·金斯伯格,109n29

God,上帝,43—47,71,75—77,134—136,141,182

Grondin,Jean,让·格朗丹,200n3

Guyton,Wade,韦德·盖顿,219

Habermas,Jürgen,于尔根·哈贝马斯,6,53,123;on communicative action,~论交往行为,16;on emancipatory critique,~解放批判,152,154,156,160;Gadamer and,伽达默尔与~,124,168,168n63;and hermeneutics,~与诠释学,124,126,152—156;*Knowledge and Human Interests*,《知识与人类兴趣》,152—156;Paul Ricoeur and,保罗·利科与~,7,147,152,156,160;and regulative critique,~与调节性批判,7,147,156,160;on self-formative process,~论自我形成过程,153;and self-reflection,~与自我反思,153—156;social critique,社会批判,168;and universality,~与普遍性,156

habitat(s),栖居地,68,73—74,78—80,95,98,168;and contingency,~与偶然性,5,65,66,73—74,78,79,95,124,130,162—162,170;defined as a context,界定为语境的~,4—5,65—67,208,220—221;and familiarity,~与熟悉性,4,66n32,83,95,108,206;and other referential contexts/spheres of reference,~与其他参照语境/参考领域,4—5,64—66,75,78,79,95,107,108,115,130,162—163,170,206,208,221

Hegel,Georg Wilhelm Friedrich,格奥尔格·威廉·弗里德里希·黑格尔,198;on concrete universals,~论具体的普遍性,164;and dialectic,~与辩证法,34,45—50;Dilthey and,狄尔泰与~,28;Gadamer and,伽达默尔与~,35,41,43,44,48—49;on interpretation,~论语言,44—47;Kant and,康德与~,35;on language,~论语言,43,44;and objective spirit,~与客观精神,28,95,102;Royce and,罗伊斯与~,56,57

Heidegger,Martin;*Being and Time*,马丁·海德格尔:《存在与时间》,24—25,27—30,208;"The Origin of the Work of Art,""艺术作品的本源",207—211

Hempel,Carl,卡尔·亨普尔,190

hermeneutical circle,诠释学循环,

25,123,158,223
hermeneutics:critical,诠释学:批判～,14,33,52,147,162,163,167—172,175,193;methodological vs. phenomenological,方法论～与现象学～,1;reflective,反思～,8,13,53,63,124—126,159,161n49,162,177,196;a responsive hermeneutics and a transformative critique,回应性诠释学与转变性批判,166—169;restorative vs. demystifying,恢复性～与去神秘化～,159.另见 specific topics
higher understanding,更高理解,9,29,32,98,123,144,155,166,167,171,181,194,196,210,220—223;and acquisition,～与习得,144—145,171;science, cognition, and,科学,认识与～,3
Hirsch,E.D.,E.D.赫施,198
historical cognition,历史认识,28;reliability,可靠性,19
historical interpretation:delimiting the appeal to causes in,历史解释:在～中限定原因诉求,184—186;Nietzsche's challenge to the objectivity of,尼采对～客观性的挑战,176—177
history, narrative approaches to,历史,～历史叙事方法,178—180
human sciences:Dilthey on,人文科学:狄尔泰论～,1,17,19—22,25,49,50,147—151,157,183,192;explanation in,～中的说明,6,154,157—159,183—184,186,188—189;understanding(Verstehen)and,理解与～,17,19
Hume,David,大卫·休谟,20,62
Husserl,Edmund,埃德蒙德·胡塞尔,28n43,120
hypotypes and hypotyposis,亚型与生动虚述,112

ideal and real types,理想与真实类型,112
imagination, transcendental synthesis of the,想象力,～的超验综合,85—86
imaginative symbols,想象性象征,112
imitation,模仿,94—96,103;vs. emulation,～与效仿,110,214（另见 emulation）
immanent purposiveness,内在目的性,59,72,137,148,151,161n49,221;vs. external purposiveness,～与外在目的性,60
imputation:ascriptive,归因:归责～,7,53,127—130,133,138,140—143,145,171,186,192;attributive,属性归因,7,53,127—130,133,138,140,141,143,145,171,192;causal,因果～,185—186
incommensurable contexts and the possibility of universalist history,不可通约的语境与普遍主义历史的可能性,181—184
information,信息,58—59,132,214,219,223;digitally generated information,数字生成的～,198,223;transmission of,～传输,9,74,97,

199
intention and reflective understanding, 意图与反思性理解, 13, 34, 134, 136, 158, 189—191, 198, 200—203
intentional context, Georg Friedrich Meier on representational signs and their, 意图语境, 格奥尔格·弗里德里希·迈耶论～, 200—202
intentional explanation and hermeneutical contextualization, 意图说明与诠释学语境化, 188—191
intentionalist fallacy, 意图谬误, 202
intentionalist vs. descriptive theoretical understanding, 意图主义与描述性理论理解, 189
interpretation(s): allegorical, 解释: 寓意～, 18; and articulation, ～与表达, 32; charity in, ～的清晰性, 201; conscientiousness and truthful, 良知与真理性～, 141—145; critical, 批判性～, 40, 123, 198; defined, 界定的～, 45—46; depth, 深度～, 159; doctrinal vs. authentic modes of, 教条的与真实的～方式, 134—135, 201; Gadamer on dialogue and, 伽达默尔论对话与～, 48—151; Hegel on, 黑格尔论～, 44—47; interpreting as cognizing meaning and knowing truth, 作为认识意义和知道真理的～, 84—88; legitimacy of, ～的合法性, 130—134; as a mode of reflective judgment, 作为反思性判断模式的～, 98—99; religious, 宗教～, 44 (另见 Bible and biblical interpretation); and understanding, ～与理解, 154, 157—158, 161, 164, 167—168, 177, 208, 223. 另见 Auslegung; authentic interpretation; historical interpretation; will to interpret; specific topics
interpretive contexts, 解释语境, 72, 112, 113, 150, 161, 163, 164, 186, 205—207, 220—221, 224. 另见 orientational contexts
intersubjective legitimacy, 主体间合法性, 90—91, 143, 162
intersubjectivity, 主体间性, 5, 7, 42, 57, 101, 106, 108, 113, 115, 124—125, 128, 133, 136, 143, 147, 171, 203—204; and universality, ～与普遍性, 36, 90—91, 107

Johns, Jasper, 贾斯帕·琼斯, 219
judgmental articulation, from conceptual classification to, 判断表达, 从概念分类到～, 81—84
judgment(s): and evaluation, 判断: ～与评价, 100, 101, 105—107, 113, 123, 128—129, 163, 166, 193; kinds of, ～的种类 (参见 determinant judgments; preliminary judgments; reflective judgments); normative vs. normalizing, 标准的与标准化的～, 192—193; and prejudgments, ～与前判断, 50, 84, 93—98, 101, 103—104, 108, 109; and prejudice, ～与偏见, 2, 49, 53; provisional, 临时性～, 93—99, 104, 130; and theoretical assent, ～与理论同意, 100, 221—222.

另见 specific topics

judication：vs. adjudication，司法：～与裁决，7（另见 adjudication）；vs. dijudication，～与判决，7（另见 dijudication）

Kant，Immanuel：on aesthetic consensus，伊曼努尔·康德：～论审美共识，102；amphiboly and，歧义性与～，62，75—77，144；on cognition，～论认识，4，42，64，71，84—98，101，104，107，112，134，147；*Critique of Judgment*，《判断力批判》，4，35，42，44，59，63，66，70—72，102，106，110，127，136—138，148，203，221；*Critique of Pure Reason*，《纯粹理性批判》，44，59—64，67，69，70，72，84—90，106，138，141，147；and determinant judgments，～与决定性判断，2，5—7，27，59，61，66，84，94，112，129，137，138，163—165；and expressing what was inexpressible，～与不可表现的东西，202—205；interpretive contexts of，～的解释语境，（另见 orientational contexts）；*The Jäsche Logic*，《逻辑学讲义》，79，80，88，93—94，96，108，163；on knowledge and knowing，～论知识与知道，5—6，84—98；levels of aesthetic consensus，审美共识层面，101—105；*The Metaphysics of Morals*，《道德形而上学》，75—76，127—128，130，141—142；on opining, believing, and knowing，～论意见、信仰和知道，88—92（另见 under cognition（Erkenntnis）与 knowledge（Wissen））；on prejudices，～论偏见，2，5，49，53，84，93—98，103，104，121，169，188；on purposiveness，～论目的性，60，66，67，72—74，104—106，134—137，148，151，161，221；*Religion within the Boundaries of Mere Reason*，《单纯理性范围内的宗教》，14；and transcendental topic，～与超验话题，61—64；on understanding（Verstand/explanation），～论理解（说明），27，59，150

Kline，Franz，弗朗茨·克莱因，219

knowing，Kant on，认识，康德论～，5—6，84—98

knowledge：appropriation of cognition as，知识，作为～的认识占有，90—91；Dilthey on，狄尔泰论～，13，21，23；Kant on，康德论～，5—6，84—98；and legitimacy，～与合法性，116—123；theory of（Theorie des Wissens），～理论，22. 另见 cognition（Erkenntnis）and knowledge（Wissen）；life-knowledge；reflective knowledge

Knowledge and Human Interests（Habermas），《知识与人类兴趣》（哈贝马斯），152—156

Korsgaard，Christine，克里斯蒂娜·科尔斯戈德 110n33

lawfulness，合规律性，66，73，204

legitimacy：intersubjective，合法性：主体间的～，90—91，143，162；and

knowledge, ～与知识, 116—123; unilateral, bilateral, omnilateral and multilateral modes of, 单边～、双边～、～的全方位与多边模式 131—133; vs. validity, ～与有效性, 3, 92

"Life and Cognition" (Dilthey), "生命与认识"（狄尔泰）, 149—150

life-categories, 生命—范畴, 149—151

life-context, 生命—语境, 37, 118, 196, 206, 223

life-knowledge: and assimilation, 生命—知识: ～与同化, 83, 188; and conceptual cognition, ～与概念认识, 22, 27, 83, 98, 123, 172, 182; and objective spirit, ～与客观精神, 28, 32; vs. reflective knowledge, ～与反思性知识, 22—23

life manifestations: classes of, 生命表现: ～的类别, 205—206; in Dilthey, 狄尔泰的～, 28, 37, 205—206; vs. expressions, ～与表达, 37, 206

limits (Schranken): vs. boundaries (Grenzen), 限度: ～与边界 62—63, 67—69, 72—74; vs. bounds (Grenzen), ～与界线, 5, 67—68, 72—74, 77, 80, 121, 127, 130—131, 146, 151; negative, 否定的～, 62, 67, 144, 169

Lyotard, Jean-Francois, 让-弗朗索瓦·利奥塔, 52, 209—210

manifestation(s): and expression, 表现: ～与表达, 1, 14, 37, 141, 199, 205, 206; of life and their interpretive contexts, 生命的表现及其解释语境, 205—207. 另见 life-manifestations

Marx, Karl, 卡尔·马克思, 4, 47, 152, 155, 159

mass media, 大众传媒, 218, 223

mathematics, 数学, 69—72, 82, 112

meaning: category of, 意义: ～范畴, 31, 150; and communicability, ～与可交流性, 199, 212—214, 220; explication of, ～的阐明, 46, 108, 123; presentation of, ～的呈现, 111—112, 214—215; and schemata, ～与图式, 86, 92, 97, 106, 108

meaning content, 意义内容, 9, 85, 96, 198, 199, 210, 212, 214—217, 220; and material content, ～与物质内容, 9, 212—218, 220

meaning contexts, 意义语境, 53, 64, 74, 77—78, 80, 100, 110, 116, 118, 125, 162, 177, 195, 206, 220

meaning/significance/import, 意义, 89

meaning-truth relation, 意义—真理关系, 53, 62, 75, 84—87, 91—92

medial contexts of works of art, 艺术作品的媒介语境, 211—216

medial presentation of the commonplace in contemporary art, 当代艺术中庸常事物的媒介呈现, 216—220

medium, 媒介, 212; of inherited commonality, 传承共同性的～, 28, 73—74, 79, 95, 122, 151—152, 212（另见 objective spirit）; meanings

of,～的意义,212
Meier,Georg Friedrich,格奥尔格·弗里德里希·迈耶,205,207;on representational signs and their intentional context,～论再现性符号及其意图语境,200—202
Melanchthon,Philipp,菲利普·梅兰希通,14
Metaphysics of Morals(Kant),《道德形而上学》(康德)75—76,127—128,130,141—142
Mink,Louis,路易斯·明克,178—179,181,183,186—188
moral and physical character,道德与身体性格,139—140
moral reflection, amphiboly of,道德反思,～的歧义性,75—77,143,144
morality:symbolization and,道德:象征化与～,15,111,112.另见 *Metaphysics of Morals*
Munzel,G.Felicitas G.腓力西塔斯·蒙策尔,140n67

Nagel,Thomas,托马斯·内格尔,80
narrative histories:continuity vs. discontinuity,叙事历史:连续性与不连续性～,177—179;generative vs. genealogical,生成性与谱系学～,175—178,196
narrative theory,叙事理论,175,178,194; continuity vs. discontinuity conceptions of,～的连续性与不连续性概念,181;types of,～的类型181

nature and purposiveness,自然与目的性,60,66,67,136
Nietzsche, Friedrich Wilhelm: challenge to the objectivity of historical interpretation,威廉·弗里德里希·尼采:对历史解释客观性的挑战,176—177; and judgment as verdict,～与作为判决的判断,177;and monumental, antiquarian, and critical history,～与不朽的、古董的、批判的历史,176
noumenal possession,本体占有,132
nous,理性,25—27

objective spirit,客观精神,30, 98, 122,151—152,212;definitions and meanings of,～的定义和意义,28, 28n43,29;Dilthey and,狄尔泰与～, 25,28,29,36,45,95,102,122,151, 152,213n48;and elementary understanding,～与初步理解,29,98, 122;Hegel and,黑格尔与～,28, 95,102;inherited commonality of,～的传承共同性,28,32,73—74,95, 98;Kant and,康德与～,98,102; and life-knowledge,～与生命—知识,28,32;and medial contexts,～与媒介语境,212
O'Neill,Onora,奥诺拉·奥尼尔, 129n25
ontico-temporal analysis of world-time, 世界时间的本体时间性分析,30
orientation,定位,xi,81,114;contextual,语境～,177,205(另见 orient-

ational contexts); hermeneutic, 诠释学 ~, 122, 208; and reflective judgment, ~与反思性判断, 59—60; spatial, 空间 ~, 78, 105, 119, 122; worldly, 世界 ~, 78—80. 另见 reflective orientation; specific topics
orientational capacity to take a stance, 采取一种立场的定位能力 167
orientational contexts, 定位性语境, 67, 70, 74, 106, 170, 205, 222; and expansive mode of judgment, ~与扩展的判断模式, 224; for interpretation, 解释的 ~, 224; kinds of, ~的种类, (参见 domain(s); field(s); habitat(s); medial contexts of works of art; medial presentation; objective spirit; systems; territory(ies)). 另见 orientation: contextual orientational hermeneutical contexts, 208
orientational hermeneutics, 定位的诠释学, 80, 132, 167, 175, 193, 198, 199, 224
orientational principle for reflective judgment, 反思性判断的定位原理, 102
orientational reflection, 定位性反思, 61. 另见 reflective orientation
orientational task of hermeneutics, 诠释学的定位任务, 75

Pasternack, Lawrence, 劳伦斯·帕斯特纳克, 90
"Perception, Conception, and Interpretation"(Royce), "感知、概念与解释"(罗伊斯), 55—56

Pergamene school of philology, 珀加蒙文献学学派, 18
persuasion, 说服, 87—89, 91—98; vs. conviction, ~与信念, 88—94
phenomenology, 现象学, 158—159
phronesis, 实践智慧, 26—27, 32
Picasso, Pablo, 巴勃罗·毕加索, 219
pragmatic, different senses of, 实用的, ~差异感, 138
pragmatic predisposition, 实用倾向, 138
prejudgments, 前判断, 50, 84, 93—98, 101, 103—104, 108, 109
prejudice(s): appropriation of, 103—104; 偏见: ~的占有, Gadamer on, 伽达默尔论 ~, 48—50, 93, 95, 116; Kant on, 康德论 ~, 2, 5, 49, 53, 84, 93—98, 103, 104, 121, 169, 188; and superstition, ~与迷信, 49, 95
preliminary judgments, 初步判断, 2, 5, 53, 104, 116, 133, 189, 190; and the provisionality of reflective judgments, ~与反思性判断的暂时性, 93—99
presentation(Darstellung): of meaning, 呈现: 意义的 ~, 111—114; and representation(Vorstellung), ~与表现 45, 111; symbolic, 象征性 ~, 70—71, 111, 113
prototypes, 原型, 112, 135
psychology, 心理学, 67—69, 84, 157, 191, 217
purposive arrangement among particulars, 特殊之间的有目的组织, 60

purposive order,目的性秩序,151,161

purposive systems: organized,目的系统:有组织的～,73—74; vs. productive systems,～与生产系统,125

purposive unity of things,事物的目的性统一,72

purposive world order,目的性世界秩序,135

purposiveness: aesthetic,目的性:审美～,111,127; and counterpurposiveness,～与反目的性,134,135; Dilthey on,狄尔泰论～,125,148—149; efficacy of,～的效用,149; indeterminate sense of,～的不确定感,149—150; Kant on,康德论～,60,66,67,72—74,104—106,134—137,148,151,161,221; and nature,～与自然,60,66,67,136; reflective,反思性的～,59,111,138,161,162; regulative,规定性的～,148,161; teleological,目的论的～,59,60. 另见 immanent purposiveness

Quine, Willard Van Orman,威拉德·冯·奥尔曼·奎因,201

Rancière, Jacques,雅克·朗西埃,217
Ranke, Leopold von,利奥波德·冯·兰克,19
Raphael,拉斐尔,108
rational vs. empirical certainty,理性与经验的确定性,93—94
Rauschenberg, Robert,罗伯特·劳森伯格,218

reason, practical and theoretical,理性,实践与理论～,15

referential contexts/spheres of reference,参照语境/参考领域,4,64—66,75,170,220—221

reflection,反思,155,160—163,165—167; and reflexivity,～与自反性,132—133,165—167,197; transcendental,超验～,62,117—118,122,140. 另见 self-reflection

reflective acquisition,反思性习得,166,167,171

reflective and aesthetic consensus,反思与审美共识,102

reflective critique,反思性批判,4,7,33,161—164,169—172,177

reflective hermeneutics,反思性诠释学,8,13,53,63,124—126,159,161n49,162,177,196

reflective judgment(s),反思性判断,60,66—68,75. 105,108,126,145,162,204,220—223; about God,对上帝的～,134,136; aesthetic model of,～的审美模式,7,127; appropriation of,～占有,162; and assent,～与同意,100,221—222; and bounds,～与界限,5,67,68; communal sense as orientational principle for,作为～定位原则的共同感,102; contextualizing function,语境化功能,112—113; and decisional judgment,～与决定判断,127; defined,界定的～,6; and determinant judgments,～与决定性判断,2,5,6,

59,60,66,78,84,94,98—99,104,106,112,115,127,129n25,129n35,130,137,138,145,163—165; diagnostic use of,～的诊断用法,129,171,186,197.9; and habitat,～与栖居地,66; interpretation as a mode of,作为～模式的解释,98—99; as interpretive,作为解释的～,113,114; Kant and,康德与～,6,52,59—61,66,67,70—73,75,100,135,138,140,163,165,166; orientation and,定位与～,59—60; preliminary judgments and the provisionality of,～的初步判断和暂时性,93—99; and reflexivity,～与自反性,164,166; and Ricoeur's singular causal imputation,～与利科的单一因果归因,186; task of,～的任务,5,106,165,206; of taste,趣味的～,113; and universality,～与普遍性,72—73,163

reflective judication,反思性裁决,7

reflective knowledge,反思性知识,9; and appropriation,～与占有,9,83,114,145,172,195; and assimilation,～与同化,83; vs. life-knowledge,～与生命—知识,22—23

reflective orientation,反思性定位,59,76,79; an amphiboly of,～的歧义性,74—78,170,172; modes of,～模式,68,78. 另见 orientational reflection; specific topics

reflective orientational hermeneutics,反思性定位的诠释学,93

reflective purposiveness,反思性的目的性,59,111,138,161,162

reflective schematization and contextual reconfiguration,反思性图式化与语境重构,105—108

reflective topology,反思性拓扑学,63—65,168; and judgmental contexts,～与判断语境,63—69

reflective vs. regulative,反思性与规定性,7,161—162,172

reflective-reflexive appropriation,反思性—自反性占有,166,167,171

reflexive assimilation,自反性同化,166,167,170

reflexive awareness,自反性意识,119—122,143,166,167,194,215

reflexivity,自反性,24; first-and second-order,第一和第二层次的～,166,167; and reflection,～与反思,132—133,165—167,197; vs. reflection,～与反思,32—33; from reflection to,从反思到～,164—166; and reflectiveness,～与反思性,119,121,122,133,143,164—167,171,191,215; vs. reflectiveness,～与反思性,166; as self-referring/self-referential,作为自我指涉/自我参照的～,32—33,143,167,215

regulative critique,调节性批判,7,147,151—161

regulative purposiveness,调节性目的性,148,161

religious interpretation, function of,宗教解释,～的功能,44

representation(Vorstellung),再现,表现,43—44,166,199—202 205,213; vs. presentation(Darstel-lung),与呈现,45,111,214—216,220

responsiveness, reflective vs. instantaneous,回应,反思性与即时性~,223

restorative hermeneutics,恢复性诠释学,159

Rickert,Heinrich,海因里希·里克特,119

Ricoeur,Paul,保罗·利科,7,44,147,152,156—160,185—186

Royce,Josiah,约西亚·罗伊斯,55—59

Roycean conspectus,罗伊斯的概要,59,77,115,132

Sartre,Jean-Paul,让-保罗·萨特,152,179

Schelling,Friedrich Wilhelm Joseph,弗里德里希·威廉·约瑟夫·谢林,15,20,195

schema of causality,因果关系图式,70,86

schemata:categorial,图式:范畴~,112; and meaning,~与意义,86,92,97,106,108; and symbols,~与象征,15,70,112

schematism of analogy,类比的图式化,15

schematization:determinant,图式化:决定性~,108—112; mathematical,数学~,70,112(另见 mathematics);

reflective/contextual,反思性/语境~,53,65,105—108,111—114,162—163,223—224; symbolic,象征~,15,70,111—113,224

schematizing:with concepts,图式化:具有概念的~,105,106,108; without concepts,没有概念的~,105,106,114(另见 schematization: reflective/contextual)

Schiller,Friedrich,弗里德里希·席勒,51,187

Schlegel,Friedrich,弗里德里希·施莱格尔,187,195—196

Schleiermacher,Friedrich,弗里德里希·施莱尔马赫 1,13—17,34,40,43,81—82,195—196,202

science(s),科学,3; causality and,因果关系与~,148—149; critical,批判~,154,155.另见 under cognition

self-cognition,自我认识,68

self-formative processes,自我形成过程,153,155

self-reflection,自我反思,22,32,83,153—156; in Dilthey,狄尔泰的~,22,32,153—154; in Habermas,哈贝马斯的~,153—156

self-understanding,自我理解,9,84,126,136,167,182

Semler,J. S.,J. S. 塞姆勒,15

sense-certainty,感觉确定性,43,44

sophia,智慧,26—27,32.另见 authentic understanding

spiritual-cultural facts,精神文化事实,119

Stoics, 斯多葛学派, 18, 20
structural regularities, 结构性规律, 114, 117
structural relations, 结构关系, 20, 117
structuralism, 结构主义, 156—159
style, 风格, 115, 178, 206
superstition, 迷信, 49, 95
symbolic cognition, 象征性认识, 42; of God, 上帝的～, 75
symbolic communication, 象征性交流, 204—205
symbolic presentation, 象征性呈现, 70—71, 111, 113
symbolic schematization, 象征性图式化, 15, 70, 111—113, 224
symbolism, 象征主义, 111; Dilthey on moral, 狄尔泰论～, 15; Kant and, 康德与～, 16, 42, 43, 69—71, 111—113, 204—205. 另见 symbolization
symbolization, 象征化, 113, 204—205; aesthetic, 审美～, 42, 43; and contextual types, ～与语境类型, 112; and countertypes, ～与反类型, 112—113; Gegenbildung as, 作为～的反形成, 113; and morality, ～与道德, 111, 112. 另见 symbolism
symbols: imaginative, 象征: 想象性～, 112; and schemata, ～与图式, 15, 70, 112
systems: organized purposive, 系统: 有组织的目的～, 73—74; purposive vs. productive, 目的性与生产性的～, 125

technique, 技巧, 50, 154, 192—93
technology, 技术, 153, 215, 218—221, 223; digital, 数字～, xi, 9, 214, 219
teleological explanation, 目的论说明, 161, 176, 188—191
teleological purposiveness, 目的论的目的性, 59, 60
temporality, 时间性, 24—26, 29—32, 81
territory(ies): defined as a context, 属地: 被界定为语境的～, 4—5, 64—65, 208, 220—221; of human experience, ～的人类经验, 71, 72, 74, 83, 108, 162; and other referential contexts/spheres of reference, ～与其他参照语境/参考领域, 4—5, 64—66, 75, 78, 79, 95, 107, 108, 115, 130, 162—163, 170, 206, 208, 220—221
theodicy, 自然神论, 134—137, 142
theoretical cognition (Erkennen), 理论认识, 3, 119
thirdness and third idea, 第三性与第三种观念, 56—57
time, 时间, 24, 31—32; as advancing, 作为进步的～, 31. 另见 temporality
tonal medium, 调性媒介, 213
topology, 拓扑学, 3, 73, 193; reflective, 反思性～, 63—65, 168
tradition, 传统, 34, 93, 96, 160, 168, 194
transcendental analysis, 超验分析, 117
"Transcendental Analytic" (Kant), "超验分析的"(康德), 84, 92

transcendental concepts, 超验概念, 69,85,117

transcendental conditions of experience, 经验的超验条件,118

"Transcendental Doctrine of Method" (Kant), "方法的超验学说"(康德),84

"Transcendental Doctrine of Power of Judgment"(Kant), "判断力的超验学说"(康德),92

transcendental ego, 超验自我,44

transcendental epistemology, 超验认识论,98

transcendental function, 超验功能, 153

transcendental logic, 超验逻辑,85,86

transcendental possibilities, 超验可能性,64

transcendental principles, 超验原理, 60,140

transcendental reflection, 超验反思, 62,117—118,122,140

transcendental rules, 超验规则,204

transcendental structure, 超验结构, 153

transcendental synthesis of the imagination, 想象力的超验综合,85—86

transcendental theory of cognition and rational knowing, 认识和理性知道的超验理论,93

transcendental topic, Kant's, 超验话题, 康德的～,61—64

transcendental truth, 超验真理,86

transitional understanding, 过渡性理解,9,220—224

transmissibility, material, 可传达性, 物质的～,213,214

transmission: and communication, 传达, 传递: ～与交流,9,74,97,199, 212—214; hermeneutics and historical, 诠释学与历史～,194—197, 223

transposition, 换位,158,182

Truth and Method (Gadamer),《真理与方法》(伽达默尔),34,42,51. 另见 Gadamer, Hans-Georg

truth claims, 真理要求,86,87,91, 92,97,143

truth conditions, 真理条件,85,86

truth standards of reason, 理性的真理标准,92

truth-assessment, 真理评估,85,91, 98—99

truthful in itself, 自身真实性,37,40, 43,207

truthfulness, 真理性,141—145,164; as normative, 作为规范的～,164

truth(s), 真理,34,35,37,41—43, 48—50,96—97; communal, 共同～, 35,41; empirical, 经验～,86; search for, 对～的探讨,92; transcendental, 超验～,86; vs. truthful, ～与真实, 37

types: and archetypes, 类型: ～与原型,111—112; and countertypes, ～与反原型,112—113; ideal and real, 观念与真实～,112; and prototypes, ～与原型,112,135

typification and the intuitive presentation of meaning, 类型化与意义的直觉呈现, 111—114

ultimate vs. final purpose, 终极与最后目的, 138
understanding: authentic, 理解: 真实～, 25—27, 32, 93; better, 更好的～, 17, 39; critical, 批判性～, 18, 123, 144—145, 166—167, 197, 223; descriptive vs. intentionalist, 描述与意图论～, 189; and historical understanding, ～与历史理解, 17, 19; and intention, ～与意图, 13, 34, 134, 136, 158, 189—191, 198, 200—203; transitional modes of, ～的过渡模式, 9, 220—224. 另见 elementary understanding; higher understanding
understanding (Verstand), 理解, 17; as discursive intellect, 作为推论性智力的～, 150; faculty of, ～的能力, 59
understanding (Verstehen), 理解 (Verstehen), 17, 39, 202; and explanation, ～与说明, 6, 154, 157—159, 183—184, 186, 188—189; and human sciences, ～与人文科学, 17, 19; and reexperiencing, ～与重新体验, 158. 另见 critical understanding; elementary understanding; higher understanding; self-understanding
"Understanding of Other Persons and Their Manifestations of Life, The" (Dilthey), "对他人的理解及其生命表现" (狄尔泰), 28, 37. 另见 Dilthey, Wilhelm
universalist history, 普遍主义历史, 184, 197; incommensurable contexts and the possibility of, ～的不可通约语境和可能性, 181—184; vs. universal history, ～与普遍历史, 184
universalistic demands of disciplinary consciousness., 学科意识的普遍要求, 29
universality, 普遍性, 19, 28, 42—44; abstract, 抽象～, 44, 163; and aesthetics, ～与美学, 36, 42, 107, 115, 127; vs. commonality, ～与共同性, 28, 29, 32, 74; Habermas and, 哈贝马斯与～, 156; and intersubjectivity, ～与主体间性, 36, 90—91, 107; of language, 语言的～, 16; and reflective judgments, ～与反思性判断, 72—73, 163; and understanding, ～与理解, 39—40

validity: general vs. universal, 有效性: 一般与普遍～, 101—104; and legitimacy, ～与合法性 (参见 legitimacy); objectivity and universal, 客观性与普遍～, 19, 89
Vermeer, Johannes, 约翰内斯·维米尔, 108
Vico, Giambattista, 詹巴蒂斯塔·维柯, 18
von Wright, Georg Henrik, 格奥尔

格·亨里克·冯·赖特,188—191

Warhol, Andy, 安迪·沃霍尔, 218, 219

Weiwei, Ai, 艾未未, 219—220

White, Hayden, 海登·怀特, 178

will to interpret, 解释的意志, 57, 185

"Will to Interpret"(Royce), "解释的意志"(罗伊斯), 56—57

Windelband, Wilhelm, 威廉·文德尔班, 19

world/earth, 世界/大地, 参见 earth and world

worldly bounds, 世俗性边界, 62—63, 131. 另见 earthly limits

worldly orientation, 世俗性定位, 78—80

world-oriented vs. self-absorbed feelings, 世界定位与自我专注的情感, 35

world-time, ontico-temporal analysis of, 世界时间, 对～的本体—时间性分析, 30

worldviews, 世界观, 18, 20, 23, 24, 32, 83, 223; types of, ～的类型, 20, 23, 32

Wright, Frank Lloyd, 弗兰克·劳埃德·赖特, 216

Wright, Georg Henrik von. 格奥尔格·亨里克·冯·赖特, 参见 von Wright, Georg Henrik

图书在版编目(CIP)数据

诠释学的定位和判断/(美)鲁道夫·A.马克瑞尔著;李建盛译.—北京:商务印书馆,2022
(解释学译丛)
ISBN 978-7-100-20803-1

Ⅰ.①诠… Ⅱ.①鲁… ②李… Ⅲ.①阐释学—研究 Ⅳ.①B089.2

中国版本图书馆 CIP 数据核字(2022)第 035566 号

权利保留,侵权必究。

解释学译丛
诠释学的定位和判断
〔美〕鲁道夫·A.马克瑞尔 著
李建盛 译

商 务 印 书 馆 出 版
(北京王府井大街36号 邮政编码100710)
商 务 印 书 馆 发 行
北京艺辉伊航图文有限公司印刷
ISBN 978-7-100-20803-1

2022年9月第1版　　开本 850×1168　1/32
2022年9月北京第1次印刷　印张 10⅜
定价:52.00元